MIKE HAGER

INSIDE NFT

MIKE HAGER

STARS. STORYS. STRATEGIEN.

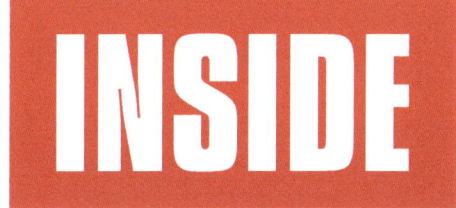 

Der NFT-Papst packt aus

FBV

Bibliografische Information der Deutschen Nationalbibliothek
Die Deutsche Nationalbibliothek verzeichnet diese Publikation in der Deutschen Nationalbibliografie.
Detaillierte bibliografische Daten sind im Internet über http://d-nb.de abrufbar.

Für Fragen und Anregungen
info@finanzbuchverlag.de

Originalausgabe, 2. Auflage 2023
© 2023 by FinanzBuch Verlag, ein Imprint der Münchner Verlagsgruppe GmbH
Türkenstraße 89
80799 München
Tel.: 089 651285-0
Fax: 089 652096

Unter Mitarbeit von Dr. Petra Begemann, www.petrabegemann.de

Korrektorat: Dr. Manuela Kahle
Umschlaggestaltung: Alexander Volkmer
Umschlagabbildung: Christian Lisch
Satz: ZeroSoft, Timisoara
Druck: Florjancic Tisk d.o.o., Slowenien
Printed in the EU

ISBN Print 978-3-95972-667-2
ISBN E-Book (PDF) 978-3-98609-283-2
ISBN E-Book (EPUB, Mobi) 978-3-98609-284-9

Weitere Informationen zum Verlag finden Sie unter

www.finanzbuchverlag.de

Beachten Sie auch unsere weiteren Verlage unter www.m-vg.de

Inhalt

KURZER ÜBERBLICK FÜR EINSTEIGER:
Von Blockchain bis Wallet
10 Fakten, die jeder kennen sollte, der sich für NFTs interessiert

STARS
Die spannende Welt der Künstler und Investoren
Was Quentin Tarantino und Snoop Dogg gemeinsam haben

STORYS
Erstaunliches und Kurioses

Adidas goes NFT und Wölfe erobern die Blockchain

STRATEGIEN
Das Wissen der Insider
Nur wer sich auskennt, investiert mit Erfolg!

ANHANG
Wissenswertes zum Nachschlagen

Von 300.000 auf zeitweise über 10 Millionen: Warum ich NFTs so liebe

Vor ziemlich genau einem Jahr erschien beim FBV mein Buch *Reich mit NFTs*. Es wurde zum *SPIEGEL*-Bestseller, ist inzwischen ins Englische, Koreanische und Portugiesische übersetzt, schaffte es in die Bestenliste von *USA Today* und musste hierzulande ziemlich schnell nachgedruckt werden. Bisher war es das einzige deutschsprachige NFT-Buch, das in einem namhaften Verlag erschien. Warum ist das so?

Das ist erst der Anfang!

Wir stehen bei NFTs immer noch am Anfang – in etwa da, wo das Internet 1994 war. Der Vergleich ist bewusst gewählt, denn ich bin überzeugt, dass NFTs unsere Welt in ähnlicher Weise revolutionieren werden, wie es einst das World Wide Web tat. Was in den Neunzigerjahren von vielen für eine merkwürdige Spielerei gehalten wurde, bestimmt heute unseren Alltag. Ein Tag ohne Internet wäre für die meisten ein seltsamer Tag. Genauso wird es mit Non-Fungible Tokens sein. Zu vielfältig sind die Anwendungsmöglichkeiten digitaler Eigentumsnachweise auf der Blockchain nicht nur in der Kunst, sondern auch im Marketing, im Gaming, in der Musik- und Filmindustrie, im Finanzbereich, bei der Dokumentation juristischer Transaktionen oder in der Warenlogistik, um nur einige Beispiele zu nennen.

Dennoch ist die Zahl der Interessenten und Investoren im NFT-Bereich immer noch klein, auch wenn sie stetig wächst. Als Beeples Werk »Everydays« im März 2021 für über 69 Millionen Dollar bei Christie's versteigert wurde, rauschte der Blätterwald gewaltig und in den Feuilletons wurde gerätselt, ob das nun der Untergang der Kunst sei oder die nächste Stufe der Entwicklung. Vermutlich hat man sich das bei van Gogh, Picasso oder Warhol auch schon gefragt. Was folgte, war ein NFT-Hype, bei dem die Preise nur eine Richtung zu kennen schienen: steil nach oben. Der Markt explodierte, und neben genialer Kunst (z. B. Generative Art), kulttauglichen Profile-Picture-Serien und spannenden Games erschien auch viel Schrott: billige Nachahmungen, nicht zu Ende gedachte Projekte und typische »Cash Grabs«, deren Herausgeber absahnten und sich dann mit sechs- oder siebenstelligen Summen aus dem Staub machten. Dann, Anfang 2022, die Ernüchterung: Die Kurse der Kryptowährungen, in denen NFTs überwiegend gehandelt werden, begannen zu bröckeln, die NFT-Preise ebenfalls. Schadenfreude machte sich breit bei denen, die immer schon gewusst hatten, dass das Ganze nicht mehr als eine Spinnerei war, wenn nicht gar Betrug.

Ist der Hype vorbei?

Ja, mei! Mich lässt der aktuelle Bärenmarkt ziemlich kalt. Ich habe im Frühjahr und Sommer 2021 etwa 300.000 Euro in NFTs investiert, mit ein wenig Fortune und einem guten Riecher. Mir war zum Beispiel ziemlich schnell klar, dass die »Bored Apes« ein geiles Projekt sind. Ich mintete zehn davon zum Preis von 180 Euro pro Stück. Heute sind sie ungefähr 1,6 Millionen Euro wert. Zusammen mit meinen drei »CryptoPunks« könnte ich nach einem Verkauf bequem in Rente gehen, was mir allerdings viel zu langweilig wäre. Wenige Monate und etliche durchdachte Investitionen später war meine Wallet (meine digitale Geldbörse) über vier Millionen wert, später zeitweise sogar über zehn Millionen. Momentan stehe ich bei geschätzt 3,5 Millionen, wenn ich auf einen Schlag verkaufen würde, möchte aber ehrlich dazu sagen, dass ein schneller Verkauf nicht ohne Weiteres möglich wäre. Es handelt sich immerhin um Sammlerstücke in Form von Unikaten – da kann es schon dauern, bis man einen Käufer findet. Einen Misserfolg sehe ich allerdings auch bei diesem jetzt niedrigeren Stand nicht, eher das typische Auf und Ab eines volatilen Marktes, wie es der Krypto-Markt im Allgemeinen und NFTs im Besonderen nun einmal sind. Es ist nicht der erste »Krypto-Winter«, den ich erlebe, und es wird sicher nicht der letzte sein. Profis leben mit diesen Zyklen. Warren Buffett, der legendäre US-Investor, soll sich einmal mokiert haben, dass die Menschen bei Sonderangeboten im Supermarkt Schlange stehen, bei Sonderangeboten auf dem Aktienmarkt jedoch in Panik geraten und verkaufen – statt günstig nachzukaufen, wenn sie von einem Unternehmen überzeugt sind. Dasselbe ließe sich über Ether, NFTs im Allgemeinen und erfolgreiche »Blue Chip«-Projekte im Besonderen sagen.

Einige Highlights meines zweiten NFT-Jahrs

Was ist in meinem zweiten NFT-Jahr passiert? Vermutlich interessiert es dich, ob es weitere Entdeckungen und »Glücksgriffe« à la Bored Apes gab. Ja, die gab es! Ich habe die World of Women (WoW) entdeckt, eine Serie von zehntausend Profile Pictures, die sich sensationell entwickelt hat. Zeitweise haben sich die Durchschnittspreise seit der Ausgabe fast verdreißigfacht. Inzwischen liegen sie im Schnitt »nur« noch bei dem Vier- bis Fünffachen des ursprünglichen Preises. Mir werden für ein WoW-NFT, das ich für 0,13 Ether gekauft habe, 2,18 Ether geboten, während ich dies schreibe.[1] Das muss ein klassisches Investment erst mal leisten. Eine andere Erfolgsstory: der PROOF Collectors Pass, herausgegeben von »OG« Kevin Rose (OG steht für Original Gangster, also einen ganz Großem in der Szene, der von Anfang an mit dabei war).

Kevin, Investor, Sammler, Influencer und Host des PROOF-Podcasts mit unschätzbaren Insidertipps, bot den Pass zum Mint-Preis (Ausgabe-Preis) von 1 Ether an. Der Pass ist auf tausend Inhaber limitiert und bietet exklusiven Zugang zu NFT-Kollektionen (»Grails«) und einen früheren Zugriff auf die Insider-Tipps des PROOF-Podcasts. Leider ging ich beim Minten leer aus, kaufte auf dem Zweitmarkt für 8 Ether und konnte zusehen, wie der Preis auf bis zu 135 Ether stieg. Aktuell liegt der »Floor-Preis«, also der günstigste Preis für den Pass, bei 42 Ether. Ich könnte mein Investment auch hier also verfünffachen, und selbst wenn ich den gesunkenen Etherkurs einbeziehe, habe ich immer noch eine Traumrendite. Außerdem wird der Etherkurs auf Dauer wieder steigen. Schau dir die Kurskurve an, die in wilden Zacken verläuft, aber seit der Geburtsstunde stetig nach oben geht.[2] Ein anderes Erfolgsbeispiel: Ich habe in ICE-Poker, ein Play-to-Earn-Spiel, investiert, das mir zeitweise täglich mehrere 100 Euro einbrachte, also etliche 1.000 Euro im Monat. Im Moment schwächelt das etwas, ist aber noch immer ein interessantes Investment. Ich habe Doodles zum Preis von unter 1 Ether erstanden; aktuell liegt der »Floor« bei über 8 Ether. Auch meine CrypToadz aus einer

PFP-Serie (PFP – Profile Picture) mürrischer Kröten haben sich prächtig entwickelt und ihren Preis mehr als verzehnfacht. Teilnehmer meines Mentoring-Programms, die ebenfalls in CrypToadz investierten und »auscashten«, machten in 20 Tagen allein mit diesem Investment über 40.000 Euro Gewinn. Und all das ist keine Hexerei, sondern das Ergebnis von Recherche, Vernetzung mit anderen Profis und fundierter Erfahrung. Mit anderen Worten: Das kannst du auch erreichen, wenn du dich intensiv mit NFTs beschäftigst. Und dieses Buch ist dafür ein optimaler Anfang!

NFTs als Chance für Unternehmer

Was hat sich noch getan im letzten Jahr? Ich habe die gerade erwähnte (kostenpflichtige) Mentoring-Gruppe gegründet, die inzwischen über 500 Mitglieder zählt, darunter viele Unternehmer, Freiberufler und Künstler. Unser Ziel bei »Future of Finance«: Durchblick im NFT-Space und professionelle Investments. Salopp gesagt: gemeinsam reich werden. Dafür gibt es neben Webinaren und einem Echtzeit-Einblick in meine eigenen Investitionen auch »Real-Life-Events« und nicht zuletzt Zoom-Gespräche mit den ganz Großen der Branche. Welche andere NFT-Gruppe kann sich schon rühmen, gmoney Kris Kay, Justin Aversano, Erick Snowfro und viele andere Stars der Branche im Interview mit Fragen gelöchert zu haben? Oder mit etlichen Teilnehmern auf die erste VeeCon von Gary Vaynerchuk im Mai 2022 nach Minneapolis gereist zu sein? Zusammen mit meinem Geschäftspartner Alexander Sachs, einem IT- und Blockchain-Profi, habe ich außerdem eine Portfolio-Software entwickelt, mit der jeder seine eigene Wallet unter verschiedensten Gesichtspunkten tagesaktuell auswerten kann: NFTfolio. Mehr dazu und auch zur Mentoring-Gruppe erfährst du im Verlauf dieses Buches. Ich berate inzwischen nicht nur Institutionen wie die Bayerische Landesmedienzentrale (BLM) und Künstler wie Rainer Hosch bei der Herausgabe eigener NFTs, sondern gründe gerade weitere Unternehmen im Zusammenhang mit meinen NFTs. Du darfst gespannt sein, was man mit einem Bored Ape alles machen kann, und wie NFTs sogar das traditionelle Holzgeschäft nach vorn bringen! Über meinen Twitter-Account unter Warrenhimself (@nullinger) kannst du auf dem Laufenden bleiben, wenn dich das interessiert. Oder du bestellst einfach mein NFT-Magazin.[3] Ich bin übrigens nicht der Einzige aus der Gruppe, der inzwischen als Experte auf Bühnen gebeten wird und durch NFTs zu neuen Geschäftsideen inspiriert wurde.

Frag lieber jemanden, der sich wirklich auskennt!

Ich erzähle das nicht, um anzugeben, sondern um deutlich zu machen, welche Möglichkeiten der NFT-Space dir bietet. Dazu gehört nicht zuletzt eine enthusiastische Community interessanter, kluger und geschäftlich erfolgreicher Menschen, die sich gegenseitig unterstützt und über die ganze Welt verstreut ist. Und ich erzähle das, damit klar wird, dass dieses Buch auf eigenen, authentischen Erfahrungen beruht – und auf in Tausenden von Stunden erarbeiteter persönlicher Expertise. Zu viele sind in diesem Bereich mit angelesenen Infos aus zweiter Hand unterwegs. Doch nur jemand, der selbst als Investor, Sammler und Unternehmer aktiv ist, weiß, wie der Hase wirklich läuft.

Das erwartet dich in diesem Buch

Anders als im ersten Buch *Reich mit NFTs* geht es weniger um reines Anfängerwissen à la »Was ist eine Wallet?« und »Wie suche ich bei OpenSea?« Dieses Mal tauchen wir tief in die Szene ein, mit unterhaltsamen Storys, Insider-Tipps und nützlichen Hacks. Ich stelle dir zentrale Akteure im Porträt vor und lasse die bedeutendsten Influencer zu Wort kommen: Was sind ihre Erfahrungen? Was raten sie dir? Am Ende dieses Buches kennst du nicht nur die cleversten Utilitys und die bemerkenswertesten Unternehmensgeschichten, sondern auch die wichtigsten Analyse-Tools und exklusivsten Communitys. Aber auch, wenn du neu im NFT-Space bist, solltest du nicht zögern, denn die wichtigsten Grundlagen werden im Kapitel »Kurzer Überblick für Einsteiger« erklärt. Eine umfangreiche »Vokabelliste« zum Krypto- und NFT-Slang fehlt ebenfalls nicht. Damit kannst du dich in den Social-Media-

Kanälen der Szene sicher bewegen. Ich habe Wochen gebraucht, um diese ganz eigene Sprache zu lernen! Das umfängliche Glossar der Fachbegriffe, das schon Leser von *Reich mit NFTs* begeistert hat, wurde für dieses Buch durch zahlreiche neue Begriffe ergänzt.

Worauf wartest du noch?

Und nun los! Ja, NFTs sind ein Hochrisiko-Investment, in das Mann wie Frau nur Geld investieren sollte, dessen Total-Verlust im allerschlimmsten Fall zu verschmerzen wäre. Und ja, du solltest dich auskennen, bevor du loslegst. Gleichzeitig sind NFTs aber auch ein spannender Bereich mit vielfältigen Möglichkeiten, interessanten Investments und vielen sympathischen Akteuren. Sie bieten Risiken, aber auch Chancen, die du nirgendwo anders bekommst. Lass dich begeistern und zum Start ein wenig an die Hand nehmen. Dann navigierst du sicher durch den NFT-Space. Viel Spaß und noch mehr Erfolg!

Dein Mike

KURZER ÜBERBLICK FÜR EINSTEIGER: VON BLOCKCHAIN BIS WALLET

10 Fakten, die jeder kennen sollte, der sich für NFTs interessiert

————————— Die Welt der NFTs ist ein eigenes Universum. Eine Welt mit einer besonderen Sprache und eigenen Verhaltensregeln, bevölkert von Enthusiasten aller Herren Länder. Wenn du dich bisher weder für Kryptowährungen noch für digitale Kunst interessiert hast, wirst du dich anfangs fühlen wie ein Erdling, der auf einem fremden Planeten gestrandet ist. Doch mit dem richtigen Wegweiser und Dolmetscher findest du dich schneller zurecht, als du dir vorstellen kannst. Denn das Schöne an dieser Welt ist: Du musst weder Tech-Freak noch Kunstexperte sein, um dich an spannenden Projekten zu beteiligen. Du brauchst nicht einmal ein dickes Bankkonto. In die NFT-Welt kann jeder einsteigen, der Lust hat, sich das nötige Grundwissen anzueignen. Dazu dient dieses Kapitel. Wenn du meinen Bestseller Reich mit NFTs gelesen hast, wird dir vieles bekannt vorkommen. Sollte das so sein, blättere einfach weiter zum Abschnitt »STARS«.

1. Was ist überhaupt ein NFT?

NFT steht für »Non-Fungible Token«. Dahinter verbirgt sich ein digitaler Eigentumsnachweis an einem digitalen Gut, der auf der Blockchain gespeichert ist. Klingt kompliziert, erklärt sich aber aus den Begriffsbestandteilen:

- »Token« lässt sich mit »Münze«, »Wertmarke« oder »Spielmarke« übersetzen. Es bezeichnet im Kryptobereich digitale Vermögenswerte (Assets).
- »Non-fungible« bedeutet übersetzt »nicht austauschbar« (nicht fungibel). Austauschbar (fungibel) sind beispielsweise Geldscheine. Einen 50-Euro-Schein kannst du problemlos gegen fünf 10-Euro-Scheine oder zehn Fünfer eintauschen. Nicht-fungibel sind dagegen einzigartige Objekte, also Unikate. Ein Werk von Andy Warhol beispielsweise lässt sich nicht so einfach eintauschen gegen eins von David Hockney oder drei von Roy Lichtenstein. Auch dein Auto eignet sich schlecht für Tauschgeschäfte. Unwahrscheinlich, dass du für zwei Familienkutschen einen Ferrari bekommst, und das nicht nur, weil deine bessere Hälfte (m/w/d) vielleicht dagegen wäre.

Ein Non-fungible Token ist also ein unverwechselbares digitales Eigentumszertifikat, das auf ein Unikat verweist. Gespeichert wird es, öffentlich einsehbar und für immer im Nachhinein unveränderbar, auf der Blockchain. Damit gilt es als besonders fälschungssicher, denn die Blockchain ist ein dezentrales Speichersystem, an dem zahlreiche Rechner (»Nodes«, wörtlich »Knoten«) beteiligt sind. Ein solches System ist sehr viel schwerer zu hacken als einzelne Server oder gar einzelne Rechner. In einer Blockchain werden, wie der Name schon sagt, Datenblöcke aneinandergekettet (Chain = Kette). Jeder neue Block erfordert komplexe Rechenoperationen, bei denen unter anderem Code-Bestandteile des vorigen Blocks wieder aufgegriffen werden. So sind die einzelnen Blöcke unauflöslich miteinander verkettet. Du kannst dir die Blockchain bildlich vorstellen wie ein Kassenbuch, in dem jede neue Seite die letzte Zeile der vorigen Seite wiederholt. Würde eine Seite herausgerissen, fiele das genauso auf wie der Versuch, einzelne Blöcke der Blockchain zu knacken.

2. Was ist das Besondere daran?

So what?!, fragst du dich vielleicht. Da haben sich ein paar Nerds eine neue Form der Programmierung ausgedacht, sie »NFT« genannt, und plötzlich dreht alle Welt durch. Okay, zumindest ein kleiner Teil der Welt. Doch das wird sich in den nächsten Jahren rasant ändern, und das hängt mit den Möglichkeiten dieser Technologie zusammen.

Das Besondere an NFTs ist, dass es mit ihnen erstmals möglich ist, Eigentumsrechte an digitalen Unikaten zu erwerben. Kein Wunder, dass Künstler zu den Ersten gehörten, die auf NFTs aufmerksam wurden. Die Anfänge der Digitalkunst liegen bereits in den Sechzigerjahren. Doch wer nach Entstehung des Internets ein Video, ein Foto oder eine Grafik als Datei veröffentlichte, musste damit leben, dass sein Werk unendlich oft kopiert werden konnte, ohne dass jemand sagen konnte, welche Datei das Original ist. Der Künstler ging dabei finanziell leer aus, auch das ein großes Ärgernis. Mit NFTs ändern sich die Spielregeln. Ein digitales Kunstwerk kann nun mit einem (digitalen) Echtheitsstempel versehen werden. Die meisten Marktplätze (wie OpenSea) führen außerdem durch eine entsprechende Programmierung bei jedem Weiterverkauf eine zuvor vereinbarte Provision an den Künstler bzw. die Künstlerin ab. Das bedeutet, jedes Mal, wenn ein digitales Werk den Besitzer wechselt, werden dem Urheber 5, 7, 10 oder mehr Prozent des Verkaufspreises überwiesen. Das geschieht ganz automatisch und ohne dass jemand eine Rechnung schreiben müsste, denn der Verkauf wird digital (auf der Blockchain) abgewickelt. Gewinnt ein Kunstwerk massiv an Wert, hat auf diese Weise auch der Künstler was davon. Davon konnte Picasso nur träumen. Hätte es zu seiner Zeit schon NFTs gegeben, wären seine Erben vermutlich Milliardäre.

> **Ein junges Phänomen**
>
> *Nicht nur NFTs sind jung (die Anfänge datieren auf das Jahr 2012, siehe die »Meilensteine« im Anhang). Ihre Anhänger sind es auch. 23 Prozent der Millennials in den USA kaufen NFTs, aber nur 2 Prozent der Babyboomer. Dies gilt für Investments ebenso wie für das Sammeln (Quelle: Morning Consult).*

Auch in anderer Hinsicht profitieren Künstler von NFTs. Der klassische Kunstmarkt wird dominiert von Galeristen, Museumskuratoren und Kunstexperten. Ihr Votum entscheidet, wer es als Künstler ganz nach oben schafft. NFTs dagegen bieten Künstlern die Möglichkeit, über das Internet direkt in Kontakt mit Kunstfans und Sammlern zu treten und ihre Kunst auch direkt zu verkaufen, ohne Zwischenhändler. Die traditionellen »Gatekeeper« verlieren so ein Stück ihrer Macht, und die Künstler sind nicht länger gezwungen, Galerien einen hohen Anteil (bis zu 50 Prozent) am Verkauf ihrer Werke abzutreten. Das ist ein Grund dafür, dass auch traditionelle Künstler wie beispielsweise der britische Bildhauer und Maler Damien Hirst begonnen haben, Werke als NFT zu veröffentlichen. Es zeichnet sich ab, dass genau die Künstler im NFT-Bereich erfolgreich sind, die das virtuos beherrschen: den Umgang und direkten Kontakt mit ihren Sammlern über alle Kommunikationskanäle von Social Media bis E-Mail. Auch der Künstler Martin Lukas Ostachowski, dessen Porträt du gleich lesen kannst, betont, dass sich mit NFTs die Spielregeln auf dem Kunstmarkt ändern.

Der Vollständigkeit halber sei gesagt: Ganz ohne Gatekeeper funktioniert auch die NFT-Welt inzwischen nicht mehr. Der Wert digitaler Werke wird beeinflusst von Influencern mit so klingenden Namen wie gmoney Pranksy oder Kevin Rose, von bekannten Sammlern wie Gary Vaynerchuk (alias Gary Vee) und auch von anerkannten Institutionen der traditionellen Kunstwelt, deren Interesse ein Werk aufwertet. Dazu zählen Kunstmessen (wie etwa die Art Basel) ebenso wie Auktionshäuser, denn auch Christie's und Sotheby's haben längst die NFTs entdeckt und begonnen, sie zu versteigern. Bekanntestes Beispiel: die Versteigerung von Beeples Collage »Everydays: The First 5000 Days« für 69,3 Millionen Dollar durch Christie's im März 2021 – eine Summe, die NFTs endgültig in die Tageszeitungen, Abendnachrichten und damit ins Licht der breiten Öffentlichkeit katapultierte.

Was ist das Besondere daran?

Porträt Martin Lukas Ostachowski

»Es geht darum, alte Strukturen aufzubrechen«

* 1984
Künstler (Krypto-Kunst, neue Medien) und
Kunst-Theoretiker

https://mlo.art/
https://twitter.com/MLOdotArt
https://www.instagram.com/mlodotart/

Foto: Courtesy of the Artist

Manchmal wird Martin Lukas Ostachowski auch als »Wolkenkünstler« bezeichnet. Technisch verfremdete Wolkenbilder sind ein wichtiges Motiv des vielseitigen Künstlers. Viele seiner digitalen Kunstwerke basieren auf Fotos und Videos, die er auf seinen zahlreichen Flugreisen aufnimmt. Wolken stehen für Martin für kontinuierliche Veränderung; jede Wolke ist einzigartig. Zugleich berührt der Himmel Menschen aller Kulturen und Religionen.

Im Bereich der Krypto-Kunst ist Martin einer der absoluten Vorreiter. Schon 2017 interessierte er sich für die Blockchain und ihre Möglichkeiten. 2018 zählte er zu den ersten fünfundzwanzig Künstlern auf der Plattform SuperRare. Gemeinsam mit anderen Künstlern lotete er die Möglichkeiten der neuen Technologie aus. Sammler von NFTs gab es damals noch nicht: »Wir haben uns selbst gesammelt«, verriet er in einem Interview für die Future-of-Finance-Mentoring-Gruppe im Oktober 2021. Dabei ist Martin auch in der Welt der traditionellen Kunst zu Hause. Zahlreiche Ausstellungen rund um den Globus für digitale und »analoge« Werke, »real life« und virtuell, zeugen von seiner zunehmenden Bekanntheit. Er beeindruckt mit

handwerklich aufwendigen Flechtbildern, Gemälden und Video-Collagen, in
denen viele Monate Arbeit stecken.

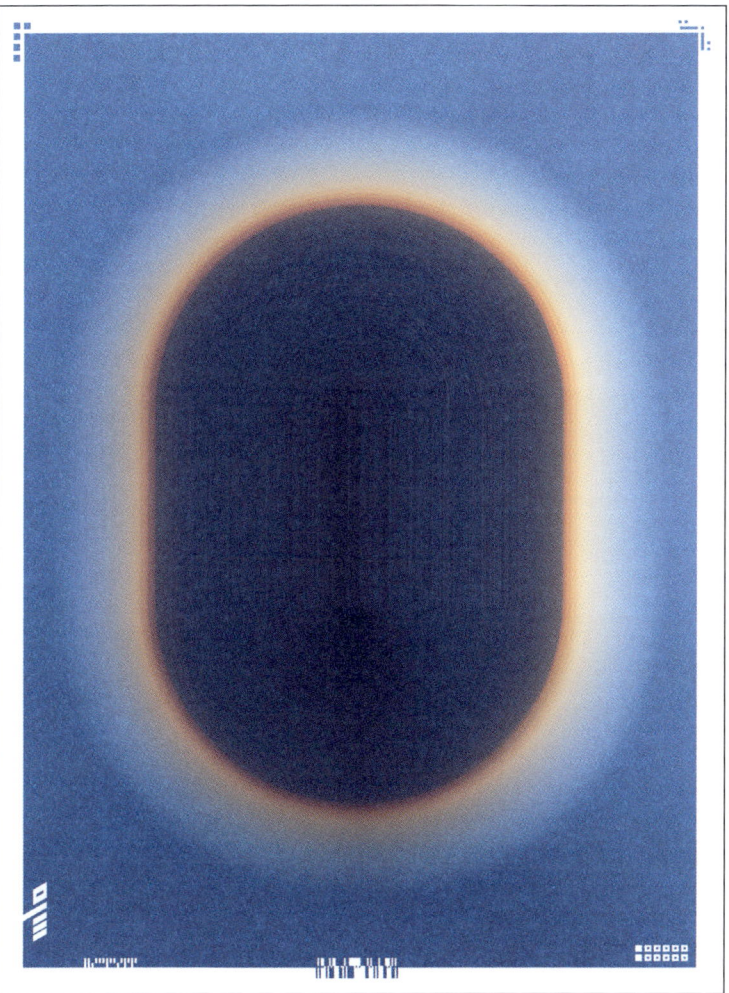

*Martin Lukas Ostachowski: Windows of Opportunity – Two YULDFW Animated photo
collage based on photos taken on passenger flights YUL (Montreal) to DFW (Dallas-Fort
Worth), December 2nd, 2020*

Martin wurde 1984 in Polen geboren, vier Jahre später verließen seine Eltern mit ihm das kommunistische Land, in dem die deutsche Minderheit diskriminiert wurde – Martins erster Flug, den seine Eltern dem Sohn gegenüber als Ferienreise ausgaben. Seine Jugend verbrachte er in Deutschland, bevor ihn sein Studienabschluss in International Business und sein Brotjob als Produktmanager im Maschinenbau nach Kanada führten. Heute lebt er in Montreal. Er beschäftigt sich auch theoretisch mit den Möglichkeiten digitaler Kunst und ist Co-Autor kunsttheoretischer Abhandlungen. Als Sammler bevorzugt er Werke von Künstlern, die wie er in der traditionellen Kunstwelt wie in der Krypto-Kunst zu Hause sind. Er ist in der NFT-Szene hervorragend vernetzt und schätzt es sehr, dass die neue Technologie Künstlern die Möglichkeit gibt, alte Strukturen im Kunstmarkt aufzubrechen und sich vom Galeriesystem unabhängig zu machen. Ich besitze ein »Genesis Piece« von ihm, einen seiner ersten Schritte in die Welt der Blockchain: »Node Number One«.

3 Fragen an Martin Lukas Ostachowski

NFTs sind für mich
… zuallererst ein Medium für digitale Werte und eine Teilmenge der Krypto-Kunst; die einen Paradigmenwechsel ermöglicht und digitale Kunst aus der Nische gehoben hat.

Wer sich für Krypto-Kunst interessiert, sollte unbedingt
… über NFTs hinaussehen, denn zahlreiche Künstler haben bereits faszinierende Konzeptkunst mit Smart Contracts und fungible Tokens in größeren Maßstäben realisiert.

Zurzeit haben NFTs
… einen aufregenden Sättigungspunkt erreicht, denn dies begünstigt typischerweise wieder weiterreichende Innovation und Exploration.

3. Kann digitale Kunst nicht trotz NFT weiterkopiert werden?

Wozu braucht es einen NFT, wenn ich mir eine digitale Collage, ein Video oder ein Foto trotzdem weiterhin einfach herunterladen kann? Diese Frage wird häufig gestellt, gern kopfschüttelnd nach dem Motto, die spinnen, die Römer – äh, NFTler. Das mit dem Herunterladen stimmt, jedenfalls meistens. Dass beispielsweise ein Foto aus der Serie »Twin Flames« von Justin Aversano mir gehört und zwischenzeitlich für hohe sechsstellige Eurosummen gehandelt wurde, hindert dich nicht daran, es runterzuladen, auszudrucken und daheim über dein Sofa zu hängen. Dasselbe könntest du allerdings auch mit einem Foto der Mona Lisa tun. Gehört dir deswegen die Mona Lisa?

In der NFT-Szene macht man sich über Menschen, die so argumentieren, als »Right click and save as« lustig, entsprechend der Tastenkombination, mit der man digitale Inhalte auf dem heimischen Computer speichern kann. Der Digitalkünstler XCOPY widmete diesen Skeptikern sogar ein ironisches Porträt (siehe Abbildung). Cozomo de' Medici, einem bekannten NFT-Sammler und Influencer, war das Werk im Dezember 2021 1.600 Ether (ETH) (zum damaligen Zeitpunkt rund 5,8 Millionen Euro) wert. Klingt nur dann verrückt, wenn man nicht weiß, dass XCOPY einer der Stars der Szene ist, einen unverwechselbaren Stil hat, Unikate von ihm hoch gehandelt werden und dieses aufgrund seiner schon fast fröhlichen Farben aus dem Rahmen fällt. Hinter Cozomo de' Medici soll sich übrigens der Rapper Snoop Dogg verbergen, wie nach langem Rätselraten im Herbst 2021 bekannt wurde. Inzwischen kommen daran schon wieder Zweifel auf. Womit du schon einen Eindruck bekommst, dass diese Szene wirklich anders tickt als die ehrwürdige klassische Kunstwelt.

XCOPYs Right-Click and Save As Guy (Screenshot des NFT-Marktplatzes OpenSea⁴ (13.07.2022)

Doch zurück zur Ausgangsfrage: Was nützt dir der Besitz eines virtuellen Gutes, zu dem auch andere Zugang haben? Ganz unverblümt gesagt: Angeben kannst du trotzdem damit, und das in Zeiten von Social Media mehr denn je. So einen NFT als Profilbild bei Twitter sehen eben ein paar mehr als die Rolex an deinem Handgelenk. Und ja, das kann man peinlich oder gar verwerflich finden, in der Realität kommunizieren wir alle aber unseren sozialen Status darüber, was wir anhaben oder anderweitig zur Schau stellen. Wäre dem nicht so, gäbe es keine Luxusmarken, stimmt's? Auch das ist im Grunde nicht anders als bei einem traditionellen Kunstwerk. Würde dir die Mona Lisa gehören und du hättest sie dem Louvre lediglich als Dauerleihgabe überlassen, hinge neben der berühmten Dame vermutlich ein Messingschild mit deinem Namen – zumindest, wenn du so tickst wie 90 Prozent aller Menschen. Und je digitaler unsere Welt wird, desto mehr gleicht sich der Besitz digitaler Güter dem »echter« Güter an. Im Verlauf dieses Buches wirst du noch sehen, dass viele Menschen sich längst in digitalen Metaversen zu Hause fühlen, in denen sie sich mit anderen (bzw. deren Avataren) treffen, Land kaufen, Häuser einrichten und ihre digitale Kunstsammlung ausstellen.

Wir möchten Dinge besitzen und sie zeigen. Und je selbstverständlicher digitale Welten werden, desto selbstverständlicher wird auch der digitale Besitz. Digital Natives und netzaffine Menschen, die schon seit Jahren Geld für Fortnite Skins ausgeben oder sich nichts sehnlicher wünschen, als einen blauen Haken bei Instagram, wundern sich weit weniger darüber als ihre Eltern oder Großeltern. Wer mit Computerspielen aufgewachsen ist und in den Fantasiewelten bereits virtuelle Gegenstände erobert oder erworben hat, zuckt auch bei virtueller Kunst nicht mit der Wimper. Und er kennt sich vielleicht auch schon mit Kryptowährungen aus, dem dominierenden Zahlungsmittel für NFTs (mehr dazu unter Punkt 6).

4. Sind NFTs nur ein Phänomen auf dem Kunstmarkt?

Dass NFTs bisher vor allem im Zusammenhang mit Digitalkunst diskutiert werden, hat damit zu tun, dass dieser Bereich bislang der häufigste Anwendungsfall ist und zugleich wegen der erzielten Rekordpreise in der breiten Öffentlichkeit das meiste Aufsehen erregt hat. 2017 kamen beispielsweise die CryptoPunks auf den Markt, eine Serie von 10.000 Pixelbildern, jedes davon ein Unikat. Anfangs wurden sie von ihren Schöpfern, zwei Programmierern unter dem Titel Larva Labs, sogar verschenkt, weil sich kaum jemand dafür interessierte. Heute sind sie als NFT-Vorreiter-Projekt historisch bedeutsam und Millionen wert. Der bisherige Rekord liegt bei 23,7 Millionen Dollar (8.000 ETH zum damaligen Kurs). Für diese Summe wechselte CryptoPunk #5822 im Februar 2022 den Besitzer.[5] Leider war das keiner von meinen Punk-NFTs, die du in der Abbildung siehst. Aber auch die sind heute ein hübsches Sümmchen wert.

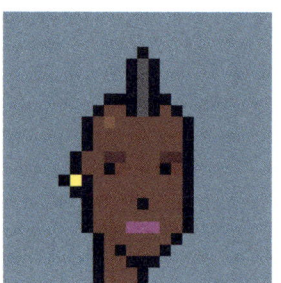  

Profilbilder (PFPs): meine CryptoPunks – 3 von 10.000

Der NFT-Markt insgesamt erlebte eine ähnlich stürmische Entwicklung: 2020 wurden weltweit 100 Millionen Dollar für NFTs ausgegeben. Ende 2021 waren es laut *Financial Times* bereits 41 Milliarden Dollar – mehr als 400 Mal so viel.[6] Dabei kam einiges zusammen: der Hype durch wenige sehr teure Werke, die rasante Kursentwicklung der Kryptowährung Ether (ETH), in der die meisten wertvollen NFTs bislang gehandelt werden, das Entstehen von immer mehr Marktplätzen, auf denen NFTs gehandelt werden, und das NFT-Interesse zahlreicher Celebritys von Jimmy Fallon bis Justin Bieber oder Neymar bis hin zu Eminem und Snoop Dogg.

Kunstwerke sind dennoch nur ein Anwendungsfall von vielen für NFTs. Bevor wir uns anderen Einsatzmöglichkeiten zuwenden: Was zählt überhaupt zur NFT-»Kunst« im engeren Sinne? Bilderserien wie die der CryptoPunks werden heute als Profile Pictures bezeichnet (abgekürzt »PFPs«). Damit ist ihr zentraler Zweck schon benannt: Sie eignen sich in den sozialen Medien als prestigeträchtige Profilbilder, zumindest wenn es sich nicht um eins der zahllosen Nachahmer-Projekte handelt, sondern um begehrte Serien mit einer großen Anhängerschaft. Den CryptoPunks haben die Bored Apes hier schon fast den Rang abgelaufen, gelangweilte Affen mit einer Riesen-Anhängerschaft, die ich dir beim einleitenden Blick in meine Wallet bereits vorgestellt habe. In den Bereich der eigentlichen Kryptokunst fallen dagegen Fotos, Grafiken, Videos oder Bilder, die als Unikate oder als Serien (»Collectibles«) veröffentlicht werden. Zur digitalen Kunst zählt auch die Generative Art, bei der mittels programmierter Codes prinzipiell unendliche, in der Praxis aber vom Künstler limitierte Bilderserien entstehen, die verwandte Motive variieren.

Hier zwei Beispiele aus meiner eigenen Sammlung, die dir eine erste Vorstellung geben. Beide Bilder sind übrigens animiert, was sie zu einem echten Hingucker macht, sollte ich sie eines Tages in einer Galerie im Metaverse oder auf einem Screen bei mir zu Hause ausstellen. Vielleicht schlägt ja auch Sotheby's zu? Im Juni 2021 ließ das Londoner Auktionshaus sein Hauptgebäude im Metaverse Decentraland nachbauen, um dort NFT-Kunst auszustellen.[7]

Beispiel für ein Unikat: Perpetual Kango von Bananakin

Beispiel für Generative Art: Chromie Squiggle von Erick Snowfro

5. Welche Anwendungsmöglichkeiten für NFTs gibt es noch?

Jede digitale Datei kann ein NFT werden. Auf einschlägigen Plattformen könntest du beispielsweise ein Foto von dir in einen fälschungssicheren NFT verwandeln. Damit bieten NFTs eine Vielzahl von Anwendungsmöglichkeiten, die ich hier der Einfachheit halber alphabetisch auflisten und kurz erläutere. Mehr Details gibt es dann im Verlauf des Buches.

- Digitale Sammelkarten: Wer Panini-Bilder gesammelt hat, dem wird es spontan einleuchten, dass man Bilder von Fußball-Ikonen auch in NFT-Form sammeln kann. Der Anbieter Sorare macht damit ein Riesengeschäft und reichert das Ganze noch mit Gaming-Funktionen und Sportwetten an: Hier können gesammelte Fußballer(karten) zu Mannschaften kombiniert werden. Fans werden entsprechend dem Erfolg ihrer realen Vorbilder mit weiteren Sammelkarten oder Geldpreisen belohnt. Sorare weitet sein Geschäft gerade auf andere Sportarten aus. Bei den NBA Top Shots dagegen werden Kurzvideos legendärer Basketball-Szenen gesammelt, und das dürfte noch nicht das Ende sein. Mit Fanzone versucht sich bereits ein deutsches Start-up in diesem Bereich.[8] Und überhaupt: Warum sollte man nur Ballsportarten sammeln und nicht etwa Autorennen, Funsportarten oder spektakuläre Momente beim Darts?

- Eintrittskarten, Mitgliedschaften, Ausweise: Wenn du einmal überschlägst, wie viele teure Eintrittskarten für Sportveranstaltungen, Konzerte und andere Events jährlich verkauft werden, zeichnet sich auch hier ein wichtiger Anwendungsbereich ab. Ein NFT-Ticket wäre nicht nur fälschungssicher, es könnte auch den Schwarzmarkthandel beenden. Dazu müsste nur eine Provision von 99 Prozent auf dem Marktplatz, auf dem es gehandelt wird, einprogrammiert werden, die beim unerwünschten Weiterverkauf an den Veranstalter fließt. Schon heute fungieren NFTs als Mitgliedsausweis für digitale Communitys. Zum

Bored Ape Yacht Club (BAYC) hat nur Zugang, wer einen Bored Ape oder einen Mutant Ape besitzt, und für den internen Bereich des Cryp-toPunks-Discords (eine soziale Plattform) muss man einen der begehrten Punks sein Eigen nennen oder zumindest »friend« eines Punk- oder »Meebit«-Besitzers sein.[9] Auch NFT-Eintrittskarten gab es bereits – passenderweise bei der von Gary Vaynerchuk organisierten Web3-Konferenz »VeeCon« im Mai 2022, die 2023 und 2024 fortgesetzt wird.[10] Und wer weiß, vielleicht wird sogar dein überüberübernächster Ausweis oder Führerschein digital als NFT erstellt. Sofern es den Behörden hierzulande bis Mitte des Jahrhunderts tatsächlich gelungen ist, Faxgerät und Schneckenpost durch digitale Prozesse abzulösen …

- Finanzdienstleistungen (DeFi): DeFi steht für »Dezentralisierte Finanzdienstleistungen«. Diese werden nicht zentral über klassische Institutionen wie Banken oder Versicherungen abgewickelt, sondern basieren auf automatisierten Protokollen (Smart Contracts) auf der Blockchain. Es braucht also keine Bürotürme, Vorstände und imposante Empfangsbereiche, sondern nur eine entsprechende Programmierung. Allerdings gibt es auch keine Hotline bei Problemen und keine Einlagensicherung, wie Banken sie bis zu einer Höhe von 100.000 Euro garantieren müssen. Im DeFi-Bereich können über Smart Contracts beispielsweise Darlehen gewährt und vergeben werden (so genannte Krypto-Kredite). Wenn du als Kreditgeber dafür Kryptowährung zur Verfügung stellst, bekommst du heute auf bestimmten Protokollen Zinsen, von denen Bankkunden nicht einmal zu träumen wagen. Als Kreditnehmer durchläufst du keine Schufa-Überprüfung und erhältst bis zu 75 Prozent des Krypto-Kapitals, das du als Sicherheit hinterlegst, als Darlehen zur Verfügung gestellt. Der NFT- und der DeFi-Bereich verschmelzen zunehmend. Schon jetzt werden wertvolle NFTs als Sicherheit akzeptiert, ähnlich wie Immobilien oder Wertgegenstände im »echten Leben« – IRL, wie NFTler sagen: *in real life*. Ein Beispiel hierfür ist die Plattform nftfi. com. Allerdings sind Dezentralisierte Finanzdienstleistungen nicht ohne Risiko. Hackerangriffe und extreme Kursschwankungen sind nur zwei davon. Auch Flüchtigkeitsfehler und andere Schusseligkeiten rächen sich gnadenlos. Wer Passwörter und Zugangscodes verliert, hat keine zweite Chance, denn es gibt keine Institution mehr, die ihm helfen könnte.

- Gaming: In Blockchain-Spielen wie Axie Infinity oder Decentral Games wird um Kryptogeld gespielt, das in klassische Währung umgetauscht werden kann (»Play to Earn«). Außerdem können Gegenstände (Kostüme, Tools usw.) gekauft und weiterverkauft werden. Als NFTs sind solche Dinge in der virtuellen Welt sogar in ein anderes Spiel transportierbar – für viele Spieler eine wahre Revolution. Um die Bedeutung des Gaming-Marktes zu verdeutlichen, muss man nur auf dessen Umsätze schauen. Die Branche setzte 2021 in Deutschland 9,756 Milliarden Euro um, ein Anstieg um 17 Prozent gegenüber dem Vorjahr und der neunte Anstieg in Folge seit 2012.[11] Ein beträchtlicher Anteil des Umsatzes entfällt auf sogenannte In-Game-Käufe – 4,2 Milliarden waren es 2021.[12]

- Immobilienkauf: Noch Zukunftsmusik ist die Abwicklung des Kaufs realer Immobilien mithilfe von NFTs. Nach Schaffung der juristischen Rahmenbedingungen wären diese eine effiziente Alternative zu dem bisher in Deutschland vorgeschriebenen Procedere mit Grundbucheintrag und Notarvertrag.[13] Darüber hinaus könnten Renovierungsdaten sowie verwendete Materialien und Garantien von Baustoffen in Immobilien-NFTs hinterlegt werden. Auch andere juristisch relevante Eigentumsrechte wie etwa die Sicherung von Patenten könnten zukünftig mehr und mehr über NFTs digitalisiert werden. Hier gibt es bereits erste Anbieter wie IPwe (wobei IP für Intellectual Property, also geistiges Eigentum, steht).[14]

Die weltweit erste Botschaft im Metaverse

Im November 2021 verkündete der Inselstaat Barbados, er stehe in konkreten Verhandlungen mit Decentraland, um dort die weltweit erste digitale Botschaft zu errichten. Auch mit anderen Metaversen wie Somnium Space und SuperWorld sei man im Gespräch (Quelle: https://barbados.loopnews.com).

- Marketing: Die NFT-Community ist überwiegend jung, cool und netzaffin. Hier tummeln sich außerdem viele Idole potenzieller Kunden – Sportler, Rapper und andere Celebritys. Kein Wunder, dass erste Unternehmen NFTs als Marketinginstrument entdecken. So erreicht man nicht nur interessante Käuferschichten, sondern unterstreicht zugleich, dass man innovativ und auf der Höhe der Zeit ist. Vorreiter in Deutschland ist der Sportartikel-Konzern Adidas, der im Dezember 2021 »Into the Metaverse« startete. Adidas kooperierte dazu mit Größen aus der NFT-Szene – dem Bored Ape Yacht Club, Pixel Vault und Vordenker/Influencer gmoney. Wer am Ausgabetag für 0,2 Ether ein Adidas-NFT erstand, erwarb damit den Anspruch auf eine zukünftige exklusive Sportmodekollektion und weitere in Aussicht gestellte Goodies. Im Kapitel »Die 5 beeindruckendsten Unternehmensgeschichten« stelle ich dir die Aktion ausführlich vor. Hier nur so viel: Adidas machte damit an einem Tag 22,5 Millionen Euro Umsatz, wohlgemerkt mit Artikeln, die noch nicht einmal produziert waren. Allein mit den Zinsen der Vorab-Einnahmen konnte der Konzern viel Geld verdienen. Ich denke, nach diesem Schachzug sind in einigen Vorständen weltweit etliche Lichter aufgegangen, was mit NFTs alles möglich ist. NFT-Marketing spielt mit Exklusivität, Zugehörigkeit zu einer Community, spielerischen Momenten wie Verlosungen und der Aussicht auf noch geheim gehaltene zukünftige Aktionen. Diese Mechanismen gelten nicht nur für Konsumgüter, sondern auch für den Kunstmarkt. Inzwischen berate ich daher mit meinem Partner, dem Blockchain-Programmierer Alexander Sachs, Künstler, Unternehmen, aber auch staatliche Behörden, die in den NFT-Markt einsteigen wollen und schon eingestiegen sind.

- Musik- und Filmbranche: Künstler können über NFTs Werke, Werkteile oder unveröffentlichtes Material direkt an Fans verkaufen. Auf diese Weise können Alben oder Filme vorfinanziert werden (Crowdfunding) oder Zusatzeinnahmen generiert werden, wenn beispielsweise besondere Szenen oder exklusive Aufnahmen, Drehbuchseiten oder Zusatz infos per NFT verkauft werden. Beispiele: Bands wie die Kings of Leon oder die Chainsmokers, Regisseure wie Quentin Tarantino. Auch dieser Bereich wird weiter wachsen. Im Herbst 2021 rief der US-DJ 3Lau (sprich »Blau«) eine eigene Plattform mit dem Titel »Royal« ins Leben, auf der Fans Anteile an Werken ihrer Lieblingsmusiker erwerben können und dafür einen Teil der Tantiemen (»Royaltys«) erhalten.[15]

> ### Alles kann ein NFT werden
>
> *... und dabei steckt hinter mancher verrückten Idee in Wahrheit cleveres Marketing, zum Beispiel beim digitalen Klopapier (ein Bild der Firma Charmin), beim »Cyber Eau de Parfum«, das seinen Schöpfern 18.000 Dollar einbrachte, oder beim digitalen Hundestöckchen (1.200 Dollar). Selbst eine Zahl, die nur einem selbst gehört, kann man kaufen. Das N-Project mit 8888 NFTs brachte über 40 Millionen Dollar (Quelle: https:// token-information.com »Die weltweit erste Liste der verrücktesten NFTs«).*

- Warenlogistik: Herkunftsnachweise und Lieferketten lassen sich über NFTs lückenlos dokumentieren und aktualisieren. Große IT-Unternehmen arbeiten bereits daran. IBM beispielsweise bietet über seine Tochter TransLens eine lückenlose Nachverfolgung in der Containerlogistik. Schon Ende 2019 rief Nike die »Cryptokicks« ins Leben. Mit dem Schuh-NFT können Käufer hier unter anderem die Echtheit des erworbenen Schuhs prüfen.[16]

6. Was haben Kryptowährungen und NFTs miteinander zu tun?

NFTs werden fast ausschließlich in Kryptowährungen gehandelt – digitalen Währungen, die auf einer Blockchain verankert sind. Ausnahmen sind wenige Marktplätze wie Nifty Gateway oder Mintable, die auch herkömmliche Kreditkartenzahlungen akzeptieren.[17] Die älteste und bekannteste Kryptowährung ist der Bitcoin (BTC), der erstmals im Januar 2009 auf der Bitcoin-Blockchain programmiert wurde. NFTs werden vor allem in Ether (ETH) gehandelt, dem Coin der Ethereum-Blockchain, die mehr Funktionen bietet als der Bitcoin. NFTs und Kryptowährungen sind also im selben System zu Hause. Es ist daher wenig verwunderlich, dass sie eng miteinander verbandelt sind.

Die Zahl der Kryptowährungen weltweit wächst rasant. Im Juli 2022 waren es fast 11.000, im Juni 2013 erst ganze 26.[18] Ursprünglich waren Kryptowährungen als alternative Zahlungsmittel gedacht, die Geld vor dem Zugriff von Behörden und Banken schützen sollten. Deine digitale »Wallet« im Netz, in der deine Coins liegen, kann kein Staat und keine Bank einfach sperren oder einziehen. Du könntest höchstens deinen Zugangsschlüssel verlieren. Dann ist das Geld auch weg, unwiederbringlich, was übrigens gar nicht so selten vorkommt. Die enorme Zahl der Währungen resultiert aus weltweiten Aktivitäten und daraus, dass viele Anbieter von Spielen (wie z. B. Decentral Games) und selbst einflussreiche Künstler (wie z. B. Pak) inzwischen ihre eigenen Tokens prägen. Der Wert neuer, kleiner Token ist dabei schwer einzuschätzen, denn er hängt wie bei herkömmlichem Geld vom Vertrauen der Besitzer in ihren Wert und darüber hinaus von den Anwendungsmöglichkeiten ab.

»Große« Kryptowährungen haben sich rasch zu einem spekulativen und hochriskanten Anlageobjekt entwickelt. Ihr Kurs ähnelt einem Hochgebirge mit tiefen Tälern und steilen Anstiegen. Unten ist die »All time«-Kurve des Ethers abgebildet. Im Anfangsjahr 2016 pendelte der Kurs um die 10 Euro. Ab Frühjahr 2017 ging es aufwärts bis zu einem ersten Hoch im Januar 2018, wo die 1.000-Euro-Marke überschritten wurde. Danach fiel der Kurs zeitweise wieder unter 100 Euro, bis Anfang 2021 ein steiler Aufstieg einsetzte bis zur Höchstmarke über 4.000 Euro im November 2021. Momentan, im Sommer 2022, ist der Kurs wie bei allen Kryptowährungen stark gefallen auf 1.000 bis 1.200 Euro. Schau gern mal nach, wie es im Moment deiner Lektüre aussieht, zum Beispiel unter https://coinmarketcap.com/de/currencies/ethereum/.

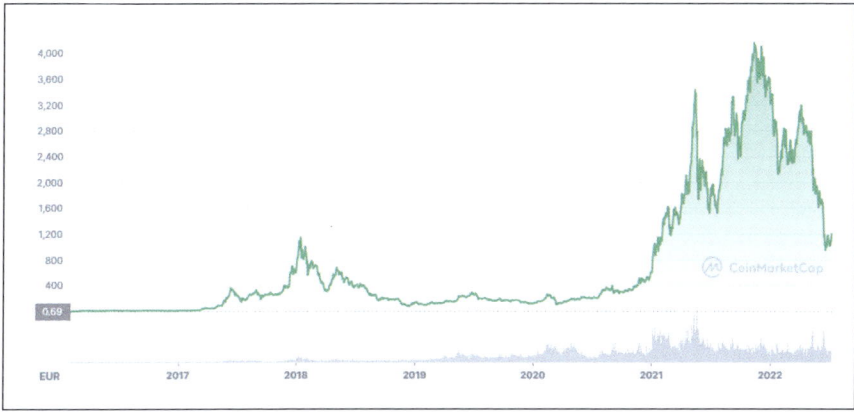

Kursentwicklung des ETH – Stand 14.07.2022 (Quelle: CoinMarketCap)

Solche Schwankungen sind nichts für schwache Nerven und sind ein ganz anderes Investment als der gute alte Bausparvertrag. Ich persönlich bin allerdings überzeugt davon, dass Kryptowährungen im Durchschnitt und mittelfristig wieder erheblich an Wert zulegen werden. Wer 2016 oder Mitte 2018 eingestiegen ist, kann sich heute immer noch über satte Gewinne freuen. Man braucht halt einen langen Atem und das richtige Gespür. Gleichzeitig verdeutlicht die Ether-Kurve, warum das Geschäft mit Kryptokunst in doppelter Hinsicht volatil (wechselhaft, unbeständig) ist: Der Kurs der Kryptowährung schwankt ebenso wie die Bewertung von Kunstwerken. Manches NFT-Projekt wird heute gehypt und morgen entzaubert. Andere werden lange unterschätzt und kommen plötzlich groß raus – ganz wie auf dem traditionellen Kunstmarkt.

7. Wie bezahle ich mit einer Kryptowährung wie Ether?

Wie kommst du an Ether? Dein Bankautomat spuckt sie ganz offensichtlich (noch!) nicht aus.[19] Um herkömmliches Geld (»Fiat«) in Kryptowährung umzutauschen, gibt es spezielle Börsen im Internet. Dabei unterscheidet man zwischen zwei Arten: zentralisierten Börsen (Centralized Exchange oder CEX) und dezentralisierten Börsen (Decentralized Exchange/DEX). Zentralisierte Börsen sind klassische Unternehmen mit Ansprechpartnern und Support. Dezentralisierte Börsen sind, wie du aufgrund der DeFi-Infos weiter oben schon ahnst, Programme auf der Blockchain ohne menschliche Ansprechpartner. Dort sind die Gebühren niedriger, und neue (riskantere) Coins werden zunächst hier gehandelt. Außerdem ist auf einer DEX Anonymität gewährleistet, während du dich als Kunde einer CEX wie bei einer Bank identifizieren musst. Das übt auf dunkle Gestalten eine gewisse Anziehungskraft aus. Bekannte zentralisierte Börsen sind Binance, Bitpanda, BuyNet, Coinbase, Kraken. Zu den dezentralisierten Börsen zählen Uniswap, SushiSwap, PancakeSwap oder Aggregatoren wie 1inch, die aus mehreren DEXes den jeweils besten Kurs raussuchen.

Wie man auf einer CEX Euro in Ether umtauscht, erkläre ich dir in meinem Bestseller *Reich mit NFTs* Schritt für Schritt mit Screenshots am Beispiel Kraken. Natürlich kannst du auch eine andere Börse wählen. Der Tausch auf Kraken ist nicht kompliziert, sobald du dich mit der Website vertraut gemacht hast. Im Support-Bereich findest du dazu einführende Erläuterungen (https://support.kraken.com/hc/en-us). Auch wie du Ether kaufst, wird auf der Seite ausführlich erklärt (https://www.kraken.com/learn/buy-ethereum-eth/). Bislang gibt es die Kraken-Website leider noch nicht auf Deutsch, sondern nur auf Englisch, Spanisch, Französisch, Italienisch, Portugiesisch oder Chinesisch. Wer sich für Krypto und NFT interessiert, zählt hierzulande eben noch zu einer innovativen Minderheit. Für Mitglieder meines Future-of-Finance-Mentorings habe ich daher zwei Videos veröffentlicht, in denen ich die Transaktionen am Bildschirm zeige. Wenn dich diese Gruppe interessiert, nimm gern Kontakt auf unter https://buch.mikehager.de/nft-mentoring.

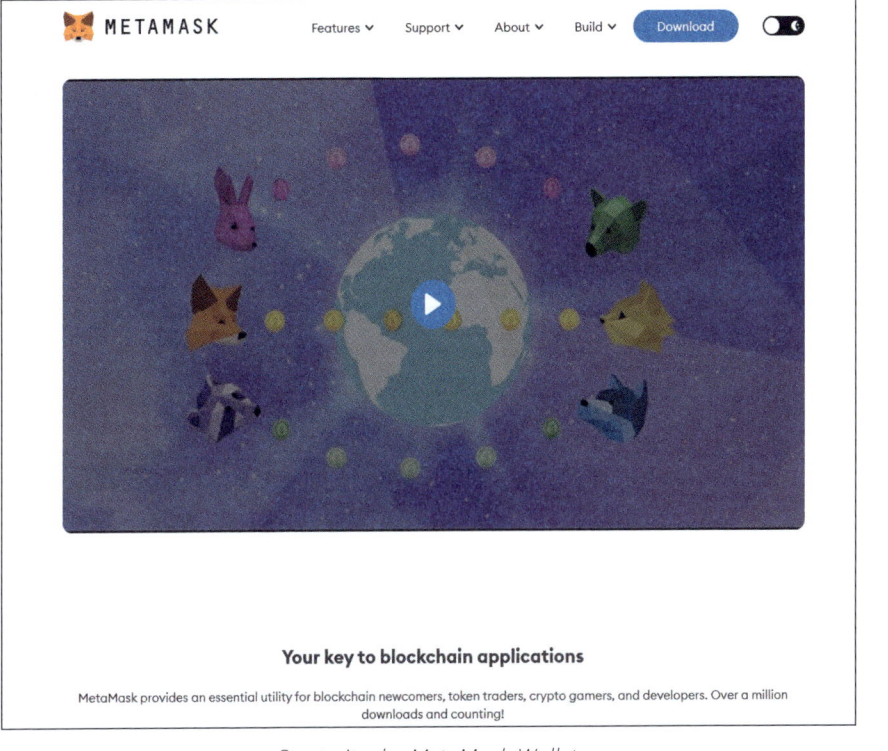

Startseite der MetaMask-Wallet

»Kraken is secure, but it's always safest to store your crypto in a wallet«, heißt es auf der Website des Unternehmens[20], und das kann ich nur bestätigen. Sollte Kraken vom Markt verschwinden oder massiv gehackt werden, wäre dein Geld mit verschwunden. Das ist zwar sehr unwahrscheinlich, aber wie schon 007 wusste: Sag niemals nie. Um deine Ether sicher zu verwahren, brauchst du eine eigene digitale Wallet (wörtlich: Geldbörse oder Brieftasche). Die bekannteste Ethereum-Wallet ist die MetaMask mit weltweit inzwischen über 21 Millionen Nutzern. Mit ihr kannst du dich komfortabel im NFT-Space bewegen, da sich eine MetaMask einfach mit NFT-Marktplätzen wie OpenSea und anderen dezentralisierten Anwendung verbinden lässt. Du dockst einfach an und wickelst ohne mühsame Eingabe von Passwörtern und Adressen Transaktionen ab.

Die MetaMask ist eine Browser-Erweiterung, die auf dem Chrome Browser und auch auf Firefox, Edge oder Brave funktioniert. Inzwischen gibt es auch Smartphone-Anwendungen für iOS und Android. Aus Sicherheitsgründen rate ich dir jedoch, deine digitale Wallet auf deinem (gesicherten) PC zu installieren. Sicherheit ist überhaupt ein wichtiges Thema im Krypto- und NFT-Bereich. Mehr dazu im nächsten Punkt.

Wie du deine eigene MetaMask einrichtest, wird auf der Website des Unternehmens unter https://metamask.io ganz gut erklärt. Wenn du kein PC-Neuling bist und gelegentlich schon Anwendungen installiert hast, wirst du dich schnell zurechtfinden. Wichtig ist allerdings, dass du den Download ausschließlich auf der echten MetaMask-Seite vornimmst und nicht auf eine Fake-Seite hereinfällst, auf die dich beispielsweise Google nach einer Suchanfrage leiten könnte. Im Verlauf der Registrierung erhältst du einen Backup-Schlüssel (»Seed«) von zwölf Worten, den du hüten solltest wie deinen Augapfel. Bewahre ihn auf Papier auf – auf keinen Fall im Netz, auch nicht als Foto! Verstecke ihn sorgfältig und gib ihn niemals (nie, nie, nie!!) an jemand anderen heraus, auch nicht an jemanden, von dem du vielleicht denkst, es wäre der MetaMask Support. Niemals würde dieser dich nach deiner Seed-Phrase fragen! Wer deine Seed-Phrase besitzt, kann deine Wallet ruckzuck leerräumen. Und wer dich danach fragt, ist ziemlich sicher ein Betrüger und hat genau das im Sinn. Du würdest ja auch deinen Hausschlüssel nicht einem Wildfremden in die Hand drücken, nur weil der dich darum bittet. Es gibt keinen MetaMask-Support, der dich mit einer Direktnachricht per Mail oder über soziale Medien kontaktiert und im Weiteren nach deinen 12 Wörtern fragt. Auch da geht es nur darum, dich um dein Vermögen zu bringen.

Wie du Geld von Kraken auf deine MetaMask überweist, erkläre ich dir ebenfalls in meinem Buch *Reich mit NFTs*. Es gibt außerdem ein gutes Erklärvideo von mir dazu unter dem Link https://buch.mikehager.de/erklaervideo-krakenueberweisung. Dort erfährst du alles Wichtige.

8. Wer garantiert mir, dass der NFT-Hype keine Blase ist?

Kurz gesagt: keiner. NFTs sind ein Hochrisiko-Investment, für das du nur Geld in die Hand nehmen solltest, das du nicht zum Leben brauchst und das du notfalls auch verlieren könntest. Das gilt im Übrigen auch für Einzel-Aktien, bei denen du nie weißt, was passiert – siehe Wirecard. Warum ich dir trotzdem dazu rate, dich grundsätzlich mit NFTs zu beschäftigen: Weil ich fest davon überzeugt bin, dass klug ausgewählte Investitionen mittel- und langfristig hohe Renditen einspielen werden. Das gilt auch und gerade im derzeitigen »Bärenmarkt«, der vielleicht schon wieder vorbei ist, wenn du dieses Buch liest. Klug ausgewählt bedeutet, dass du dich vorab gut informierst, den Markt und seine Akteure kennenlernst und weißt, welchen Experten und Influencern du vertrauen kannst. »FOMO« (»Fear of missing out«, also Angst, etwas zu verpassen) ist ein sehr gefährlicher Gemütszustand im NFT-Markt – sei es, weil du in der Hektik auf ein vorschnell gehyptes Projekt hereinfallen könntest, sei es, weil ein falscher Klick im Krypto-Space verheerende Folgen haben kann. Wenn etwas ganz schnell gehen muss, lass es also lieber ganz sein! Deine nächste Chance kommt bestimmt.

Und wenn Skeptiker doch Recht haben und das Ganze eine einzige große Blase ist? Ich halte diese Skepsis für falsch, sonst würde ich mich nicht seit anderthalb Jahren fast rund um die Uhr mit NFTs beschäftigen, einen nicht unbeträchtlichen Teil meines Geldes dort anlegen und andere dabei unterstützen. Was sicher ist: Der Markt wird sich bereinigen, die Spreu wird sich vom Weizen trennen. Anerkannte Kunstwerke werden im Wert stabil bleiben und vielfach weiter zulegen, Nachahmer-Projekte und Werke von mäßiger Qualität werden abstürzen. Die

Eine elitäre Minderheit

Laut Financial Times *(Dezember 2021) gab es zwischen Februar und November 2021 weltweit 360.000 Wallets, in denen 2,7 Millionen NFTs gespeichert waren. Bei einer Weltbevölkerung von geschätzt 7,87 Milliarden besaß damit rein statistisch nur jeder 21.861 Erdbewohner eine Wallet. Klammern wir Kinder und Greise aus, dürfte es kaum mehr als jeder 12- bis 15-Tausendste sein – einer in jeder Kleinstadt.*

Zeittafel mit Meilensteinen der NFT-Geschichte am Ende des Buches verdeutlicht, dass 2021 ein wahres Turbo-Jahr für NFTs war. Dass irgendwann Ernüchterung eintreten würde, hat mich nicht überrascht. Andererseits ist die NFT-Technologie nicht nur für Künstler, sondern auch für Unternehmen so interessant, dass sie nicht wieder verschwinden wird. Im Gegenteil: Immer mehr etablierte Künstler und Unternehmen werden sich dafür interessieren und einsteigen. Und auch die Nachfrage wird nicht schwinden, weil immer mehr Menschen digitale Artefakte genauso ernst nehmen wie »echte«. Die Idee von »Metaversen«, digitalen Welten, in denen wir ähnlich agieren wie in der realen Welt, ist nicht mehr aufzuhalten, auch wenn noch nicht klar ist, welche Anbieter das Rennen machen werden. Schon jetzt gibt es Galerien, die digitale Kunst verkaufen, und digitale Apartments oder Villen, die solvente Bewohner mit Kunst ausstatten wollen. Der Geist ist aus der Flasche, auch in Sachen Social Media, wo das richtige Profile Picture den Status garantiert, den in der nichtvirtuellen Welt die Rolex, der Lamborghini oder die Birkin Bag von Hermès verschaffen.

Auch Kryptowährungen werden weiterhin starken Kursschwankungen unterliegen und damit für Gewinne oder Verluste im NFT-Markt sorgen. Wer sich eindeckt, wenn die Kurse niedrig oder moderat sind und nicht in der Hochphase, wenn plötzlich alle auf den Zug aufspringen, braucht dieses Auf und Ab nicht zu fürchten. Ich habe schon etliche solcher Zyklen erlebt und sehe das sehr gelassen.

9. Ich kann bzw. will erst einmal nur ein paar hundert Euro investieren. Lohnt sich dieses Buch trotzdem für mich?

Eindeutig ja, denn die Millionensummen, die in der Presse für Aufmerksamkeit sorgen, bilden nur einen kleinen Teil des Marktes ab. Kimberly Parker, eine kanadische Konzeptkünstlerin, wertete für einen Zeitraum von zehn Tagen im März 2021 sämtliche NFT-Erst-Verkäufe (»primary sales«) auf OpenSea aus. Das ist der größte Handelsplatz für NFTs, auf dem Weiterverkäufe (»secondary sales«) eigentlich die größere Rolle spielen. Das relativiert die Erhebung, aber dennoch: Frau Parker kommt zu dem Ergebnis, dass 50 Prozent der NFTs für weniger als 200 Dollar den Besitzer wechseln, ein Drittel sogar für weniger als 100 Dollar.[21] Hinzu kommt, dass bis heute viele NFTs bei Erscheinen direkt auf der Website des Künstlers, Unternehmens oder sonstigen Anbieters kurze Zeit für einen überschaubaren Festpreis oder sogar kostenlos »gemintet« (wörtlich »geprägt«, d. h. erworben) werden können – wie einst die Bored Apes, die weniger als 200 Dollar kosteten. Einige solcher Projekte werde ich dir im Laufe des Buches vorstellen. Überhaupt bin ich ein Freund des asymmetrischen Risikos: Lieber mit kleinen Summen gut informiert in ein vielversprechendes neues Projekt investieren, als eine große Summe auf ein gerade gehyptes Werk setzen. Im ersten Fall hast du wenig zu verlieren, aber viel zu gewinnen. Im zweiten Fall ist es umgekehrt: Die möglichen Verluste sind hoch, weitere Wertsteigerungen dagegen begrenzt. Auch eine Asymmetrie, aber eine, die man vermeiden sollte.

Bevor ich im Abschnitt »STRATEGIEN« näher auf einzelne Anlagestrategien eingehe, hier schon die beiden allerwichtigsten Faktoren, wenn du als Investor im NFT-Space erfolgreich sein willst: Informationen und gute Vernetzung. Beides hängt direkt miteinander zusammen, denn die NFT-Szene ist in den sozialen Medien sehr aktiv. So, wie umsichtige Aktienanleger täglich die Wirtschaftspresse verfolgen, solltest du im Auge behalten, was sich in der Community tut – wer beispielsweise vielversprechende Projekte plant und wie Experten (in diesem Fall Influencer und erfahrene Investoren) ein Projekt einschätzen. Auf diese Weise erfährst du außerdem von Werken, bevor alle Welt darauf aufmerksam wird, und kannst sie direkt auf der Website des Künstlers erwerben (»minten«). Bei so einem »Drop« zuzuschlagen ist meist günstiger, als auf dem Zweitmarkt zu kaufen. Begriffe wie »Drop« oder »Minten« kannst du übrigens am Ende des Buches im Kapitel »50 Insider-Begriffe« nachschlagen.

10. Wie steige ich am besten ein?

Du hast bereits einen ersten cleveren Schritt in den NFT-Space getan, indem du dieses Buch liest! Am Ende wirst du weit mehr über NFTs wissen als 99,8 Prozent deiner Mitmenschen und ein erstes Gespür für Qualitätskriterien und Anlagestrategien haben. Auch mein Bestseller *Reich mit NFTs* hilft dir beim Einstieg. Dort erfährst du genauer, wie du dein Geld in Ether umtauschst oder deine eigene Wallet einrichtest. Auf meinem YouTube-Channel findest du außerdem kostenlos jede Woche nützliche Infos. Einige der älteren Videos liefern dir Grundlagenwissen. Dazu zählen »Erfolgreich mit NFTs – so startest du« und »Warum sind NFTs so viel Geld wert?«. Andere Videos erklären wichtige Instrumente wie das soziale Medium Discord (»Mehr Erfolg mit NFTs durch Discord – Discord Tutorial deutsch«) oder den Marktplatz OpenSea (»NFT Handel erklärt – OpenSea Tutorial deutsch«). Schau einfach mal rein und lass dir am besten alle Videos anzeigen, indem du meinen Channel unter dem Stichwort »NFT« durchsuchst. Wenn du den Kanal unter https://buch.mikehager.de/youtube abonnierst, weise ich dich außerdem zweimal pro Woche in zehn- bis fünfzehnminütigen Videos auf aktuelle Entwicklungen hin. Falls du noch tiefer einsteigen möchtest, kannst du dich in zwei Intensiv-Online-Kursen zum Thema NFT informieren, die ich zu diesem Zweck aufgenommen habe (»Starter« und Advanced«). Mehr Infos dazu findest du unter https://buch.mikehager.de/nftkurs-inside.

Die Königsklasse schließlich ist meine Mentoring-Gruppe »Future of Finance«. Hier gibt es jede Woche einen Live-Termin bei Zoom, bei dem wir wichtige Themen behandeln – häufig im Anschluss an ein Interview mit bekannten Unternehmern und Künstlern aus der Szene. Wir haben hier regelmäßig Größen wie gmoney, Justin Aversano oder den Decentral Games Mitgründer Miles Anthony zu Gast, außerdem NFT-Superstars wie Erick Snowfro, den Gründer von Art Blocks. Mehr Insider-Wissen geht kaum. Viele aus der Gruppe, die inzwischen um die 500 Mitglieder umfasst, haben durch den intensiven Austausch bereits beträchtliche Gewinne erzielt und ihr Investment in das Mentoring mehrfach wieder eingespielt.

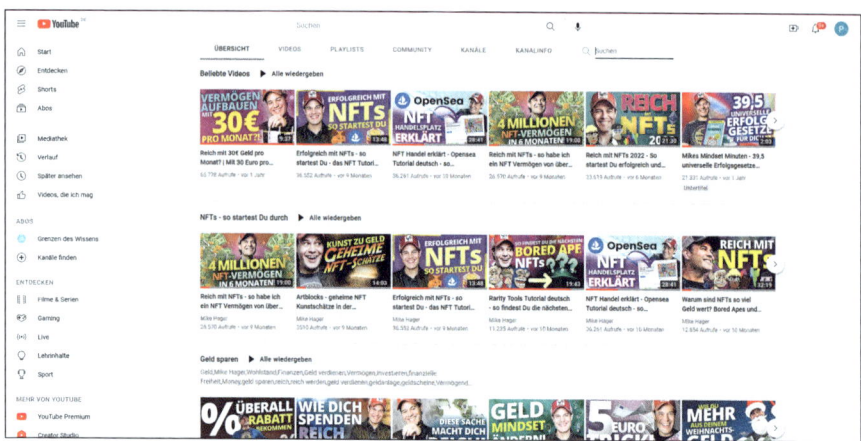

Mikes YouTube-Kanal mit Grundlageninfos und regelmäßigen Tipps

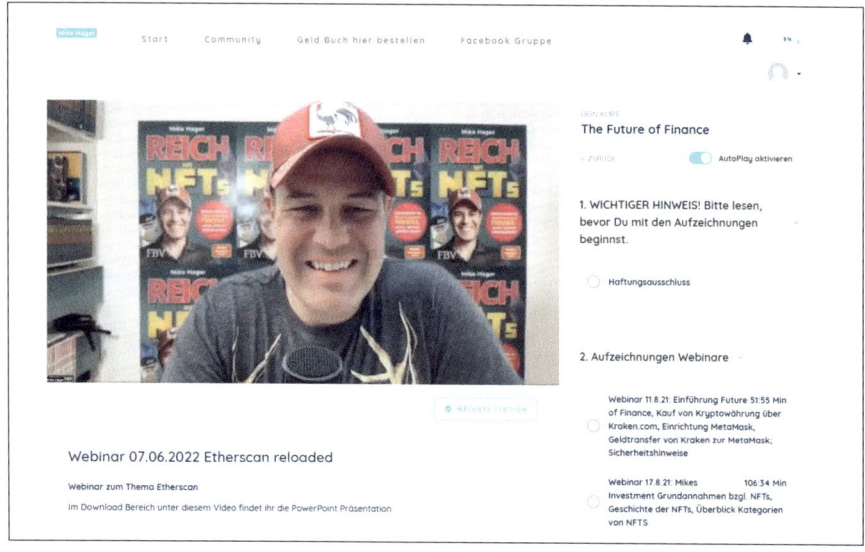

Wöchentliches Zoom-Meeting in Mikes Future-of-Finance-Mentoringgruppe

Daneben solltest du dich auch selbst in der NFT-Community umsehen. Sie trifft sich insbesondere auf Twitter und Discord. Folge in den sozialen Medien am besten Künstlern und Influencern, die dich überzeugen. Etliche wichtige Personen stelle ich dir im Verlauf des Buches noch vor. Bleib einige Zeit am Ball, schau, in welchen Gruppen du dich wohl fühlst und wo du nützliches »Alpha« bekommst. Als »Alpha« wird Insider-Wissen bezeichnet, das dir bei deiner Reise im NFT-Space einen Vorsprung verschafft. Die Community ist freundlich und offen, solange jemand höflich und interessiert ist. Auch Anfängerfragen werden geduldig beantwortet. Was dagegen nicht gut ankommt, ist das penetrante Einfordern von Investitionstipps oder der Versuch, Projekte aus Eigeninteresse offensiv zu pushen (zu »shillen«). Es ist im Grunde genau wie im echten Leben: Wer selbst nett ist, wird auch nett behandelt.

Besonders wichtig ist inzwischen Discord. Ursprünglich ein Messenger-Dienst für die Gamer-Szene, ist Discord inzwischen ein allgemeiner Kanal, in dem sämtliche Instanzen der NFT-Welt vertreten sind: Künstler, Influencer, Sammler, Marktplätze (wie OpenSea Art Blocks, Quantum Art), wichtige Projekte (wie die Bored Apes und die CryptoPunks), Unternehmen (wie Yuga Labs, Larva Labs, Decentral Games). Bei Discord meldest du dich mit deiner E-Mail-Adresse und einem Nutzernamen an. Einige Kanäle (bei Discord »Server« genannt) haben Zugangsbeschränkungen, zumindest für einen internen Bereich oder komplett (wie der Server meiner Future-of-Finance-Mentoringgruppe, der exklusiv unseren Mitgliedern vorbehalten ist). Wer nachweislich einen CryptoPunk besitzt, wird im Punks-Server mit einem grünen Namen geadelt und trifft im internen Bereich nur noch auf andere Punk-Inhaber. Noch ein Tipp: Wenn du in allen NFT-relevanten sozialen Medien denselben Nutzernamen wählst, erhöhst du deinen Wiedererkennungswert und sorgst dafür, dass Künstler, denen du folgst und von denen du vielleicht schon ein Werk besitzt, dich bei Aktionen wie Verlosungen (»Raffles«) oder kostenlosen Drops von NFTs (»Air Drops«) mitbedenken. Und natürlich solltest du auch hier im Netz äußerste Vorsicht walten lassen. Persönliche Nachrichten auf Discord sind in der Regel Spam oder – weit schlimmer – Betrugsversuche (Scam). Ignoriere sie am besten und vor allem: Klicke niemals auf Links in Discord-Nachrichten. NIEMALS! Die Folgen könnten verheerend sein.

Sieh dich einfach erstmal in der Szene um. Sobald du dich ein wenig sicherer fühlst, kannst du die ersten vorsichtigen Schritte unternehmen, NFTs minten oder auf dem Zweitmarkt erstehen. Beginne mit kleinen, weniger riskanten Projekten, um dich mit dem Procedere vertraut zu machen und

Wie steige ich am besten ein?

taste dich von dort weiter vor. Das ist nicht anders als beim Autofahren oder Schwimmen – am Anfang ein wenig furchteinflößend und bald schon Routine.

Abschließend zur Einstimmung ein Beispiel für ein NFT-Projekt eines jungen Künstlers aus dem Bereich der Generative Art, dessen Werke im vergangenen Jahr stark an Wert zugelegt haben. Stefano Contiero experimentiert auf faszinierende Weise mit geometrischen Strukturen. Die »Frammenti« sind für Stefano dabei ein Sinnbild für den fragmentarischen und dynamischen Charakter des menschlichen Gedächtnisses. Auf solche Talente aufmerksam zu werden, sich mit ihnen auszutauschen und ihre Werke zu sammeln, macht den besonderen Reiz der NFT-Kunst aus. Wobei ich natürlich keine Anlageempfehlung gebe. Aber wer in NFTs investiert, die ihm persönlich gefallen oder sogar berühren, für den wird ein Werk immer wertvoll sein.

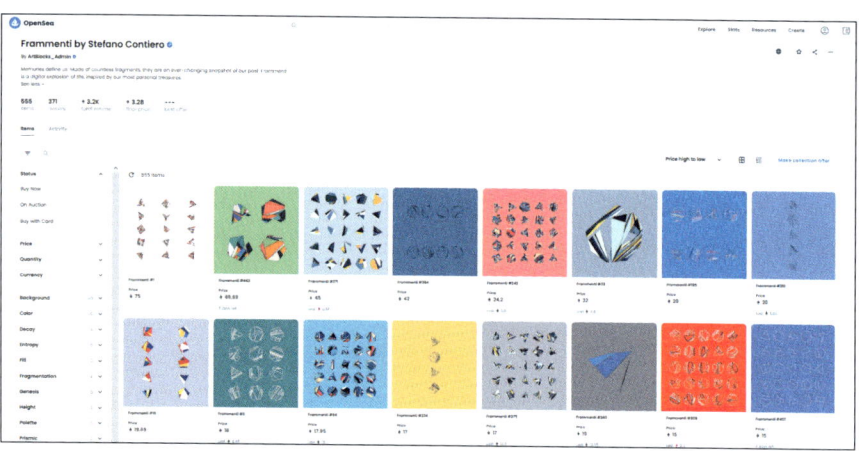

Präsentation der Frammenti von Stefano Contiero auf OpenSea

Porträt Stefano Contiero

»I am experimenting with visual ideas«

* 1992
Künstler (Generative Art)

https://stefanocontiero.com/
https://twitter.com/stefan_contiero
https://www.instagram.com/stefan_contiero/

Photo by Rainer Hosch, 2022

2020 noch Produktdesigner bei Zalando (Berlin), 2022 einer der Shooting-stars im Bereich Generative Art: Das ist selbst in der schnelllebigen Krypto-welt eine rasante Karriere. Dabei drückt der 1992 geborene Stefano Cortiero sich schon seit seiner Kindheit mit Bildern aus. Als Kind war er von MS Paint besessen, als Jugendlicher experimentierte er mit Photoshop und Terragen, einem Programm, mit dem künstliche Landschaften kreiert werden. Zur pro-fessionellen Kunst führte ihn ausgerechnet die Corona-Krise: 2020 allein in einer fremden Stadt, in Berlin, ohne Deutsch zu sprechen, mit einem neuen Job – diese Herausforderung meisterte Stefano, indem er tief in die Möglich-keiten der Generative Art eintauchte. Im Mai 2021 akzeptierte das Kurato-ren-Team von Art Blocks seine »Frammenti«, eine Serie von 555 animier-ten Grafiken, deren Formen in Einzelteile fragmentiert werden und die für die Fragilität und Vergänglichkeit der menschlichen Erinnerung stehen. Die Aufnahme bei Art Blocks, noch dazu im kuratierten Bereich, ist ein echter Ritterschlag in der NFT-Kunstszene. Stefano ist heute auf wichtigen Ausstel-lungen präsent, und zwar im Metaverse wie im »Meat Space«, darunter auf der Biennale in Venedig (2022), auf der Miami Art Week (2021), auf dem

Generative Art Fest in Berlin (2021), in der Crypt Gallery X Christie's in New York (2021) und der NFT Art Week in Shenzhen (2021). Ich bin sehr froh, selbst ein Werk von ihm gemintet zu haben (siehe Abbildung). Im »Artists Playground« von Art Blocks sind weitere Werke von Stefano zu finden: die Serien »Rinascita« (Wiedergeburt) und »Saturazione« (Sättigung). Einen Überblick seiner Arbeiten präsentiert er auch auf seiner Website https://stefanocontiero.com/art.

Wie viele Künstler im Bereich der generativen Kunst kommt Stefano von der IT. Er arbeitete als Software-Entwickler und Webdesigner, bevor er sich ganz auf die Kunst konzentrierte. Im Juni 2022 stand er der Future-of-Finance-Mentoring-Gruppe für ein Interview zur Verfügung. Er ist begeistert von den Möglichkeiten, die NFTs ihm als Künstler bieten, von der NFT-Community und der Chance, auf einfache Weise direkt in Kontakt mit Sammlern und Kunstfans zu treten. Alle zwei Jahre erfindet er sich neu, verriet er uns. Man darf also gespannt sein! Nur eines mag der Künstler mit dominikanischen und italienischen Wurzeln gar nicht: angriffslustige Waschbären.

Frammenti #278 by Stefano Contiero

3 Fragen an Stefano Contiero

NFTs sind für mich

... *eine Möglichkeit, generative Kunst zu befreien und Künstler in die Lage zu versetzen, ihre Arbeit technisch zu bewahren und zu authentifizieren, solange die Blockchain steht.*

Das sollten Fans von Generative Art auf keinen Fall versäumen

Wer von Grund auf verstehen lernt, wie generative Kunst geschaffen wird, kann die Komplexität und die Nuancen dieser Kunstform in Gänze wirklich schätzen.

Woran ich gute Kunst erkenne

Gute Kunst hat eine gewisse Harmonie. Große Kunst lässt mich innehalten. Sie zwingt mich, sie im Detail zu betrachten, eine emotionale Verbindung herzustellen. Sie hat normalerweise immer eine physische Kraft, selbst auf einem Bildschirm.

STARS

Die spannende Welt der Künstler und Investoren

Was Quentin Tarantino und Snoop Dogg gemeinsam haben

———————————— *Hand aufs Herz: Wie viele Kunstsammler kennst du? Wie viele Investoren, die ihr Geld auf dem traditionellen Kunstmarkt anlegen? Und wie viele Experten, die andere in Kunstfragen beraten? Vermutlich geht es dir wie mir: Da musst du ganz schön grübeln. In der NFT-Szene läuft es anders. Während der klassische Kunstmarkt eine elitäre Welt ist, die weitgehend im Verborgenen agiert, tummeln sich in der NFT-Welt viele Prominente, die ihren Enthusiasmus für das neue Medium öffentlich teilen. Zu ihnen zählen Kultregisseur Quentin Tarantino ebenso wie der längst pensionierte Enterprise-Kommandant William Shatner, Rapper wie Eminem oder Snoop Dogg, die Pop-Queen Madonna, Footballstars wie Tom Brady oder Dez Bryant und viele an-dere. Die Influencer, deren Meinung in dieser Szene zählt, kommuni-zieren zudem offen über soziale Medien. Und auf den digitalen Markt-plätzen kann jeder einsehen, zu welchem Preis Werke gerade gehandelt werden. Künstler treten direkt in Kontakt mit ihren Fans und tauschen sich mit ihnen im Netz aus. Auch die Schöpfer von Profile Pictures wie den Bored Apes und anderen Anwendungsfällen (z. B. im Marketing) kreieren ihre eigenen Communitys. Kein Wunder, dass die klassische Kunstwelt auf diesen Markt schaut wie eine ältere Dame im Chanel-Kostüm auf eine Punk-Lady. Ist das wirklich Kunst, oder kann das weg? Kommt hier die Zukunft der Kunstwelt oder geht das Abendland gerade endgültig unter? Skeptikern sei gesagt: Jede neue Kunstform wurde erst einmal bekämpft und selbst Monet, Gauguin oder van Gogh ernteten zu ihrer Zeit herbe Verrisse.*

Im NFT-Space ist es nicht anders als in der klassischen Kunstwelt. Der Wert eines Werkes ist eine komplexe Angelegen-heit. Man sollte wissen, welche Faktoren eine Rolle spielen und wessen Urteil zählt. Und wie überall gibt es Großartiges und Überflüssiges, tolle Ideen und schale Nachahmer.

Celebritys als NFT-Fans

Nähern wir uns der NFT-Szene von ihrer unterhaltsamen Seite. Ich könnte auch sagen: von Seiten der Unterhaltungsbranche. Dass inzwischen fast jeder von NFTs gehört hat, liegt unter anderem an Zeitungsberichten darüber, wer alles auf den immer schneller rasenden Zug aufgesprungen ist. Darunter gibt es kuriose Meldungen wie die, dass William Shatner alias Captain Kirk im Sommer 2020 in nur neun Minuten 10.000 Sammelkarten-NFTs mit ikonischen Fotos und persönlichen Erinnerungsstücken verkaufte – darunter angeblich sogar Röntgenaufnahmen seiner Zähne.[22] Der Gesamterlös: 110.000 Dollar.[23] Künstlerischer wird es dagegen, wenn Kult-Regisseur Quentin Tarantino bisher unveröffentlichte handschriftliche Drehbuchseiten zu seinem Klassiker *Pulp Fiction* kommentiert und das dann zu einem NFT verschmilzt. Zusätzliche Aufmerksamkeit bekam dieser Deal im Januar 2022, weil die Produktionsfirma Miramax dagegen klagte. Miramax reklamierte das »geistige Eigentum« am Drehbuch für sich, eine ziemlich steile These, wenn du mich fragst.[24] Für eine kurze Szene, in der Jules und Vincent sich über Cheeseburger-Namen in Frankreich wundern (»Royale with cheese!«) wurden 1,1 Millionen Dollar geboten.[25] (Inzwischen ist die Auktion ausgesetzt, und niemand weiß so recht, warum.[26]) Madonna dagegen verbündete sich werbewirksam mit Star-Künstler Beeple und gebar in Softporno-Manier einen Baum. Die sechsstelligen Dollar-Erlöse ihrer NFTs gingen immerhin an einen guten Zweck.[27] Und selbst Country-Legende Dolly Parton konnte dem Trend nicht widerstehen und bot im März 2022 im »Dollyverse« eine Limited Edition ihres neuen Albums, Poster und weitere Bilder an.[28] Wenig verwunderlich, dass manche Kritiker dem NFT-Boom der Stars vor allem die Hoffnung auf den schnellen Dollar unterstellen. Oder sollte es doch Kunstinteresse sein wie bei Anthony Hopkins, der im Juni 2021 Promi-Kollegen per Twitter nach Tipps für seinen ersten NFT-Kauf fragte?[29]

Mit Rapper Snoop Dogg, Komiker Jimmy Fallon und Schauspielerin Reese Witherspoon wendet sich Hopkins an Celebritys, die typischer für die NFT-Szene sind als die erwähnten Altstars: coole Promis, deren Image auf die Objekte, die sie besitzen, abfärbt und diese umso begehrenswerter macht. Der Vergleich vermag manchem vermessen erscheinen, aber die Tatsache, dass Gary Vee oder Snoop Dogg einen CryptoPunk kauft, wertet diesen Punk in ähnlicher Weise auf wie die Aufnahme eines klassischen Kunstwerks in ein renommiertes Museum. Auf diesen Effekt setzte auch Prinz Mohammed bin Salman, als er darauf drang, das Leonardo da Vinci zugeschriebene Gemälde »Salvator Mundi« bei einer Ausstellung im Louvre neben die Mona Lisa zu hängen. Das Jesus-Porträt wurde zuvor vermarktet als »der letzte da Vinci«. Der Louvre verweigerte die Ausstellung, weil er nicht überzeugt war, dass das Bild tatsächlich von Leonardo stammt.[30] Und der saudische Prinz fragt sich jetzt vielleicht, ob es klug war, dafür 450 Millionen Dollar zu zahlen – der höchste Preis, den ein Gemälde je erzielt hat. Bisher jedenfalls. Doch vermut-lich ist die Portokasse seiner Hoheit groß genug.

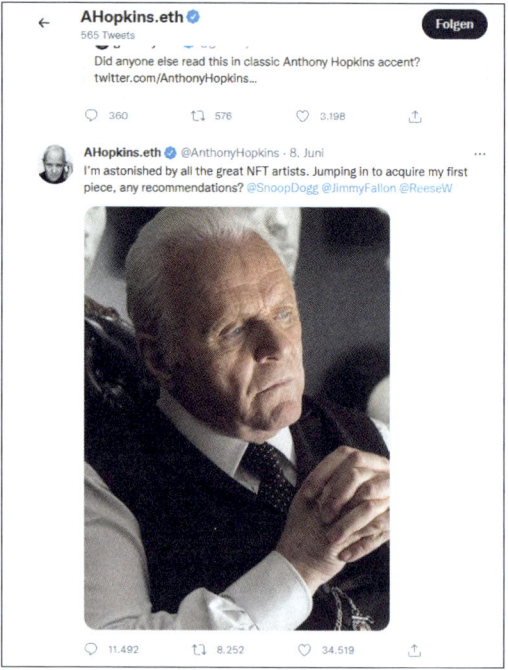

Auch mit über 80 voll auf der Höhe der Zeit: Anthony Hopkins will seinen ersten NFT kaufen.

Ob Punk oder Leonardo: Über den Wert eines Werkes entscheidet nicht nur dessen Qualität, sondern auch dessen Geschichte. Und bei NFTs gibt es weit weniger »Provenienz«-Probleme als bei traditioneller Kunst. Man muss weder Leinwände röntgen noch aufwendige Farbanalysen anstellen, man kann einfach auf der Blockchain nachschauen. Wer NFTs nicht nur zum persönlichen Vergnügen kauft, sondern auch als Investment betrachtet, sollte sich also auch mit aktuellen Besitzern und überzeugten Fans beschäftigen. Zählen angesagte Stars dazu, kann sich das wertsteigernd auswirken. Der finanzielle Wert eines Gutes, ob virtuell oder »echt«, bemisst sich am Ende immer daran, was jemand dafür zu zahlen bereit ist. [31] Die beiden bekanntesten NFT-Serien, die CryptoPunks und die Bored Apes, haben nicht zuletzt deshalb weiter an Wert zugelegt, weil viele Prominente sich öffentlichkeitswirksam einen Punk oder Affen zugelegt haben. Hier zwei Listen von Besitzern, die dir zugleich einen Eindruck vermitteln, wer sich im NFT-Space so herumtreibt.

Celebritys als NFT-Fans

> ### Grundstück mit Star-Potenzial
>
> *Wie wertvoll der »Fan-Faktor« beim NFT-Kauf ist, zeigt das Beispiel eines Fans, der sich ein Nachbargrundstück neben dem Haus von Snoop Dogg 450.000 Dollar kosten ließ. Und das nicht etwa in Long Beach, wo der Rap-Star zu Hause ist, sondern im »Snoopverse«, einer Parzelle im Metaversum »The Sandbox«. Dort hat Snoop Dogg sein Heim digital nachbauen lassen. Und vielleicht lädt er seinen spendablen Nachbarn ja mal zum virtuellen Barbecue ein.*

10 prominente CryptoPunk-Besitzer[32]

3LAU	DJ und Musikproduzent
Gary Vaynerchuk (»Gary Vee«)	Unternehmerstar (besitzt 60 Punks)
Heidi Klum	Ex-Model (kaufte einen weiblichen Punk mit gelber Haarmähne)
Jay-Z	Rapper und »Billionaire Businessman«
Logan Paul	Schauspieler und YouTube-Star
Mark Cuban	Businessman, Milliardär, Besitzer der Dallas Mavericks
Marshmello	DJ und Musikproduzent
Odell Beckham Jr.	Sportstar (Football)
Serena Williams	Tennislegende
Steve Aoki	DJ und Musikproduzent

20 prominente Bored-Ape-Besitzer[33]

DJ Khaled	DJ, Musikproduzent
Eminem	Weltbekannter Rapper
French Montana	Rapper
Gary Vaynerchuk (»Gary Vee«)	Unternehmerstar
Gwyneth Paltrow	Schauspielerin
Jimmy Fallon	Komiker, Talkmaster, Schauspieler
Justin Bieber	Musiker und Teenie-Schwarm
justmaiko	TikTok-Star mit 51 Millionen Followern
Logan Paul	Schauspieler, YouTube-Star
Madonna	Pop-Diva
Mark Cuban	Businessman, Milliardär, Besitzer der Dallas Mavericks
Marshmello	DJ und Musikproduzent
Neymar	Fußballgott
Paris Hilton	It-Girl
Post Malone	Rapper und Musikproduzent
Serena Williams	Tennislegende
Snoop Dogg	Rap-Star und Schauspieler
Stephen Curry	Basketballstar
Steve Aoki	DJ und Musikproduzent
Timbaland	Musiker (Hip Hop, R & B) und Produzent

Diese Listen sind natürlich nur Momentaufnahmen, noch dazu US-lastige. Anders ist es nicht zu erklären, dass ich in keiner der Aufstellungen auftauche, als stolzer Vater von immerhin zehn Affen 😊 – wie mein Twitter-Account auf den ersten Blick zeigt. Meine drei CryptoPunks hast du weiter oben im Buch schon kennengelernt. Wenn die Besitzer der Bored Apes und CryptoPunks klug sind, wird es in Zukunft nicht viel Bewegung auf dem Punk- und Affenmarkt geben. Ich bin überzeugt davon, dass der Wert dieser ikonischen Profile Pics mittel- und langfristig weiter steigen wird.

Beliebt und teuer: CryptoPunks und Bored Apes – in beiden Fällen eines von exakt 10.000 Profile Pictures (PFPs)

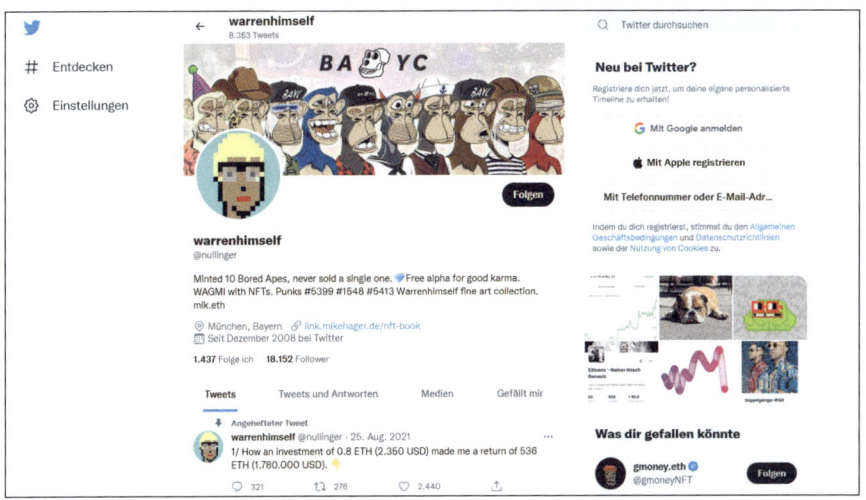

Mikes Twitter-Account https://twitter.com/nullinger

Abschließend hier noch einige Stars, die selbst eigene NFTs auf den Markt gebracht haben, mit wechselndem Erfolg, mal fürs eigene Konto, mal (wie im Falle von Rolling-Stones-Urgestein Keith Richards) für einen guten Zweck. Wie sich solche NFTs mittelfristig entwickeln, hängt vermutlich nicht nur von der Popularität ihrer Schöpfer, sondern auch von der Web3-Affinität ihrer Anhänger ab. Nachhaltig erfolgreiche NFT-Projekte leben von einer lebendigen Community, die über soziale Medien miteinander und mit den NFT-Schöpfern kommuniziert. Kurzfristig ein paar NFTs auf den Markt zu werfen, reicht da nicht. Einige der bekanntesten NFT-Communitys werden später im Abschnitt »STRATEGIEN« vorgestellt.

14 Prominente, die selbst NFTs lancierten[34]

Dolly Parton	»Dollyverse« (Limitierte Album-Version, Bilder, Poster)
Eminem	Bilder und Beats, verbunden mit einem signierten Print
Grimes	Bilder (Collectibles und Unikate, die in 20 Minuten 6 Millionen Dollar erlösten)
Jim Carrey	»Sunshower« (Bild)
Keith Richards	Signierte Gitarre zusammen mit einem NFT des Instruments und einem Video des Signiervorgangs
Kevin Prince Boateng	Heiratete 2022 zum dritten Mal, nicht nur auf der Erde, sondern auch auf dem Mond. NFT-Eintrittskarten für die Mondhochzeit kosten 50 Dollar und sollten gespendet werden.
Kings of Leon	Musik-Album zusätzlich als NFT
Lindsay Lohan	Versteigerung des Songs »Lullaby« als NFT
Madonna	NFT-Triptychon »Mother of Nature«, »Mother of Evolution«, »Mother of Technology«, zusammen mit dem Künstler Beeple
Mila Kunis	Stoner Cats – Bilder zur gleichnamigen Serie
Paris Hilton	»Planet Paris« (Airbrush-Bilder mit ganz viel Pink)
Quentin Tarantino	Handschriftliche Drehbuchseiten zum Kultfilm »Pulp Fiction« mit Kommentar des Regisseurs
Snoop Dogg	Animierte und vertonte Bild-Collage, zusammen mit dem Künstler Coldie
William Shatner	Persönliche Erinnerungsstücke und »Enterprise«-Devotionalien

Wer die Listen aufmerksam studiert, bekommt ein Gefühl dafür, wie die NFT-Community tickt. Hier mischen viele mit, die jung, cool und angesagt sind oder es gerne wären. Für Rapper scheint es inzwischen zum rauen Ton zu gehören, sich ein NFT zuzulegen – gerne einen, der einem entfernt ähnelt wie bei Eminem, der seinen Bored Ape gezielt danach aussuchte. Auch Sportler sind im NFT-Space sehr aktiv, wiederum solche mit besonderem Coolnessfaktor. Bodenturner oder Ruderer sucht man vergeblich, dafür finden sich jede Menge Basketball- und Footballstars. Ihre Fan-Gemeinde dürfte überwiegend jung, netzaffin und in den sozialen Medien unterwegs sein. Das richtige Profile Pic ist dort das perfekte Statussymbol für ihre Idole.

Ob diese Bilderserien Kunst sind, darüber kann man trefflich streiten. Ich sehe sie eher als eigene Sparte neben der Krypto-Kunst – als ein Phänomen, das perfekt die Sehnsucht vieler Menschen bedient, zu einer Community dazuzugehören. Und als lohnendes Investment, wenn man aufs richtige Pferd setzt – was angesichts der zahlreichen Serien gar nicht so leicht ist. Die zehn wichtigsten Bewertungskriterien für NFTs verrate ich dir im letzten Buchteil »STRATEGIEN«. Aber erst einmal wird es höchste Zeit, sich der Krypto-Kunst im engeren Sinne zuzuwenden. Wer sind dort die wichtigsten Player, und was verrät uns das über den NFT-Markt?

Die 10 bekanntesten Künstler

Als Beeple's »Everydays: The First 5000 Days« im März 2021 für 69,3 Millionen Dollar versteigert wurde, katapultierte das nicht nur den unscheinbaren Grafiker Mike Winkelmann alias Beeple auf die Weltbühne, sondern auch NFTs im Allgemeinen. Etwas, das so teuer sein kann, musste man offensicht-

> **The Next 5000 Days?**
>
> *»Everydays« ist noch nicht zu Ende: Beeple macht weiter und veröffentlicht täglich eine Grafik. Du könntest also schon anfangen zu sparen. Nicht unwahrscheinlich, dass eines Tages »Everydays: The Next 5000 Days« versteigert werden!*

lich ernst nehmen! Über all der Presseaufregung um den Verkaufspreis ging das Werk selbst fast unter. »Everydays« entspringt der Idee, jeden einzelnen Tag des Jahres eine Grafik zu veröffentlichen. Ja, auch an Weihnachten, am eigenen Geburtstag, wenn ein Kind geboren wird oder wenn Büffelhornträger das Capitol stürmen. Beeple als Mitbegründer der »Everydays«-Bewegung hielt mehr als 13 Jahre durch. Die 5000 Grafiken, die er in »The First 5000 Days« zu einem riesigen Bild vereinte, sind also nicht »irgendwelche« Bilder. Sie dokumentieren einen kreativen Entwicklungsprozess und sind mit ihren teilweise ironisch-sarkastischen Anspielungen auf politische Entwicklungen zugleich ein Zeitdokument. Auf Beeples Website unter https://www.beeple-crap.com/everydays gibt es ein Bildarchiv, das seine Experimente mit verschiedenen Medien zeigt – von Zeichnungen über Fotos bis zu 3D-Grafik (mit einem Programm, das verwirrenderweise Cinema 4D heißt). Nur wenige ausgewählte dieser Bilder werden auch als NFTs gemintet. Beeples Erfolg war kein One-Hit-Wonder: Auch andere Werke erzielten hohe Preise. Dazu zählt »Human One«. Das NFT zeigt einen Astronauten, der durch eine dystopische Welt, ein düsteres Katastrophenszenario, läuft. Der Clou: Seine Umgebung ändert sich mit der Tageszeit, und auch auf aktuelle Ereignisse kann der Künstler mit neuen Programmierungen reagieren. Das gilt auch für die analoge Skulptur, in der der lebensgroße Astronaut sich in einem Glaskasten bewegt. Schau es dir am besten selbst an: https://human-one.xyz/. Das NFT wurde von Christie's für 29 Millionen US-Dollar versteigert.

Bereits im Januar 2021, einige Wochen vor dem »Everydays«-Verkauf, stellte Beeples Video-Kommentar zum Ausgang der Präsidentenwahl in den USA mit einem Verkaufspreis von 6,6 Millionen Dollar einen ersten Rekord auf. Der 11-Sekunden-Clip zeigt einen ausgeknockten Trump, der nackt und übersät von Graffiti bäuchlings auf dem Rasen liegt, während Passanten achtlos vorbeigehen.[35] Auch für den Fall eines Trump-Sieges hatte Beeple übrigens ein Video vorbereitet. »Ocean Front« schließlich, Beeples Kommentar zur Klimakrise und ein Einzelbild aus der »Everydays«-Collage, erzielte Ende März 2021 einen Verkaufspreis von 6 Millionen Dollar.[36] Beeple hatte 2021 also einen echten Lauf. Und man braucht keine Glaskugel, um zu wissen, dass auch seine zukünftigen Werke Rekordpreise erzielen werden. Das weiß bei Picasso schließlich auch jeder.

Ähnlich bekannt wie Beeple ist Pak, ein rätselhafter Künstler, der virtuos mit digitalen Möglichkeiten und mit seiner wachsenden Anhängerschaft spielt. Ob sich hinter »Pak« (früher »Murat Pak«) ein Team, eine Einzelperson, Mann oder Frau verbirgt, ist bis heute unklar. Viele Werke sind spielerische Kooperationsangebote mit offenem Ausgang. Bei den »Lost Poets« beispielsweise erwarb der Käufer leere Seiten, die erst im Kaufprozess gefüllt wurden. Diese Pages konnten später gegen »Poets«, digital generierte Porträts, getauscht werden – wodurch sich der Wert der immer knapperen, nicht getauschten Pages erhöhte. Zusätzliche Pages konnten Besitzer im Austausch für Worte an ihre Poets »verfüttern« oder aber verbrennen. Diese Zerstörung belohnte Pak mit der von ihm kreierten Kryptowährung »Ash«, also Asche. Ist das nun Ironie oder ernst gemeint? Auch Werke wie »The Title« wirken wie ein spöttischer Kommentar zum Kunstmarkt: Pak versah dasselbe Werk mit unterschiedlichen Titeln und verkaufte es zu verschiedenen Preisen (siehe Abbildung). Paks Bekanntheit steigerte sich enorm, als Sotheby's im April 2021 seine Kollektion »The Fungible« versteigerte und in einer zweitägigen »Open Edition« mit unbegrenzter Verkaufsmenge knapp 17 Millionen Dollar einnahm. Auch hier erwies sich Pak als Meister kluger Schachzüge: Zuvor hatte er über Twitter allen »Global auction houses« ein Angebot gemacht, Sotheby's schlug zu und hat es sicher nicht bereut.

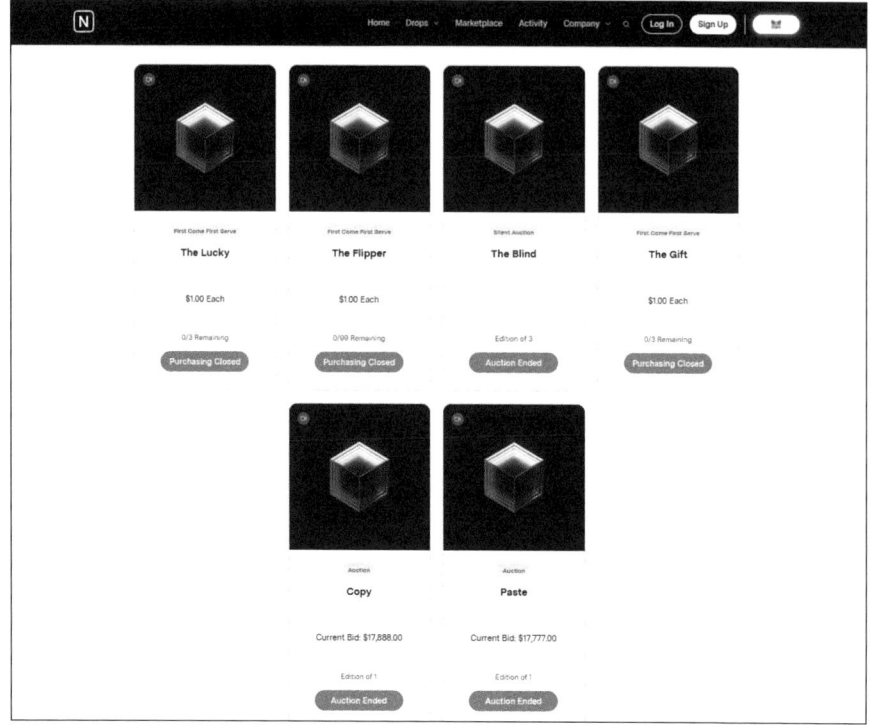

Paks »The Title« auf Nifty Gateway (https://www.niftygateway.com/collections/thetitle)

Im Dezember 2021 schließlich brach Pak mit »The Merge« alle bisherigen NFT-Rekorde, den von Beeple eingeschlossen. Zwei Tage lang konnten insgesamt 266.445 »Massen«-Anteile auf Nifty Gateway gekauft werden. Pak-Sammler erhielten Einzelanteile für 299 Dollar, Neueinsteiger zahlten 400 Dollar. Alle sechs Stunden stieg der Preis um 25 Dollar, und sogar Mengenrabatt gab es: Pro zehn Anteile gab es einen kostenlosen elften obendrauf, pro 1.000 waren es sogar 300 Gratiszugaben. Parallel wurde ein laufend aktualisiertes Käufer-Ranking veröffentlicht und dem Top-Käufer am Ende das Kunstwerk »Alpha Mass« geschenkt. Das erinnert schon fast an eine Kirmesversteigerung, bei der es die Yucca-Palme kostenlos obendrauf gibt, wenn man fünf Topfpflanzen kauft. Insgesamt erzielte die A(u)ktion 91,8 Millionen Dollar, und das von Käufern, die zum Zeitpunkt des Kaufs nicht genau wussten, was auf sie zukommen würde, sondern nur, dass sie die ominösen Massen »verschmelzen« konnten. »The Merge« sei »ein Spiel, das Narren, Fans von Kryptowährungen und NFTs sowie zunehmend von dieser Welt faszinierte Kunst-Begeisterte in seinen Bann zieht«, urteilte das Portal Artmarket.com.[37] Mancher rauft sich da die Haare: Sind solche Preise gerechtfertigt? Oder ist einfach zu viel Geld im Umlauf, das angelegt werden will? Die gleiche Frage wird und wurde immer wieder gestellt – 1961, als ein Aristoteles-Porträt von Rembrandt für 2,3 Millionen Dollar den Besitzer wechselte. 1987, als van Goghs »Schwertlinien« ihrem Besitzer 53,9 Millionen Dollar einbrachten.

Oder 2006, als Klimts »Frau in Gold«, das Jugendstil-Porträt von Adele Bloch-Bauer, für 135 Millionen Dollar versteigert wurde. Alle Gemälde waren zu dieser Zeit die teuersten der Welt.[38] Die Moment-aufnahme zeigt, wohin die Reise auf dem Kunstmarkt geht: Deine Großeltern haben völlig recht, es wird tatsächlich alles teurer! Doch ernsthaft: Was macht den Wert gro-

> **Davon konnte van Gogh nur träumen …**
>
> *Eine Marktanalyse kam im Falle von Pak auf sagenhafte 180.000 NFT-Ver-käufe auf Erst- und Zweitmärkten im Zeitraum Februar 2020 bis April 2022, mit einem Gesamtumsatz von 394,9 Millionen Dollar. (Quelle: Newswire: »PAK – NFT Artist Market Report 2022«)*

ßer Kunst aus? Große Kunst hat ihren Preis, aber ist ein hoher Preis ein Garant für große Kunst? Natürlich nicht, denn nüchtern betrachtet ist der Kunst-markt eben genau das: ein Markt, der von Angebot und Nachfrage bestimmt wird. Über Wertfragen wird gestritten, solange es Kunst gibt. Echte Kunst ver-ändert Sehgewohnheiten, berührt, fasziniert, verunsichert, provoziert, gibt Rätsel auf. Sie experimentiert, beschreitet neue Wege, besitzt Tiefe. Das ist vage genug, erklärt, warum Heerscharen von Experten darüber diskutieren und sich längst nicht immer einig sind. Hinzu kommt, dass man als Künstler erst einmal auffallen muss, um groß herauszukommen. Es braucht Kontakte, Fürsprecher und gelungenes Selbstmarketing. Leg diese Messlatte an Beeple oder Pak an, und du verstehst, warum sie es ganz nach oben geschafft haben. Und wer erst einmal dort angekommen ist, wird ganz selten entthront. Wei-tere NFT-Künstler, die in den letzten Jahren große Aufmerksamkeit und teil-weise sehr hohe Preise erzielt haben, stelle ich dir in der folgenden Übersicht vor. Und das Porträt eines Newcomers, der die Regeln des Marktes sehr genau verstanden hat, findest du am Ende dieses Kapitels: Marco Mori.

Die zehn bekanntesten Künstler

Aaron Penne	Penne ist leitender Mitarbeiter bei Art Blocks, Ingenieur und Künstler. Bekannt wurde er vor allem durch seine »Apparitions«, digital generierte Bilder, die dynamische Wellenformationen zeigen. Eines aus meiner eigenen Sammlung zeigt die Abbildung weiter unten. Werke von Penne wurden bei Sotheby's versteigert und in namhaften Museen weltweit ausgestellt. Die Info-Plattform https://cryptoart.io beziffert den bisherigen Umsatz seiner Werke auf 6,3 Millionen Dollar. Penne gehört zu den Künstlern, deren Werke mit vierstelligen Preisen auch für Normalbürger noch erschwinglich sind.[39]
Beeple	Der Grafiker Mike Winkelmann, dessen Werke regelmäßig Rekordpreise erzielen. Ausführlich dazu oben im Text.
Dmitri Cherniak	Der kanadische Computerwissenschaftler Dmitri Cherniak wurde bekannt durch seine Serie »Ringers«, die rasch Millionenpreise erzielte. Auf den streng komponierten und teilweise Pop-Art-bunten Bildern wird eine Schnur auf vielfältige Weise um kreisförmige Strukturen geführt. Im Oktober 2021 wurde eines dieser Werke für 6,9 Millionen Dollar verkauft.[40] Wie bei allen anderen Top-Künstlern erkennt man auch einen Cherniak auf den ersten Blick.
Erick Snowfro	Erick Snowfro, bürgerlich Erick Calderon, ist der Gründer und CEO von Art Blocks, dem führenden Marktplatz für Generative Art. Er lebt in Houston (Texas) und ist zugleich als Künstler bekannt für seine »Chromie Squiggles« – 9.700 fröhlich-bunte Schläuche, die in Bewegung sind und dabei permanent die Farben wechseln. Die Chromie Squiggles waren das Art-Blocks-Startprojekt und gleich erfolgreich: Der Preis für eines dieser Werke ist inzwischen fünfstellig.
FEWOCiOUS	Victor Langlois alias FEWOCiOUS ist ein erst 19-jähriger Shooting-Star, der in knallbunten und zugleich inhaltlich düsteren Porträts seine beklemmende Kindheit und sein Coming-out als Transperson verarbeitet. Sein unverwechselbarer Stil brachte bei einer Auktion im Juni 2021 die Seite von Christie's zum Absturz, so groß war das Interesse an seiner Sammlung »Hello, I'm Victor (FEWOCiOUS) and This Is My Life«. Er ist zugleich der jüngste Künstler, dessen Werke dort bisher versteigert wurden, und das für Millionen von Dollar.[41]

Hackatao	Ein italienisches Künstlerpaar, das kleinteilige Schwarz-weißzeichnungen im Tattoo-Stil mit bunten Elementen verschmilzt, flimmern lässt und so ebenfalls eine sehr eigene Handschrift entwickelt hat. Hackatao ist eine Verbindung von »Hack« (eindringen, hacken) und »tao« (als Verschmelzung der Gegensätze Ying und Yang). Mit 4.000 verkauften Werken soll das Duo bislang rund 25 Millionen Dollar erzielt haben.[42] Mit der Serie »Queens + Kings« schufen sie im Winter 2021/22 eine Serie von 6.900 Avataren, deren Merkmale die Besitzer unter dem Motto »Hack the Royals« individuell anpassen konnten – eine Neuheit bei Profile Pics. Zusätzliche Traits wurden auf OpenSea angeboten.[43]
Justin Aversano	Justin Aversano ist der bekannteste Fotokünstler im NFT-Space. Einem breiteren Publikum bekannt wurde er durch seine Serie »Twin Flames« – 100 Fotos von Zwillingspaaren aller Altersgruppen und Kulturen. Sotheby's und Christie's versteigerten Werke, sein Name wird inzwischen in einem Atemzug mit Größen wie Cindy Sherman und Ansel Adams genannt.[44] Seinen wirtschaftlichen Erfolg nutzte Aversano auch, um Quantum Art, einen Marktplatz für NFT-Fotokunst zu gründen. Inzwischen ist mit »Smoke and Mirrors« eine neue Fotoserie von ihm erschienen. Siehe auch Porträt im Kapitel »Die 5 exklusivsten Communitys«. Aversano lebt in Los Angeles.
Pak	Rätselhafter Digitalkünstler, der sich immer wieder überraschende Aktionen einfallen lässt. Mehr oben im Text.
Tyler Hobbs	Wie viele im Bereich Generative Art aktive Künstler kommt auch der Texaner Tyler Hobbs von der IT. Aufsehen erregte vor allem seine Serie »Fidenza«, in der ein Code eine Vielfalt verblüffend organischer Strukturen, verschlungener Stränge und Rechtecke erzeugt. Seiner eigenen Aussage nach geht es Hobbs genau darum: die Grenzen zwischen und auch die Verschmelzung von Technischem und Menschlichen auszuloten.[45] Fidenza #313 (»The Tulip«) wechselte im August 2021 für 3,3 Millionen Dollar (1.000 Ether) den Besitzer. Erstanden hatte es der Verkäufer zwei Monate zuvor für nur 0,58 Ether.[46] Auf seiner Website gibt Hobbs einen Überblick seines vielfältigen Werkes, das inzwischen ganze Hauswände ziert.[47]

XCOPY

Ein anonymer Londoner Künstler, dessen rauer Stil ebenfalls unverwechselbar ist: meist schwarzgrundige Bilder mit flimmernden, grob skizzierten Neon-Motiven. Seinen »Right-click and Save As Guy« hast du weiter oben schon kennengelernt. Andere Werke heißen beispielsweise »Death Dip«, »Some Asshole« oder »All Time High in the City«. Das ist ein Bild in Schwarz und Blutrot, auf dem der Tod einen Banker in einem Kahn an einer düsteren Skyline vorbeirudert. In der griechischen Mythologie Bewanderte werden an den Fluss Styx denken, über den ein Fährmann die Todgeweihten in das Reich des Hades bringt. Anfang 2022 wurde dieses Unikat für knapp 2,5 Millionen US-Dollar verkauft. Erschwinglicher sind Werke aus größeren Serien, von denen ich einige besitze (siehe Abbildung weiter unten). Insgesamt wird der Umsatz mit Werken von XCOPY (übrigens ein MS-DOS-Befehl) auf knapp 60 Millionen Dollar geschätzt.[48]

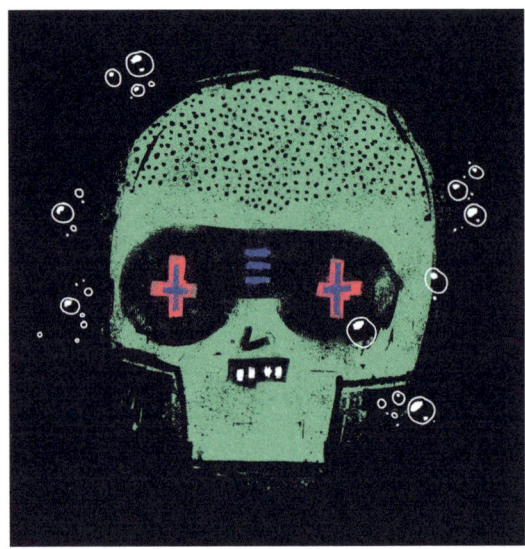

XCOPY: Grifter #327

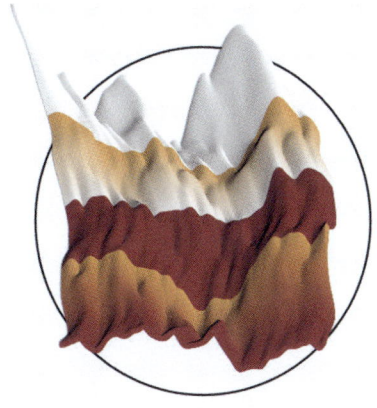

Aaron Penne: Apparitions #476

Ich kann hier natürlich nur einen kleinen Teil der Kunstszene abbilden. Diese zehn Künstler sind einige meiner vielen persönlichen Favoriten, die dir zugleich einen Eindruck von der Vielfalt der digitalen Kunst vermitteln. Wenn du weiter stöbern willst, kannst du dich beispielsweise durch Aufstellungen wie die folgenden anregen lassen:

- Top 20 NFT Artists in the World 2022 (https://www.nftyink.com/top-20-nft-artists-in-the-world-2022)
- The 30 Most Influential NFT Creators Right Now (https://futureparty.com/stories/nft-artists-creators/)
- Fortune NFTy 50 (https://fortune.com/nfty-50/)
- A Handpicked List of the 55 Top NFT Artists in 2022 (https://web3.hashnode.com/a-handpicked-list-of-the-55-top-nft-artists)

Bedenke bei all dem: Der Kunstmarkt ist hochgradig volatil (unbeständig, schwankend). Niemand besitzt eine Glaskugel, die sichere Prognosen erlaubt und sowieso sind Prognosen schwierig, vor allem, wenn sie die Zukunft betreffen. Jenseits etablierter Künstler einen Newcomer zu entdecken erfordert viel Recherche, solide Erfahrung und auch ein Quäntchen Glück. Es gilt also das im NFT-Space verbreitete Motto »dyor«. Für Normies: »Do your own research«, mach dich selbst schlau!

Porträt Marco Mori

»Man muss Vollgas geben, um im NFT-Space gehört zu werden«

* 1992
Künstler (3D-Animationen)

https://www.marcomori.net/
https://twitter.com/macomoroni
https://www.instagram.com/macomoroni/

Photo by Rainer Hosch, 2022

Wer von Kanye West, einem der Mega-Stars der Rap-Szene, für ein Musik-Video angefragt wird, kann nicht viel falsch gemacht haben. Der Konstanzer Marco Mori entdeckte seine Leidenschaft für 3D-Animationen im Studium »Interaktive Medien« und wuchs rasch über die limitierten Studieninhalte hinaus. Seine Fan-Gemeinde auf Instagram, dem idealen Schaufenster für seine Kunst, umfasst heute über 400.000 Follower. Im Juli 2020 wurde er auf den NFT-Space aufmerksam, und nur wenige Wochen später konnte er eigene Werke auf der Plattform SuperRare, einem exklusiven Marktplatz für Unikate, platzieren. Neben eigenen Projekten verwirklicht Marco weiterhin Arbeiten für Kunden – darunter viele Rap-Musiker, aber auch namhafte Unternehmen wie BASF oder Puma. Seine Fan-Gemeinde liebt ihn für Serien wie die »Creeptures«, animierte Mini-Monster. Die starteten durch, als der Influencer Beanie (@beaniemaxi) sie empfahl.

Marco investiert auch in NFT, bezeichnet sich selbst jedoch eher als Flipper, weniger als Sammler. Beim Flippen geht es darum, Werke kurzfristig mit Gewinn weiterzuverkaufen. Als bisher »größte Investition seines Lebens«

nennt Marco den Kauf eines CryptoPunks im April 2021 für umgerechnet 50.000 Euro. Auch damit hat er bisher nichts falsch gemacht. Wer sich mit Marco austauscht, wie im Interview für das Future-of-Finance-Mentoring, merkt rasch, dass er neben der Begeisterung für seine Kunst auch ein Gespür fürs Business mitbringt. So betont er: »Es kommt darauf an, wie gut der Künstler im Marketing ist. Er kann die geilsten Arbeiten machen, wenn er nicht gut im Marketing ist, wird er keinen Erfolg haben in dieser Szene.« Überdies seien Serien (»Collectibles«) leichter zu verkaufen als die weit teureren Unikate. Sein Tipp für Künstler-Kollegen, die ebenfalls Erfolg haben möchten: präsent sein in den sozialen Medien, gute Arbeit abliefern und sich beharrlich hocharbeiten. Außerdem eine eigene Handschrift entwickeln, einen Wiedererkennungswert, der von wenig originellen Werken abhebe, bei denen Software-Schablonen den Hauptanteil ausmachen. Auch im Bereich der 3D-Kunst muss man sich also auskennen, um die richtige Kaufentscheidung zu treffen.

Marco Mori: Aquaria

3 Fragen an Marco Mori

NFTs sind für mich
... der nächste Schritt der Digitalisierung.

Mein wichtigstes Erfolgsrezept
... Fehler machen.

Wer sich für 3D-Kunst interessiert, sollte als Erstes
... auf Instagram nach macomoroni suchen.

Die 15 wertvollsten Blue Chips im NFT-Bereich

Im traditionellen Aktiengeschäft bezeichnen »Blue Chips« solche Unternehmen, die schon lange am Markt sind, kontinuierlich erfolgreich wirtschaften und auch in Krisenzeiten bestehen. Auf diese Weise verschaffen Blue Chips Anlegern zuverlässig Wertzuwächse und jährliche Dividenden. Blue-Chip-Unternehmen gelten deshalb als sichere Bank. Wobei: Hundertprozentig sicher ist am Aktienmarkt bekanntermaßen nur, dass nichts hundertprozentig sicher ist.

Blue-Chip-NFTs sollen ähnliche Kriterien erfüllen wie Unternehmen – auch in Krisen wertstabil sein und mittel- wie langfristig sogar an Wert zulegen. Der Knackpunkt: Bei der Einstufung als Blue Chip schließt man aus stabilem Erfolg in der Vergangenheit auf weiteren Erfolg in der Zukunft. Und diese Vergangenheit ist bei NFTs noch kurz. Selbst junge Blue-Chip-Unternehmen wie Tesla oder Apple sind für Krypto-Verhältnisse schon recht betagt. Tesla wird am 01.07.2023 20 Jahre alt, Apple am 01.04.2026 sogar schon 50. Da kann man auf eine lange Erfolgsgeschichte zurückblicken, die schönste Zukunftshoffnungen rechtfertigt. Verglichen damit sind die CryptoPunks (seit Juni 2017) oder die Bored Apes (April 2021) quasi noch Kleinkinder, was Prognosen erschwert. Doch haben sich diese Projekte und auch etliche andere bisher hervorragend entwickelt und auch im Bärenmarkt seit Beginn des Jahres 2022 überwiegend gut behauptet – wenn auch nicht immer so idealtypisch wie bei dem Fidenza-Beispiel in der folgenden Abbildung. Das lässt hoffen, dass dies auch weiterhin der Fall sein wird und Investoren ihren Kauf nicht bereuen werden. Wie gesagt: Garantien gibt es keine, im NFT-Markt noch weniger als am Aktien-Markt. Doch in beiden Fällen lohnt es sich, bei Blue Chips nicht vorschnell die Flinte ins Korn bzw. das Asset wieder auf den Markt zu werfen.

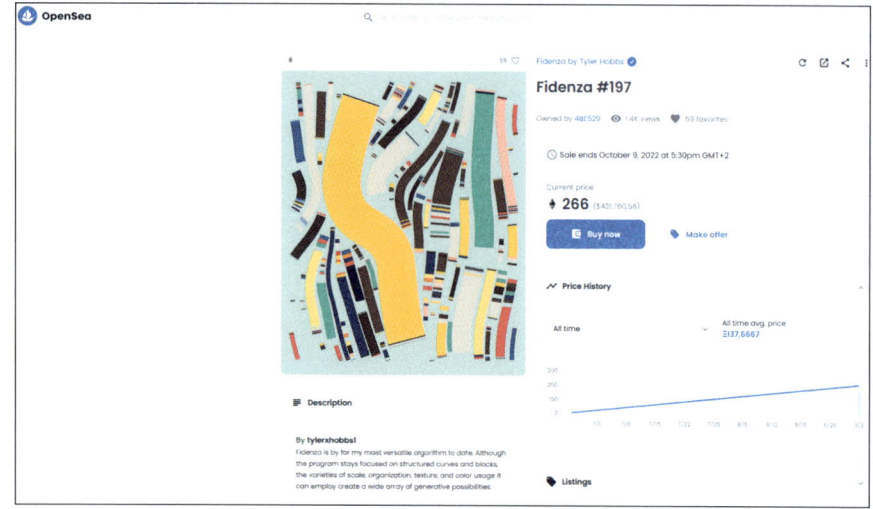

Ein Beispiel aus der »Fidenza«-Serie von Tyler Hobbs.
(Die blaue Kurve zeigt die Preisentwicklung.)

Weiter unten findest du meine persönlichen Blue-Chip-Favoriten in alphabetischer Reihenfolge. Sofern nichts anderes angegeben ist, stammen die Abbildungen aus meiner eigenen Sammlung, die du dir in meinen beiden Wallets Warrenvault und Warrenhimself auf OpenSea anschauen kannst. Wie du sehen wirst, haben Blue Chips eines gemeinsam: Sie sind hochpreisig. Wer kann sich heute noch einen CryptoPunk leisten? Die abgebildete Verkaufsstatistik zeigt den Stand Ende Juli 2022. Zu diesem Zeitpunkt waren mit dem Verkauf von Punks 1,95 Milliarden Dollar generiert worden. Milliarden, kein Druckfehler! Und auch in der Kryptoflaute im ersten Halbjahr 2022 wechselten Punks zu Millionenpreisen den Besitzer, an der Spitze Mister #5822 für umgerechnet 23,7 Millionen. Am 10. Juli 2017 wurde dieser seltene blaugesichtige »Alien Punk« noch für 1.646 Dollar verkauft – im doppelten Sinne ein Blue Chip.[49] Idealerweise entdeckst du also einen Blue Chip, bevor er einer wird. Und das ist gar nicht so leicht. Angeblich erscheinen jeden Monat mehr als 2.000 NFT-Kollektionen, zahlreiche Scams eingeschlossen.[50] Allein der Marktplatz OpenSea bietet weit über 40 Millionen NFTs zum Verkauf an.[51]

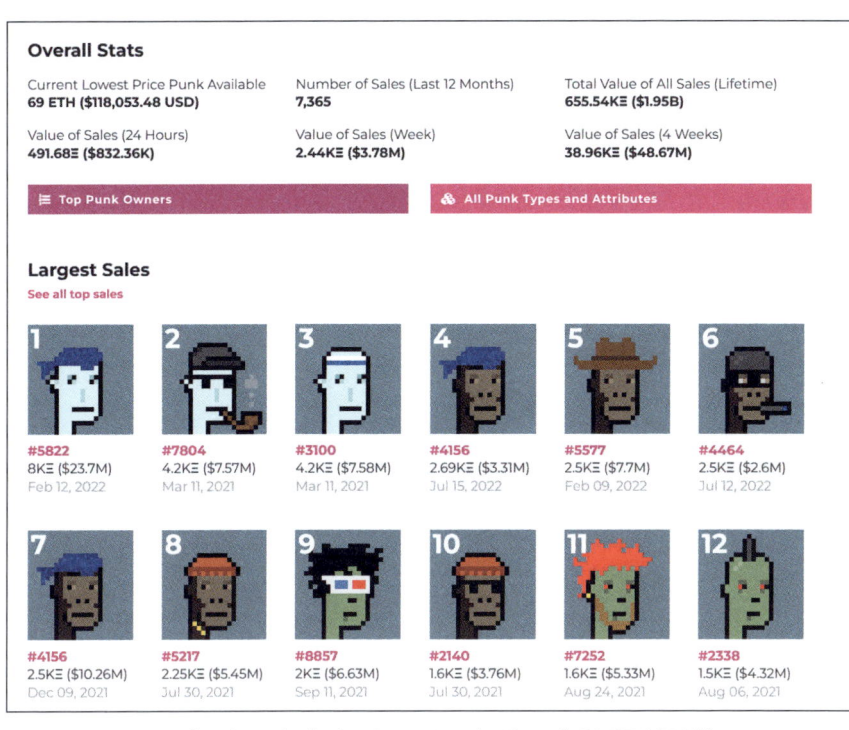

Verkaufsstatistik der CryptoPunks (Stand: 29.07.2022)[52]

Wichtig ist, beim NFT-Kauf nicht auf einen »Rug Pull« hereinzufallen (siehe Kasten für das Beispiel der »Frosties«). Dabei wird Investoren wörtlich übersetzt »der Teppich weggezogen«, mit der Folge, dass sie schmerzhaft auf dem Boden unerfreulicher Tatsachen landen. Ich persönlich hätte ja lieber mein altes Führerscheinfoto gepostet, als einen Frostie als Profilbild zu nutzen, aber die Geschmäcker sind halt verschieden. Was also sind mögliche

Indizien für einen zukünftigen Blue Chip? Wenn du die folgende Liste von 15 Blue Chips aufmerksam studierst, wirst du immer wieder auf bestimmte Merkmale stoßen:

Blue Chips ...

- ... haben eine unverwechselbare neue Handschrift. Ob Bored Ape oder Ringer, sie sind auf den ersten Blick erkennbar. Das unterscheidet sie von zahllosen rasch auf den Markt geworfenen NFT-Projekten, die einfach eine erfolgreiche Serie kopieren. Es ist das allerwichtigste, praktisch unverzichtbare Kriterium.

- … erzählen (zumindest im Falle von PFPs) eine faszinierende Geschichte, die die Charaktere plausibel macht (Beispiele: Bored Apes, CloneX, CrypToadz, Doodles).

- … sind eingebettet in ein größeres, ambitioniertes Web3-Projekt, das die Macher in einer Roadmap vorab skizzieren (Beispiele: Bored Apes, Cool Cats, Doodles). Doch Vorsicht, nicht immer kann man sicher sein, dass den Worten auch Taten folgen.

- … binden Anhänger durch attraktive Zusatznutzen (Utilitys) an sich, die ich in der folgenden 15er-Liste

> ### Vorsicht: Rug Pull!
>
> *Immer wieder gehen Projekte mit lautem Twitter-Getöse unter, die zunächst gehypt wurden. Ein Beispiel für ein derartiges »Rug Pull«-Projekt sind die »Frosties«, eine Serie von 8.888 Profile Pics, die im Januar 2022 für umgerechnet 130 Dollar gemintet werden konnten und innerhalb von einer Stunde ausverkauft waren. Dann machten sich die Gründer mit dem Verkaufserlös von 1,1 Millionen Dollar aus dem Staub, ohne angekündigte wertsteigernde Aktionen wie 3D-Versionen der Pics und ein Videospiel umzusetzen. Inzwischen sind die Frosties praktisch wertlos. Ihre Väter wurden im März 2022 in Los Angeles verhaftet und wegen Geldwäsche und Betrug angeklagt. (https://www.trendingtopics.eu/rug-pull-so-funktioniert-die-krypto-betrugsmasche/)*

nicht in jedem Einzelfall aufzähle (Beispiele: Bored Apes → BAYC-Mitgliedschaft, VeeFriends → VeeCon-Ticket für drei Konferenzen).

- … werden unter Beteiligung von Personen vorangetrieben, die in der Krypto-Szene bekannt sind (Beispiel: Nouns → Gremplin, Punk4156).

- … werden früh von einigen Influencern erwähnt und empfohlen (wobei man darauf achten sollte, ob hier jemand auch sein eigenes Projekt pusht oder »shilled«, wie man in der NFT-Community sagt).

- … entstehen in Zusammenarbeit mit renommierten Künstlern (Beispiel: CloneX → Takashi Murakami).

- … finden prominente Anhänger, die sich stolz zu ihren NFTs bekennen (Beispiel: World of Women → Reese Witherspoon).

- ... kommunizieren über soziale Medien auf Augenhöhe und kontinuierlich mit einer schnell wachsenden Community (Beispiel: Doodles).
- ... kultivieren den Web3-Grundgedanken der Dezentralität und Kooperation, beispielsweise über die Einrichtung einer DAO (Dezentralisierten autonomen Organisation), die die Community über den weiteren Kurs mitbestimmen lässt (Beispiel: Nouns).

Je mehr dieser Kriterien zutreffen, desto größer ist die Chance, dass eine Serie oder ein Werk sich zu einem nachhaltigen Blue Chip entwickelt. Wenn du die NFT-Szene aufmerksam verfolgst (oder wenn du Teilnehmer meiner Future-of-Finance-Mentoring-Gruppe bist, wo ich das für dich tue), kannst du möglichst früh zuschlagen, solange die Preise noch niedrig sind und dein Verlustrisiko begrenzt ist. Das ist häufig beim Projektstart der Fall, wenn Werke direkt auf der Projektwebsite gemintet (also durch den Kauf generiert) werden. Ein Risiko bleibt dabei immer, schließlich stammt schon der Name »Blue Chip« aus der Pokerwelt, wo er den wertvollsten Chip bezeichnet.

1. Aku Chapters

Ein Projekt von Micah Johnson, der einen schwarzen Jungen mit Astronautenhelm in zehn »Chaptern« (Videos) Abenteuer erleben lässt, von seinem Schöpfer als »one of the world's first-ever digital explorers« beschrieben.[53]

Im April 2022 brachte Johnson zusätzlich eine PFP-Serie von 15.000 Akutaren heraus, für die Aku Chapters-Besitzer zuvor kostenlose Mint-Pässe erhielten. Welche enormen Preise zeitweise für Mint-Pässe und andere NFTs aufgerufen wurden, schildere ich in einem Video auf meinem YouTube-Kanal.[54] Ein Porträt des Künstlers findest du am Ende dieses Kapitels.

2. Bored Apes

10.000 PFPs gelangweilter Affen, die im Bored Ape Yacht Club (BAYC) abhängen.

Im April 2021 von Yuga Labs an den Start gebracht und rasend schnell die wohl bekannteste Marke im NFT-Space geworden. Ein Bored Ape ist zugleich die begehrte Mitgliedskarte in den BAYC. Das Team von Yuga Labs befeuerte den Hype mit weiteren NFT-Serien (Mutant Apes, Kennels) und Vorteilen (Utilitys). Im März 2022 verkündete Yuga Labs konkrete Pläne für ein spielorientiertes Metaverse namens Otherside, sammelte 450 Millionen Dollar Investorengelder ein und erzielte so eine Unternehmensbewertung von 4 Milliarden Dollar.[55]

3. Chromie Squiggles

Eine Serie von knapp 10.000 dynamischen bunten »Schlauch«-Bildern und das bekannteste Beispiel Generativer Kunst.

Hinter den Chromie Squiggles steht Erick Snowfro, Gründer von Art Blocks, der renommiertesten Plattform für Generative Art. Neu gemintete Chromie Squiggles sind ein rares Gut: Snowfro vergibt sie persönlich, z. B. an treue Sammler. Im Dezember 2021 bot Sotheby's 10 Chromie Squiggles zum Kauf an und erlöste fast eine halbe Million Dollar (exakt $ 478.800).[56]

4. CloneX

(Abb.: https://open-sea.io – Ausschnitt)

Eine Serie von 20.000 3D-Avataren, hinter denen die RTFKT-Entwickler und der japanische Künstler Takashi Murakami stecken, den viele als würdigen Nachfolger der Pop-Art-Größen vergangener Zeit sehen.

RTFKT (sprich: »Artefakt«) war zuvor schon durch seine Zusammenarbeit mit Nike/ Schuh-NFTs bekannt geworden (»Cryptokicks«). Inzwischen hat Nike RTFKT gekauft. Murakami hingegen wird häufig in einem Atemzug mit Künstlern wie Jeff Koons oder Andy Warhol genannt. Die futuristischen Avatare, die an japanische Mangas erinnern, sollen in verschiedenen Metaversen und Games eingesetzt werden können. Trotz des hohen Einstiegspreises fand die Serie sofort reißenden Absatz.[57]

5. Cool Cats

9.999 PFPs, entstanden im »Krypto-Sommer« Juli 2021. Katzen haben neun Leben, daher 9.999. Um die Cats herum wurde ein Spiele-Universum (»Cooltopia«) gebaut und eine eigene Kryptowährung (»$Milk«, was auch sonst 🙂) kreiert. Das Projekt kam auch dadurch in Fahrt, dass Prominente wie Boxlegende Mike Tyson zeitweise eine Cool Cat zum Profilbild wählten. Im Februar 2022 lancierten die Macher der Cool Cats die Cool Pets, 19.999 Kuscheltier-Varianten, die der Besitzer unter Einsatz von $Milk mit bestimmten Merkmalen ausstatten kann.[58]

6. CrypToadz

6969 PFPs in Form »kleiner warzentragender Amphibien«, wie ihr Schöpfer Gremplin sie beschreibt.[59]

Beim Start im September 2021 waren die Krypto-Kröten zum Preis von 0,069 Ether innerhalb von 15 Minuten ausverkauft. Neben der originellen Form trug auch die Bekanntheit von Gremplin im Krypto-Space dazu bei (siehe auch »Nouns«). Nach Erscheinen lobten Influencer wie Beanie und Punk4156 die Serie.[60] Ursprungspreis und Anzahl »69« sind eine sexuelle Anspielung, auch das nicht ungewöhnlich bei NFT-Projekten, bei denen etwas Craziness allgemein zum guten Ton gehört.

7. CryptoPunks

10.000 PFP (Profile Pictures), die grob gepixelte Gesichter cooler Typen beiderlei Geschlechts zeigen – das erste PFP-Projekt, das eine ganze Bewegung ins Rollen brachte.

2017 von einem Grafikerteam namens Larva Labs entwickelt und zunächst verschenkt, erzielen sie heute auch aufgrund ihres historischen Wertes Millionenpreise (siehe Verkaufsstatistik). Im Mai 2021 versteigerte Christie's neun Punks im Paket für 17 Millionen Dollar und adelte damit das Projekt endgültig.[61] Im April 2022 kaufte Yuga Labs (→ Bored Apes) die Rechte an den CryptoPunks und übertrug Punk-Besitzern weitreichende Verwertungsrechte.

8. Doodles (Bild: Weiterführung der Doodles, »Space Doodles«)

10.000 fröhlich-bunte PFPs, die Menschen, aber auch Katzen und andere Tiere, Aliens oder Skelette zeigen. Einige der besonders markanten Figuren speien einen Regenbogen.

Seit die Sammlung im Oktober 2021 herauskam, hat sich ihr Wert stark erhöht und der Krypto-Flaute zu Beginn 2022 getrotzt. Hinter den Doodles steht ein erfahrenes Team, das an Erfolgsprojekten wie CryptoKitties und Dapper Labs beteiligt war. Die Doodle-Community schätzt Mitbestimmungsmöglichkeiten im Doodle-Space und die stetige Weiterentwicklung des Projekts, etwa durch »Space Doodles«, gegen die der ursprüngliche Doodle eingetauscht werden konnte. Das Doodle-Universum soll zu einer Web3 Entertainment Company ausgebaut werden.[62]

9. Fidenza

Eine computergenerierte Serie von 999 Bildern und das bekannteste Projekt von Tyler Hobbs, der bereits im Abschnitt »Die erfolgreichsten Künstler« vorgestellt wurde.

Fidenza überzeugt durch den verblüffenden Variantenreichtum auf der Basis einfacher Formen. Die Abbildung zu Beginn dieses Kapitels zeigt ein typisches Beispiel und die stabile Preisentwicklung der meisten Werke, deren Floor Price (niedrigster Verkaufspreis) bei OpenSea zu diesem Zeitpunkt bei 92 ETH liegt.[63]

(Abb.: https://opensea.io – Ausschnitt)

10. Meebits

20.000 Pixelfiguren, die im Mai 2021 von den Machern der CryptoPunks (Larva Labs) ausgegeben wurden und schon deshalb große Aufmerksamkeit erhielten. Jeder Besitzer erhält auch ein 3D-Modell seines Meebits sowie eine Software zu dessen Animation, dank der er sich mit seinem Meebit als Avatar in virtuellen Welten bewegen kann.[64] Wie auch die CryptoPunks wurden die Meebits im April 2022 von Yuga Labs (→ Bored Apes) gekauft und weitgehende Verwertungsrechte den Besitzern übertragen. In der Krypto-Flaute zu Beginn 2022 haben sich die Meebits dank dieser Rahmenbedingungen als wertstabil erwiesen.[65]

11. Mutant Apes

(Abb.: https://opensea.io – Ausschnitt)

20.000 PFPs »mutierter Affen«, die sich im Mutant Ape Yacht Club versammeln.

Ein Mutant Ape entsteht, wenn man einem Bored Ape ein Serum (siehe Abbildung links unten) verabreicht. Bored-Ape-Besitzer der ersten Stunde wie ich bekamen diese Seren geschenkt. Wie alles, was Yuga Labs bisher anfasste, ist auch dieses Projekt Gold wert, mit einem »Floor Preis« (durchschnittlichem Mindestpreis) von 17 Ether auf dem Zweitmarkt OpenSea.[66] Die Mutant Apes sind neben dem Besitz eines Bored Apes die einzige Möglichkeit, vollwertiges Bored-Ape-Yacht-Club-Mitglied zu werden. Auch die Seren werden mit zeitweise sechsstelligen Euro-Preisen hoch gehandelt.

12. Nouns

(Abb.: https://nouns.wtf/)

»One Noun, every day, forever«, so lautet der Claim des Noun-Projekts: Seit Juli 2021 erscheint jeden Tag eine der bunten Pixelfiguren und kann für 24 Stunden ersteigert werden. Die Erlöse fließen in die Nouns DAO, eine Dezentralisierte autonome Organisation (→ Glossar), bei der die Noun-Besitzer über die Verwendung der Mittel entscheiden. Zu den Gründern (»Noundern«) gehören mit Gremplin und Punk4156 bekannte Namen im NFT-Space.[67] Nouns werden zu Preisen zwischen 70 und weit über 100 Ether gehandelt. Erschwinglicher sind die Lil Nouns mit einem Basispreis von 0,01 ETH, die alle 15 Minuten versteigert werden und über eine eigene DAO nach dem Vorbild der Nouns verfügen.[68]

13. Ringers

(Abb.: https://open-sea.io – Ausschnitt)

1.000 unverwechselbare Varianten, eine Schnur um eine Reihe von Punkten oder Pflöcken zu winden und neben den Chromie Squiggles und Fidenza das bisher bekann-teste Beispiel Generativer Kunst.

OpenSea, wo man sich die Sammlung anschauen kann, bezifferte den niedrigsten Preis (»Floor Price«), zu dem ein »Ringer« zu haben war, gerade auf 67 Ether.[69] Als sie noch weit günstiger zu haben waren, für 3 Ether, war mir das zu viel Geld – so kann man sich täuschen!

14. VeeFriends

10.555 NFTs auf der Basis von 268 von Gary Vaynerchuk (»Gary Vee«) gezeichneten Tierfiguren, die positive Eigen-schaften verkörpern (links mein eigener »practical pea-cock«).

Die VeeFriends sind zugleich die Eintrittskarte für die VeeCon (eine Web3-Konferenz) in den Jahren 2022, 2023 und 2024. Vaynerchuks Motivation: eine Community zu schaffen, die sich wie er für die kreativen und Business-Möglichkeiten von NFTs begeistert.[70] Wie er das Projekt weiter ausbaut, wird im Abschnitt »Die 5 beeindruckends-ten NFT-Unternehmensgeschichten« beschrieben.

15. World of Women, World of Women Galaxy

10.000 PFPs, lanciert im Juli 2021.

Eines der wenigen Frauenprojekte im NFT-Space, das sofort Aufmerksamkeit erregte und sich für mehr Diversi-tät in der Kryptowelt stark macht.

Den WoW folgte im März 2022 eine zweite Serie: World of Women Galaxy (WoWG) (22.222 PFPs). Beide wurden gestaltet von der Illustratorin und Künstlerin Yam Karai. Zu den Fans der Serie und Besitzern etlicher WoW gehören Snoop Dogg, Reese Witherspoon – und meine Wenigkeit. Ich bin sicher, dass WoW als ikonisches Projekt dank seiner klaren Handschrift eine große Zukunft hat.

Porträt Micah Johnson

»Build Worlds Around Dreams«[71]

* 1990

https://twitter.com/Micah_Johnson3
https://www.instagram.com/micah_johnson3
https://www.aku.world/

Wenn die eigene Arbeit 2020 zum »NFT of the Year« gewählt wird und die eigene Firma zwei Jahre später zu den zehn »Most Innovative Companies«, wenn das Magazine *Fortune* einen zu den 50 »Most Influential People in NFTs« zählt und die Art Basel einem einen ganzen Raum zur Verfügung stellt, hat man es wohl geschafft. Da ist es kaum noch überraschend, dass das *Time Magazine* »Aku«, die Hauptfigur von Micahs NFT-Projekt, auf dem Cover zum Thema Metaverse im August 2022 platzierte.[72] Aku, das ist ein schwarzer Junge mit einem überdimensionierten Astronautenhelm, der in 10 Chaptern (Kurzvideos), gelauncht von Juli 2021 bis Februar 2022, verschiedene Abenteuer erlebt. Inspiriert wurde Micah von seinem vierjährigen Neffen, der seine Mutter fragte, ob auch Schwarze Astronaut werden können. Bei Aku geht es Micah also um mehr als um schöne Bilder – es geht ihm darum, andere und vor allem schwarze Jugendliche zu ermutigen, ihren Träumen zu folgen. Aku zeige, dass »kein Traum zu groß und kein Hindernis zu hoch ist«, wie es auf www.aku.world heißt.

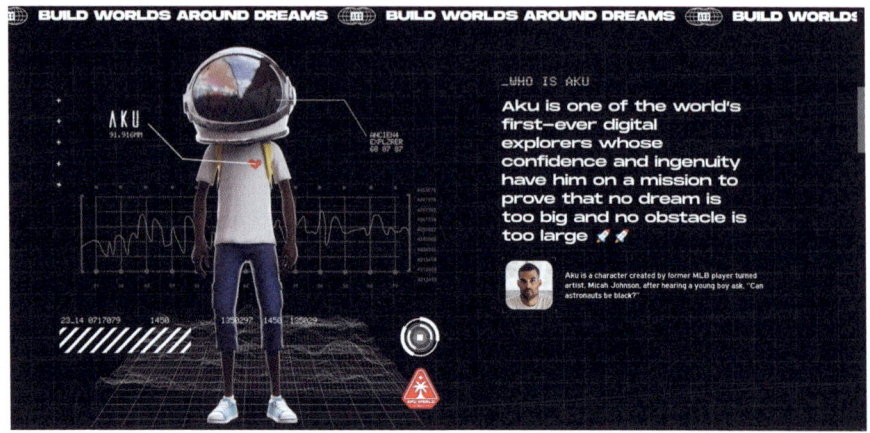

Micah Johnsons »Aku World«

Inzwischen sind Aku-Filme fürs Fernsehen und ein Kinoprojekt in Planung, auch von einem Aku-Erlebnispark ist die Rede.[73] NFTs sind für Micah nur eins von mehreren Vehikeln, seine Botschaft in die Welt zu bringen. Er malt auch traditionell auf Leinwand, hier ebenfalls vorwiegend schwarze Heranwachsende in leuchtenden Farben, verbunden mit ermutigenden Botschaften. Auf der Website der Galerie »Art Angels« findest du seine Werke.[74] Die Aku Chapter stießen auf große Beachtung und waren mit einem OpenSea-Umsatz von 225 Ether allein im März 2022 auch finanziell ein Erfolg. Im April 2022 folgten die Akutare – 15.000 Profile Pictures, die in Zusammenarbeit mit bekannten Fashion und Streetwear Designern kreiert wurden. [75] Inhaber von Aku Chaptern erhielten im Vorfeld kostenlose Mintpässe, die auf dem Markt zeitweise zu Preisen von über 10.000 Dollar gehandelt wurden. Leider passierte beim Launch am 22. April der Super-GAU: Durch einen Programmierfehler konnte ein Hacker 11.539 Ether (rund 34 Millionen Dollar) Kundenzahlungen abziehen und im Smart Contract verschließen. Dort sind sie nun unerreichbar, auch für den Hacker USER221, der eigentlich angeboten hatte, sie gegen eine öffentliche Entschuldigung der Programmierer wieder freizugeben.[76] Micah räumte das Desaster öffentlich ein und erstattete einen Großteil der Verluste zurück. Das Projekt erholte sich schnell von dem Zwischenfall, der wieder einmal zeigt, dass man im NFT-Space mit allem rechnen muss.

Auch mit einem Künstler, der nicht Juristen in Stellung bringt, sondern selbst Verantwortung übernimmt.

Ach ja, ehe ich es vergesse: Ursprünglich war Micah Baseball-Spieler, und zwar in der US-Major League (MLB). Den Anstoß zu seiner Karriere als Künstler gab der Manager der Los Angeles Dodgers, der alle Neuzugänge aufforderte, ihre Hobbys zu nennen. Weil er Angst hatte, bei »Klavierspielen« etwas vorspielen zu müssen, sagte Micah spontan: malen. Der Rest ist Geschichte.[77]

3 Fragen an Micah Johnson

NFTs sind für mich
... ganz einfach Werkzeuge, die mit einem Publikum direkt eine gemeinsame Ausrichtung rund um eine Kernidee herstellen.

Was mich im NFT-Space besonders überrascht hat
... ist, wie schnell namhafte Unternehmen aufgesprungen sind.

Mein wichtigster Rat an alle, die ein NFT-Projekt planen
Tu es nur, wenn du für das Projekt, das du starten möchtest, so leidenschaftlich brennst, dass du keinen Tag ohne Arbeit daran verbringen möchtest.

Die 12 prominentesten Sammler

»Der NFT-Markt folgt ähnlichen Dynamiken wie der Kunstmarkt. Zehn Prozent der NFT-Käufer*innen tätigen so viele Transaktionen wie die restlichen 90 Prozent«, schreibt die Kunstjournalistin und Kuratorin Anika Meier in einem Artikel über Krypto-Kunst.[78] Sich anzuschauen, wie Sammler vorgehen, schärft den eigenen Blick für Kunst und ihren Wert. Doch anders als auf dem traditionellen Kunstmarkt, wo solvente Sammler weitgehend im Verborgenen agieren, bis sie hochbetagt ihrer Heimatstadt ein Museum stiften, kann im NFT-Bereich jeder jederzeit einen Blick in die Wallets und damit in die Sammlungen der Promis werfen. Es ist allerdings mühsam, die Wallet-Adressen zu ermitteln und darin die Spreu vom Weizen zu trennen, sprich: die Vielzahl unverlangter Werbe-/Scam-Drops von der eigentlichen Sammlung zu unterscheiden. Denn anders als auf dem klassischen Kunstmarkt gibt es auf dem NFT-Markt Spam. Keiner kann einfach in das nächste Museum um die Ecke spazieren und dort ungefragt sein eigenes Bild aufhängen, obwohl Banksy das schon mal gemacht hat. Das ist im digitalen Raum anders und zweifellos ein Ärgernis. Folglich hat ein Sammler nicht alles, was in einer NFT-Sammlung angezeigt wird, tatsächlich auch gesammelt. Vieles ist unverlangte Werbung, deren Urheber mit diesem Trick unter anderem die Preise für ihre eigenen (Mach)Werke hochtreiben oder schlichtweg andere betrügen wollen: Sie behaupten einfach, ein Gary Vee, Kevin Rose oder Mike Hager 😉 kaufe das schließlich auch.

Mit der folgenden Übersicht nehmen mein Team und ich dir die mühsame Sucherei ab. Wir haben die Wallets prominenter Sammler ausgewertet und geben dir so einen Eindruck, wie sie vorgehen. Natürlich ist das nur eine Momentaufnahme, denn die Welt der Krypto-Kunst ist genauso in Bewegung wie der Ether-Kurs. Die Auswertung basiert mit wenigen Ausnahmen[79] auf den Floor Prices vom 30.08.2022 und auf dem damaligen Ether-Kurs von etwa 1.600 Euro. Berücksichtigt wurden alle NFTs ab einem Preis von etwa 1,7 Ether aufwärts. Es wird also nicht jedes einzelne Werk aufgelistet. Die meisten der unten aufgeführten NFT-Prominenten besitzen zudem mehrere Wallets. Wenn dir also die eine oder andere Anzahl an NFTs nicht plausibel erscheint, dann liegt das daran, dass sie vielleicht in einer Wallet liegen, die nicht ohne Weiteres aufzufinden und mit Sicherheit zuzuordnen war.

Wenn dich der brandaktuelle Stand interessiert, nutze einfach die unten angegebenen Wallet-Adressen. Bei OpenSea ist der blaue Haken rechts unter dem Bild ein Indiz dafür, dass es sich nicht um Spam handelt. Fehlt der Haken oder steht er links oder ist per Photoshop ins Bild hineinretuschiert, ist Vorsicht geboten. Und noch ein Nachtrag: Der Ether war auch schon bis zu 4.000 Euro wert, und ich bin sicher, dass sein Kurs mittelfristig wieder steigt. Was das für den Wert der Sammlungen bedeutet, kannst du leicht ausrechnen.

DeeZee (@DeezeFi)

Twitter-Star (240.000 Follower). Motto: »I know that I know nothing«, was auf gesunde Besonnenheit schließen lässt. Der Erfolg gibt ihm recht.

Gesamtwert der Sammlung: 3.600 Ether (5,7 Mio. Euro)
Wallet-Adresse:
ENS: deeze.eth, 0xC46Db2d89327D4C41Eb81c43ED5e3dfF111f9A8f,
OpenSea: comfygang

Inhalt der Sammlung:
OpenSea:
2 Nouns, 5 CryptoPunks (Yuga Labs), 1 Moonbird (PROOF), 7 CLONE X (RTFKT & Takashi Murakami), 2 Meebits (Yuga Labs), 1 Otherdeed (Yuga Labs), 4 CrypToadz (GREMPLIN), 1 Quantum Key LA

Art Blocks:
1 Ringers (Dmitri Cherniak), 1 Unigrids (Zeablocks), 2 Singularity (Hideki Tsukamoto), 1 Frammenti (Stefano Contiero), 3 70s Pop Super Fun Summertime Bonus Pack (Daniel Catt), 1 Sentience (pxlq), 2 NimBuds (Bryan Brinkman), 1 Utopia (ge1doot), 2 Dynamic Slices (pxlq), 1 Elementals (Michael Connolly), 1 Rhythm (Jeff Davis)

Krypto-Kunst vom Feinsten: Bharat Krymos digitales Museum[80]

Bharat Krymo (@krybharat)

Auf Twitter stellt sich Bharat Krymo als »Decentralization maximalist and investor« vor. Dass er auch ein echtes Herz für Kunst hat, zeigt seine virtuelle Ausstellung in der Digitalgalerie OnCyber (siehe Abbildung). Seit 2019 ist er im NFT-Space unterwegs und interessierte sich gleich für XCOPY, Hackatao und Coldie. Das spricht für eine echte Spürnase!

Gesamtwert der Sammlung: 1.100 Ether (1,8 Mio. Euro)
Wallet-Adresse:
ENS: ---, 0x2Debdf4427CcBcfDbC7f29D63964499a0ec184F6,
OpenSea: krybharat

Inhalt der Sammlung:
OpenSea:
12 Moonbirds (PROOF), 1 Admit One (gmoney), 1 CryptoCubes (HanCryptoCubes), 4 Meebits (Yuga Labs), 1 Grail – Iteration 0 (Grelysian – PROOF), 1 Quantum Key – LA, 2 mfers (unofficialmfers.eth), 5 Akutars (Micah Johnson)

Art Blocks:
4 Fragments of an Infinite Field (Monica Rizzolli), 2 sail-o-bots (sturec)

DCinvestor (@iamDCinvestor)

Einer der prominentesten Sammler mit gut gefüllter Wallet, der sich – Nomen est omen – primär als Investor versteht und sich auch mit DeFi gut auskennt. Er legt nicht ganz so viel Wert auf Anonymität wie seine Kollegen: Sein Klarname lautet Aftab Hossain.

Gesamtwert der Sammlung: 6.800 Ether (10,8 Mio. Euro)

Wallet-Adresse:

ENS: dcinvestor.eth, 0x59a5493513ba2378ed57ae5ecfb8a027e9d80365, OpenSea: DCinvestor

Inhalt der Sammlung:

OpenSea:

6 Autoglyphs (Yuga Labs), 1 Beeple – Genesis Collection, 2 Nouns, 1 Twin Flames (Justin Aversano), 6 CryptoPunks (Yuga Labs), 3 DEAFBEEF, 1 PROOF Collective (PROOF), 1 Grail – Protoglyph (Larva Labs – PROOF), 1 Blood Bubble (XCOPY – KnownOrigin), 2 Beeple Everydays – The 2020 Collection, 4 Math Art (1980-1995) by Herbert W. Franke (Quantum), 2 Moonbirds (PROOF), Hexamelt III (Kjetil Golid – KnownOrigin), 12 Color-glyphs (Larva Labs), 1 The Currency (Damien Hirst), 28 Meebits (Yuga Labs), 1 Grail – Away from Keyboard (Emily Xie – PROOF), 2 Moonbirds Oddities (PROOF), 6 CrypToadz (GREMPLIN), 1 FEWO DRIP (FEWOCi-OUS), 1 Quantum Key – LA, 12 mfers (unofficialmfers.eth), 27 Nyan Cats

Art Blocks:

2 The Eternal Pump (Dmitri Cherniak), 21 Ringers (Dmitri Cherniak), 9 Fidenza (Tyler Hobbs), 1 View Card (Jeff Davis), 20 Archetype (Kjetil Golid), 6 Chromie Squiggles (Snowfro), 4 Unigrids (Zeblocks), 7 Sub-scapes (Matt DesLauriers), 6 Genesis (DCA), 3 Construction Token (Jeff Davis), 1 Light Beams (Jason Tin), 19 Memories of Qilin (Emily Xie), 2 Spectron (Simon de Mai), 2 Singularity (Hideki Tsukamoto), 3 Frag-ments of an Infinite Field (Monica Rizzolli), 3 NimBuds (Bryan Brinkman), 2 720 Minutes (Alexis André), 3 Dynamic Slices (pxlq), 1 sail-o-bots #63 (sturec), 3 Rhythm (Jeff Davis)

Dingaling (@dingalingts)

Einer der reichsten Sammler, der sich bei Twitter auch als »NFT Collector« vorstellt. In der Szene bezeichnet man solche Schwergewichte auch als »Whales« (Wale). Dingaling folgen knapp 140.000 Menschen.

Gesamtwert der Sammlung: 16.000 Ether (25,6 Mio. Euro)
Wallet-Adresse:
ENS: dingaling.eth, 0x54BE3a794282C030b15E43aE2bB182E14c409C5e,
OpenSea: dingaling

Inhalt der Sammlung:
OpenSea:
1 Noun, 105 Bored Apes (Yuga Labs), 110 Bored Ape Kennels (Yuga Labs), 99 Mutant Apes (Yuga Labs), 3 CryptoPunks (Yuga Labs), 20 Meebits (Yuga Labs), 242 Otherdeeds (Yuga Labs), 1 PROOF Collective (PROOF), 6 Moonbirds (PROOF), 6 Moonbird Oddities (PROOF), 52 Azuki (TeamAzuki), Beeple – Spring/Summer Collection 2021, 2 Space Doodles, 17 CLONE X (RTFKT & Takashi Murakami), 6 Feral Files, 1 Gift Goat (VeeFriends by Gary Vee), 1 The Currency (Damien Hirst), 2 WoW (World of Women), 30 Cool Cats NFTs, 4 CrypToadz (GREMPLIN), 4 PUNKS 3: A Glitch in Time (Holo/Signed), 22 Akutars (Micah Johnson), 31 Cool Pets NFTs

Art Blocks:
3 Incomplete Control (Tyler Hobbs), 1 Fidenza (Tyler Hobbs), 1 Ringers (Dmitri Cherniak), 1 Elevated Deconstructions (luxpris), 1 Archetype (Kjetil Goid), 2 Chromie Squiggles (Snowfro), 1 Unigrids (Zeblocks), 1 Subscapes (Matt DesLauriers), 1 Anticyclone (William Mapan), 1 Genesis (DCA), 1 Construction Token (Jeff Davis), 1 The Blocks of Art (Shvembldr), 1 Spectron (Simon de Mai), 1 Singularity (Hideki Tsukamoto), 1 Frammenti (Stefano Contiero), 2 Fragments of an Infinite Field (Monica Rizzolli), 5 HyperHash (Beervangeer), 1 NimBuds (Bryan Brinkman), 4 720 Minutes (Alexis André), 1 Pigments (Darien Brito), 1 Ecumenopolis (Joshua Bagley), 1 Dynamic Slices (pxlp), 1 sail-o-bots (sturec), 3 Elementals (MIchael Connolly), 1 Alien Clock (Shvembldr)

Franklin (@franklinisbored)

Sammler, der ebenfalls (wie Dingaling) auf Bored Apes schwört und das schon in seinem Twitter-Namen verkündet: »Franklin has 60 Apes«. Nicht alle sind immer in seiner Wallet zu sehen, da er manche auf BendDAO beleiht und diese dann aus der Wallet verschwinden. Bekannt wurde der Sammler dadurch, dass einer der Scherze, die er gerne mit Twitter-Bots zu ENS-Adressen treibt, auf ihn selbst zurückfiel. Seine Joke-Adresse (ein NFT wie alle ENS-Adressen) fand tatsächlich einen Käufer für knapp 2 Ether, der dann rasch Franklins Ausgangsgebot (100 Ether) annahm und ihm den NFT postwendend zurückverkaufte. Der gelangweilte Franklin hatte schlicht vergessen, sein Gebot zu cancelen, und war 150.000 Euro ärmer.

Gesamtwert der Sammlung: 4.000 Ether (6,4 Mio. Euro)
Wallet-Adresse:
ENS: franklinisbored.eth, 0xed2ab4948bA6A909a7751DEc4F34f303e B8c7236,
OpenSea: franklinisbored

Inhalt der Sammlung:
OpenSea:
50 Bored Apes (Yuga Labs), 2 Mutant Apes (Yuga Labs), 2 Bored Ape Kennels (Yuga Labs)

Art Blocks:
4 Fragments of an Infinite Field (Monica Rizzolli), 2 sail-o-bots (sturec)

Gary Vee (Gary Vaynerchuk) (@garyvee)

Mit über 3 Millionen Followern auf Twitter ein echter Superpromi, was auch seiner Umtriebigkeit in verschiedenen unternehmerischen Bereichen zu verdanken ist. Gary führt eine erfolgreiche Marketingagentur (@Vaynermedia), ist Investor, hat sich von seiner Heimatbranche, dem Weinhandel, nicht gänzlich verabschiedet (@winetexts), vermarktet mit Vaynersports Sportler (@vaynersports) und hat mit den VeeFriends (@veefriends) und der Konferenz VeeCon zwei aufsehenerregende NFT-Projekte ins Leben gerufen. Ich frage mich, wann er schläft. Ach ja, sammeln tut er natürlich auch.

Gesamtwert der Sammlung:
Gennady: 1.200 Ether (1,8 Mio. Euro)
GaryVault: 12.300 Ether (19,5 Mio. Euro)
Wallet-Adresse Gennady:
ENS: ---, 0x5ea9681C3Ab9B5739810F8b91aE65EC47de62119,
OpenSea: Gennady
Wallet-Adresse GaryVault:
ENS: garyvault.eth, 0xf68e4d63c8ea83083d1cb9858210cf2b03d8266b,
OpenSea: GaryVault

Inhalt der Sammlung:
OpenSea Gennady:
2 PROOF Collective (PROOF), 5 Moonbirds (PROOF), 2 Doodles, 1 »Turnt« Tick (VeeFriends by Gary Vee), 1 Grail – Choices (What Is Real? – PROOF), 1 Afterburn (XCOPY), 32 Meebits (Yuga Labs), 30 WoW (World of Women), 2 Cool Cats NFTs, 1 Grail – MIRROR, MIRROR (Lucréce – PROOF), 1 CrypToadz (GREMPLIN), 9 PUNKS: Issue #1 (PUNKS Comic), 5 mfers (unofficialmfers.eth)

OpenSea GaryVault:
7 Bored Apes (Yuga Labs), 62 CryptoPunks (Yuga Labs), 7 Mutant Apes (Yuga Labs), 11 Bored Ape Kennels (Yuga Labs), 14 Otherdeeds (Yuga Labs), 982 VeeFriends (VeeFriends by Gary Vee), 961 VeeFriends Series 2 (VeeFriends by Gary Vee)

gmoney (@gmoneyNFT)

Sozusagen der Pottwal unter den NFT-Schwergewichten, mit einer millionenschweren Sammlung. gmoney versteht sich als Vordenker und ist bei Entwicklungen im NFT-Space immer ganz vorne mit dabei. Sein Einfluss ist so groß, dass ihm im Abschnitt STORYS ein Porträt gewidmet ist. Die hier aufgeführte Wallet ist mit Sicherheit nicht seine einzige, denn die 272 Chromie Squiggles, die er gemintet hat, befinden sich nicht darin.

Gesamtwert der Sammlung: 33.700 Ether (54 Mio. Euro)
Wallet-Adresse:
ENS: gmoney.eth, 0xf0D6999725115E3EAd3D927Eb3329D63AFAEC09b,
OpenSea: gmoney

Inhalt der Sammlung:
Open Sea:
1 Autoglyph (Yuga Labs), 12 CryptoPunks (Yuga Labs), 18 Meebits (Yuga Labs), 2 Nouns, 1 Twin Flames (Justin Aversano), 4 Squiggly (NateAlex), 4 Beeple: Everydays – The 2020 Collection, 1 The Title (Pak), 4 Smoke and Mirrors (Justin Aversano), 19 Admit One (gmoney), 27 CrypToadz (GREMPLIN), 11 PUNKS: Issue #1 (PUNKS Comic), 1 mfer (unofficialmfers.eth), 4 Akutars (Micah Johnson), 1 Lil Noun

Art Blocks:
2 Memories of Qilin (Emily Xie), 8 Rhythm (Jeff Davis)

Kevin Rose (@kevinrose)

Wie gmoney ist auch Kevin Rose eine feste Größe im NFT-Space. Der Investor und Partner einer Risikokapitalfirma betreibt die populären Podcasts PROOF (zu NFTs, Metaverse, Krypto-Kunst) und MODERN FINANCE (zu DeFi, Web3, Krypto-Währungen). Er wurde vielfach ausgezeichnet (u. a. »Top 25 Web Celebritys« von *Forbes* und »Top 35 Innovators under 35« vom MIT). Kein Wunder, dass ihm auf Twitter 1,6 Millionen Menschen folgen. Kevin Rose ist Herausgeber der Moonbirds und Gründer des PROOF Collective, dessen Mitglieder exklusiv kuratierte Kunstwerke (»Grails«) minten können, wobei der Künstler erst nach dem Kauf »revealed« wird. Im Porträt am Ende dieses Kapitels kommt er ausführlich zu Wort.

Gesamtwert der Sammlung:
KRO: 124 Ether (200.000 Euro)
KROVAULT: 1.600 Ether (2,56 Mio. Euro)
Wallet-Adresse KRO:
ENS: ---, 0xBA19BA5233b49794c33f01654e99A60E579E6f29,
OpenSea: KRO
Wallet-Adresse KROVAULT:
ENS: krovault.eth, 0x8682a78Ea82bd94C3E250539079119B6Eef132db,
OpenSea: KROVAULT

Inhalt der Sammlung:
OpenSea KRO:
1 Gift Goat (VeeFriends by Gary Vee), 2 PUNKS: Issue #1 (PUNKS Comic)

OpenSea KROVAULT:
1 Autoglyph (Yuga Labs), 9 CryptoPunks (Yuga Labs), 2 Colorglyphs (Larva Labs), 56 Meebits (Yuga Labs), 1 DEAFBEEF Series 0: Synth Poems – Token 12 (DEAFBEEF), 1 PROOF Collective (PROOF), 1 Grail – I've got your cat, please follow me. (Kiszkiloszki – PROOF), 1 Grail – Ball (Jake Fried – PROOF), 1 Grail – Iteration 0 (Grelysian - PROOF), 3 Moonbirds

(PROOF), 7 Moonbird Oddities (PROOF), 1 Grifters (XCOPY), 1 Guzzler (XCOPY), 1 Noun GAN Study (Pindar Van Arman), 2 Admit One (gmoney), 1 The Currency (Damien Hirst), 4 Murakami Flowers (MFTMKKUS), 2 Cool Cats NFTs, 1 CrypToadz (GREMPLIN), 2 Quantum Keys – LA

Art Blocks:
1 Fidenza (Tyler Hobbs), 3 Ringers (Dmitri Cherniak), 25 Chromie Squiggles (Snowfro), 1 Unigrids (Zeblocks), 1 Gazers (Matt Kane), 3 Subscapes (Matt DesLauriers), 1 Singularity (Hideki Tsukamoto), 1 720 Minutes (Alexis André), 1 Pigments (Darien Brito), 4 Elementals (Michael Connolly)

Mike Hager (@warrenhimself)
Die Geschichte meiner Sammlung habe ich dir in der Einleitung bereits erzählt. Auch wenn ich im Vergleich zu gmoney ein eher kleiner Fisch bin, können sich meine Wallets sehen lassen. Dabei lüfte ich hier ein kleines Geheimnis und »enttarne« auch meine dritte Wallet bei Nifty Gateway.

Gesamtwert der Sammlung:
Warrenhimself: 446 Ether (713.000 Euro)
Warrenvault: 1.700 Ether (2,7 Mio. Euro)
Warrenhimself bei Nifty Gateway: 130.000 Euro
Wallet-Adresse Warrenhimself:
ENS: mik.eth, 0x7DECf7a31168778f311c57B9a948aBaa7321001E,
OpenSea: Warrenhimself
Wallet-Adresse Warrenvault:
ENS ---, 0x9CbD7D0A64c87A2561B4b8A4975f7a0e6D3a7903,
OpenSea: Warrenvault

Inhalt der Sammlung:

OpenSea Warrenhimself:

1 Noun, 6 Lil Nouns, 1 PROOF Collective (PROOF), 2 Moonbirds (PROOF), 2 Moonbirds Oddities (PROOF), 1 Grail – Dream Loaf (Sarah Zucker – PROOF), 1 Grail – Ambivalence (Luis Ponce – PROOF), 1 Admit One (gmoney), 1 Space Doodles, 2 52icons (Rainer Hosch Genesis), Homegrown by Blackmon (Quantum Art Curated), Genesis (Claire Silver – BrainDrops), 4 Otherdeeds (Yuga Labs), 2 Smoke and Mirrors (Justin Aversano), 2 New Yorkers by Sally Davies (Quantum Art Curated), 2 CrypToadz (GREMPLIN), 1 Quantum Key – LA, 1 mfer, 1 Cool Cat, 3 VeeFriends Series 2 (VeeFriends 2 by Gary Vee), 4 Cool Pet NFTs, 1 Exclusible Luxury District

Art Blocks Warrenhimself:

1 Singularity (Hideki Tsukamoto), 1 Construction Token (Jeff Davis)

OpenSea Warrenvault:

10 Bored Apes (Yuga Labs), 10 Bored Ape Kennels (Yuga Labs), 1 M2 Mutant Serum (Yuga Labs), 9 M1 Mutant Serum (Yuga Labs), 3 CryptoPunks (YugaLabs), 3 Meebits (Yuga Labs), 10 Otherdeeds (Yuga Labs), 1 Twin Flames (Justin Aversano), 1 Smoke and Mirrors (Justin Aversano), 1 Grifter (XCOPY), 2 VeeFriends (VeeFriends by Gary Vee), 2 VeeFriends Series 2 (VeeFriends 2 by Gary Vee), 6 WoW (World of Women), 1 Queen of Multitude (Hackatao), 1 FLUF (FLUF World)

Art Blocks Warrenvault:

3 Chromie Squiggles (Snowfro), 1 Frammenti (Stefano Contiero), 2 Alien Clock (Shvembldr)

Nifty Gateway Warrenvault:

1 Gaze (Gloss by Jason Ebeyer), 1 Fusion (The Collision by Pak x Trevor Jones), 1 Extrusion (The Collision by Pak x Trevor Jones), 1 Moving On (Growing Up … I'm Scared Open Edition by FEWOCiOUS), 1 Sound Block 2 (Sound Block Chain by Roger Kilimanjaro), 1 Sound Block .0 / Burnt Beat, 1 GIGACHAD (Beeple Spring Collection), 12 Aku Chapter (Micah Johnson)

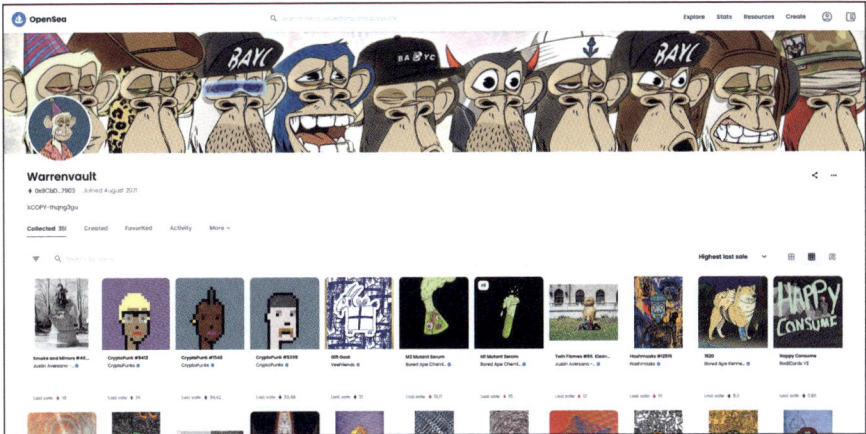

Blick in meine Warrenvault auf OpenSea

Pranksy (@pranksy)

Gemessen an der Zahl der NFTs soll Pranksy angeblich die größte NFT-Sammlung der Welt besitzen. Die können hier natürlich nicht alle aufgezählt werden. Ich beschränke mich wie bei allen anderen Wallets auf die wertvollsten. Pranksy ist das Idol aller Flipper, weil er NFTs in großer Stückzahl kauft und mit Gewinn weiterverkauft. Er mintete stolze 1.500 Bored Apes und hält zum jetzigen Zeitpunkt beispielsweise über 500 CryptoPunks, über 200 Akutars und über 100 Doodles. Da kann man nur den Hut ziehen!

Gesamtwert der Sammlung: 77.700 Ether (124 Mio. Euro)
Wallet-Adresse:
ENS: pranksy.eth, 0xD387A6E4e84a6C86bd90C158C6028A58CC8Ac459,
OpenSea: Pranksy

Inhalt der Sammlung:

583 CryptoPunks (Larva Labs), 4 Wrapped CryptoPunks (Larva Labs), 1 Tribe Diamonds (Tribe), 4 Amber Vittoria's Inaugural Collection (Amber Vittoria), 1 H/ID/DEN Open Editions (Skygolpe + Hackatao), 2 Crypto-Weebs (WEBB), 107 Doodles, 14 Josie (Josie Bellini), 2 Forward Together (Josie Bellini), 5 GODA Mint Pass (GODA), 1 A Candid Smoke (Misan Harriman), 1 MagNFT Member, 8 GISELXRARI (GISELXFLOREZ), 7 HACKATAO pieces, 4 Alotta Voxels (Alotta Money), 11 Moments: Around The World (BillyDinh), 1 Meebit (Yuga Labs), 7 Panoramic Portraits (rizacankumas), 6 Solvency (Ezra Miller), 20 WoW (World of Women), 1 Asprey Studio Club #021, 1 GENESIS IDOLS by Monstercat, 1 Bushes and Succulents – Succulents #35 (Mona Kuhn Quantum Art Curated), 1 FEWO SHOE LEGENDARY #27/121 – FEWO WORLD Open Edition (FEWOCiOUS x RTFKT), 16 Otherdeeds (Yuga Labs), 225 Akutars (Micah Johnson)

Snoop Dogg (@CozomoMedici)

Noch überstrahlt seine Berühmheit als Rapper die als NFT-Sammler: @SnoopDogg folgen über 20 Millionen, Cozomo de' Medici, wie er sich als NFT-Sammler wahrscheinlich nennt, »nur« knapp 270.000. Snoop Dogg zählt zu den Celebritys, deren frühes Interesse an NFTs dem Space sehr geholfen hat, und er ist bis heute dort sehr umtriebig: Ob er seinen Alias-Namen enttarnt, dem Bored Ape Yacht Club beitritt, mit Rapper-Kollegen Eminem ein Bored-Ape-Musikvideo aufnimmt oder bei der Eröffnung der MTV-Music-Awards 2022 erneut mit Eminem und deren beider Bored-Ape-Alter-Egos performed – das alles sorgt für Wirbel im Netz und stärkt die Marke. Die von Snoop Dogg, die von Cozomo und nicht zuletzt die der Bored Apes. Snoop Dogg wohnt inzwischen auch im Metaverse (The Sandbox) und hat eigene NFT-Kollektionen herausgegeben: »The Doggies« (10.000 Avatare, in Zusammenarbeit mit The Sandbox), »Snoop Dogg – B.O.D.R«, Musikstücke zum gleichnamigen Album, in Zusammenarbeit mit Gala Music) und »Snoop Dogg on Sound XYZ«, längere Musikmixes, zum Teil mit Kollegen.

Gesamtwert der Sammlung:
Cozomo_de_Medici: 1.400 Ether (2,2 Mio. Euro)
DEATHROWNFT: 190 Ether (304.000 Euro)
Wallet-Adresse Cozomo_de_Medici:
ENS: ---, 0xCe90a7949bb78892F159F428D0dC23a8E3584d75,
OpenSea: Cozomo_de_Medici
Wallet-Adresse DEATHROWNFT:
ENS: ---, 0xE0036fb4B5A3B232aCfC01fEc3bD1D787a93da75,
OpenSea: DEATHROWNFT

Inhalt der Sammlung:
OpenSea Cozomo_de_Medici:
5 CryptoPunks (Yuga Labs), 4 Meebits (Yuga Labs), 1 Blood Bubble (XCOPY – KnownOrigin), 2 Grifter (XCOPY), 4 Moonbirds (PROOF), 5 Genesis (Claire Silver - BrainDrops), 1 Twin Flames (Justin Aversano), 1 CrypToadz (GREMPLIN)

Art Blocks Cozomo_de_Medici:
2 Fidenza (Tyler Hobbs), 1 Ringers (Dmitri Cherniak), 4 Chromie Squiggles (Snowfro), 2 Meridian (Matt DesLauriers), 13 Fragments of an Infinite Field (Monica Rizolli)

OpenSea DEATHROWNFT:
1 Bored Ape (Yuga Labs), 1 Mutant Ape (Yuga Labs), 1 Chromie Squiggle (Snowfro), 3 CLONE X (RTFKT & Takashi Murakami), 1 The GODA Mint Pass (GODA), 1 Invisible Friends (Markus Magnusson), 3 WoW (World of Women), 1 Rizzla (FLUF World), 2 Otherdeeds (Yuga Labs)

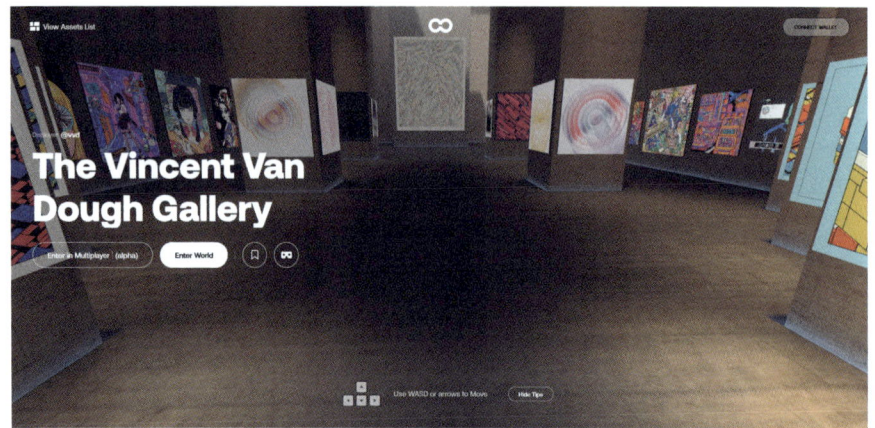

Auch Vincent Van Dough stellt auf Oncyber aus[81]

VincentVanDough (@Vince_Van_Dough)

Auf Twitter und OpenSea stellt sich der Sammler als »Purveyor [Liefe-rant] of shitcoins and fine art« vor. Er hat in kurzer Zeit eine umfang-reiche Sammlung zusammengetragen, die er zum Teil digital ausstellt (siehe Abbildung). Zusammen mit Starry Night Capital, einer Invest-mentgesellschaft, legte er einen 100-Millionen-Dollar-Fonds auf, der in NFTs investiert. Daneben hat er eine erstaunliche Vorliebe für Pepe the Frog, ein giftgrünes Frosch-Meme, das sich im Netz rasant verbreitete und inzwischen auch als NFT vorliegt.

Gesamtwert der Sammlung: 8.700 Ether (14 Mio. Euro)
Wallet-Adresse:
ENS: vvd.eth, 0x0F0eAE91990140C560D4156DB4f00c854Dc8F09E,
OpenSea: VincentVanDough

Inhalt der Sammlung:
OpenSea:
1 Autoglyph (Yuga Labs), 1 Bored Ape (Yuga Labs), 4 Mutant Apes (Yuga Labs), 1 Twin Flames (Justin Aversano), 10 DEAFBEEF, DEGENERATIVE (DEAFBEEF), 2 Where My Vans Go (Driftershoots), i Love Myself & Today

is Opposite Day!!! #16/18 (FEWOCiOUS), 1 CryptoCube (HanCryptoCubes), 2 Cool Cats NFTs, 1 CrypToadz (GREMPLIN)

Art Blocks:
8 The Eternal Pump (Dmitri Cherniak), 14 Ringers (Dmitri Cherniak), 7 Fidenza (Tyler Hobbs), 14 Archetype (Kjetil Golid), 12 dino pals (hideo), 7 Chromie Squiggle (Snowfro), 6 Unigrids (Zeblocks), 1 Patchwork Saguaros (Jake Rockland), 18 Subscapes (Matt DesLauriers), 8 Genesis (DCA), 12 Construction Token (Jeff Davis), 1 Speckled Summits (Jake Rockland), 5 Return (Aaron Penne), 81 The Blocks of Art (Shvembldr), 13 Spectron (Simon de Mai), 6 Singularity (Hideki Tsukamoto), 15 Frammenti (Stefano Contiero), 1 70s Pop Super Fun Summertime Bonus Pack (Daniel Catt), 4 70s Pop Ghost Bonus Pack (Daniel Catt), 1 Fragments of an Infinite Field (Monica Rizzolli), 4 HyperHash (Beervangeer), 2 Sentience (pxlq), 6 NimBuds (Bryan Brinkman), 12 Utopia (ge1doot), 13 720 Minutes (Alexis André), 22 Pigments (Darien Brito), 5 The Opera (Luke Shannon), 2 Ecumenopolis (Joshua Bagley), 21 Dynamic Slices (pxlq), 88 sail-o-bots (sturec), 8 Elementals (MIchael Connolly), 45 Alien Clock (Shvembldr)

Sammler setzen per definitionem auf ein langfristiges Investment und trennen sich nur selten von Werken. Sie sind »Hodler«, wie es im NFT-Jargon heißt (siehe das Kapitel »123 Insider-Begriffe«). Die Übersicht zeigt außerdem, dass sie häufig mehrere Werke eines Künstlers oder mehrere Collectibles eines Teams besitzen – sie bleiben einem Projekt treu. Das ist nicht anders als in der traditionellen Kunstwelt, mit dem Unterschied allerdings, dass es in der Krypto-Welt leichter fällt, Kontakt zu Schöpfern aufzubauen und zu halten. Soziale Medien wie Twitter, Discord und Instagram senken die Barrieren. Viele Künstler schätzen den Kontakt zur Community und belohnen treue Sammler und Unterstützer der ersten Stunde mit Airdrops, Vorabinfos und anderen Vergünstigungen. Da sich die Übersicht auf Werke ab einem Preis von 1,7 Ether beschränkt und günstigere NFTs weglässt, wird die Werkschau von bekannten Namen und zum Teil sehr hochpreisigen NFTs dominiert. Manche dieser Werke werden zu hohen Preisen in die Wallet gelangt sein, bei anderen zahlten sich ein früher Einstieg und ein gutes Gespür aus, denn Mintpreise sind oft überschaubar. Ikonen wie die CryptoPunks wurden anfänglich sogar verschenkt!

Wer damit anfangen will, NFTs zu sammeln, muss nicht gleich Tausende von Euro lockermachen. »Der durchschnittliche Verkaufspreis von 75 Prozent der NFTs beträgt 15 Dollar«, stellt die Kunstexpertin Anika Meier fest.[82] Auch auf dem Markt für NFT-Unikate, auf dem traditionelle Kunstsammler mit Interesse an digitalen Werken eine größere Rolle spielen als im oben vorgestellten Bereich, wechseln knapp zwei Drittel der Werke für weniger als 1.000 Dollar den Besitzer. Im »Art + Tech Report 2022«, den vier Kunstexpertinnen erstellt haben, geben 85 Prozent dieser Sammler an, vorher schon andere Kunst gesammelt zu haben, und nur ein knappes Drittel legt Wert auf Profit beim Weiterverkauf.[83] Das sieht im Bereich der Generativen Kunst, Collectibles (Sammelobjekte) und Profile Pictures ein wenig anders aus, denn hier sind viele Krypto-Enthusiasten und Investoren unterwegs, wie die oben Vorgestellten beweisen. Man schätzt die Kunst, aber auch den potenziellen Wertzuwachs. Um dich auf dem Markt zu orientieren, folgst du am besten namhaften Sammlern und Influencern – was nicht heißt, ihren Empfehlungen blind zu vertrauen! Auch Profis können irren, wie du im Kapitel »Die 5 bekanntesten Projekt-Abstürze« sehen wirst. Indikatoren für vielversprechende Projekte sind:

- eine neue Idee (etwas ist anders, besonders, noch nicht dagewesen),
- ein Künstler, der im traditionellen Kunstmarkt einen Namen hat oder ein Team, das bereits positiv aufgefallen ist,
- das Interesse von Influencern und Sammlern oder auch Celebritys,
- andere Werke des Künstlers oder Teams in der Vergangenheit waren begehrt,
- viele Follower des Künstlers oder Teams in den sozialen Medien (aber Vorsicht, diese sollten auf keinen Fall künstlich hochgepuscht bzw. gekauft worden sein),
- ein ästhetisches oder inhaltliches Anliegen, das auf der Website des Projekts vorgestellt und in den sozialen Medien diskutiert wird,
- eine interessante Utility,

- eine überzeugende Roadmap, wie das Projekt weiterentwickelt werden soll.

Je mehr dieser Kriterien zutreffen, desto wahrscheinlicher ist es, dass du deinen Kauf nicht bereuen wirst. Das allerwichtigste Mittel gegen Kauf-Reue allerdings lautet schlicht: Kaufe nur etwas, dass dir wirklich gefällt! Oder wie Kevin Rose es formuliert: »I want it to be something that even in the worst bear market, I'm not going to sell because I love it.«[84] Kunst, die man liebt, wird niemals wertlos sein.

Porträt Kevin Rose

»I believe in playing throughout life«[85]

* 1977
Serial Entrepeneur, Venture Capitalist,
Co-Founder PROOF.xyz

https://twitter.com/kevinrose
https://www.instagram.com/kevinrose
https://www.proof.xyz
https://trueventures.com

Wer bei Google erheblich mehr Treffer auslöst als Cristiano Ronaldo, Bill Gates oder Johnny Depp und nur von Elon Musk überholt wird, der muss enorm etwas bewegt haben in seinem Leben.[86] Kevin Rose hat schon viele Auszeichnungen erhalten. Er war unter den Top 25 Angel Investors (Bloomberg), den Top 25 Web Celebritys *(Forbes)*, den Top 25 Most Influential People on the Web *(Businessweek)* und den Top 35 Innovators under 35 (MIT). Er trat in der Jimmy Fallon Show ebenso auf wie in der Show von Tim Ferriss und zierte das Cover verschiedener Wirtschaftsmagazine. Seine Unternehmensgründungen, -beteiligungen und -erfolge sind so zahlreich, dass man schon fast beruhigt ist, auch mal über einen Flop zu stolpern: Das von Kevin mitgegründete Nachrichtenportal DIGG, das sich auf Internet-News fokussiert, wollte die Fox InteractiveMediaGroup 2006 für 60 Millionen Dollar kaufen. Die Macher lehnten ab und setzten auf weiteres Wachstum. 2012 wechselte die Seite dann für 0,5 Millionen Dollar den Besitzer.[87] Dumm gelaufen, für Kevin angesichts seiner Investments bei Twitter, Facebook, Solana, Flamingo DAO oder Art Blocks und seiner Rolle als Partner im Investmentunternehmen True Ventures, aber sicherlich zu verschmerzen. Und angesichts seines

Mottos auf https://www.kevinrose.com auch als notwendige Erfahrung zu verbuchen: »I believe in playing throughout life, trying and repeatedly failing at the many things that pique my interest.« Nur wer das Scheitern einkalkuliert, kann Großes bewegen.

Eins der vielen Erfolgsprojekte von Kevin Rose: die Moonbirds
(hier #1337 und 1338 aus meinem Besitz)

Auch im NFT-Space ist Kevin eine Berühmtheit, und ich bin ungeheuer stolz, dass er mir für ein Gespräch zur Verfügung stand. Wir hören damit quasi einen Krypto-Papst im Originalton 😊. Wer mehr von ihm hören will, sollte im nächsten Kapitel (»Die 21 bedeutendsten Influencer«) nachschlagen. Zu Kevins Renommee unter NFTlern trägt dabei wesentlich sein PROOF Podcast bei, in dem er die Großen der Szene vor dem Mikrofon versammelt. Inzwischen hat er PROOF zu einem exklusiven Kollektiv von Kennern ausgebaut, das in vielverspreche NFTs (»Grails«) investiert – mehr dazu im Kapitel »Die 5 beeindruckendsten Unternehmensgeschichten«. Mit den Moonbirds hat er überdies ein erfolgreiches PFP-Projekt gestartet, das auch im Bärenmarkt im Sommer/Herbst 2022 im Durchschnitt erst zum Vierfachen des stolzen Mintpreises von 2,5 Ether zu haben war.[88] Kevin lebt mit seiner Frau Darya, zwei Töchtern und Toaster, einem Mini-Labradoodle, in Los Angeles.

3 Fragen an Kevin Rose

NFTs sind für mich
... eine programmierbare Leinwand. Was aufregend ist, weil sie so viele verschiedene Dinge sein können. Sie können ein Zugangsschlüssel sein, eine Leinwand, um kreativ zu sein, und vieles mehr.

Der Bärenmarkt beunruhigt mich nicht,
... weil ich nie gegen das Unvermeidliche und die Zukunft wette. Ich sehe NFTs als die Zukunft und ich kann nicht gegen die Technologie und die Zukunft setzen.

Die Zukunft von PROOF
Das ist schwer zu sagen, weil wir eine Handvoll verschiedener Dinge angehen, aber ich sehe uns in Zukunft als inklusive Community. Es wird nicht nur um unsere eigenen Projekte gehen, sondern auch darum, andere Künstler zu fördern und zu unterstützen. Ich sehe die Zukunft von PROOF also als eine der Inklusivität und ich denke, dass wir neutraler Akteur im NFT-Space sein werden.

Die 21 bedeutendsten Influencer

Auf den folgenden Seiten stelle ich dir wichtige Influencer vor. Der Clou: Viele von ihnen waren bereit, sich exklusiv für dieses Buch zu den folgenden Fragen zu äußern:

1. Was war dein wichtigster Erfolg im NFT-Bereich?
2. Was war dein größter Fehler, was bedauerst du am meisten?
3. Wie lautet dein wichtigster Rat zum NFT-Space?
4. Was denkst du: Warum folgen die Menschen dir?

Hier ihre Antworten, zusammen mit ihrem Twitter-Account, der jeweiligen Followerzahl und einigen Stichworten zur Person. Ergänzt wird das Ganze durch weitere Influencer, die ich stichwortartig beschreibe. Am besten, du schaust dich selbst in der Influencer-Szene um und entscheidest dann, wem du folgen willst. Ihre Selbstpräsentation auf Twitter gibt dir oft schon einen Hinweis darauf, wofür sie besonders brennen.

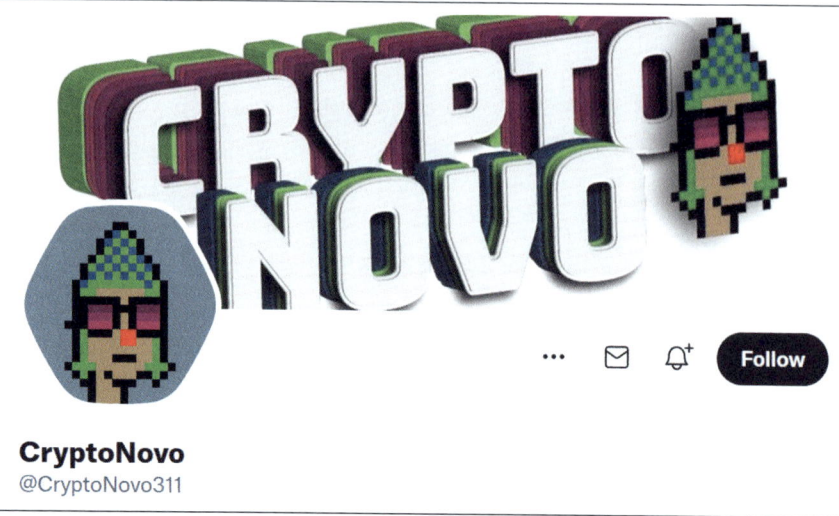

CryptoNovo
@CryptoNovo311

@CryptoNovo311	*»Einer meiner größten Erfolge* war der Kauf und lukrati-ve Verkauf eines Hoodie-CryptoPunks, den ich lange gehalten habe. Mein Nachbar John erzählt die Geschichte in einem Arti-kel.«[89]
15.000 Follower	
Ein absoluter Ver-fechter des Meta-verse und einer der wenigen, der dort schon extrem viel Innovation vorantreibt, was Content angeht.	*»Mein größter Fehler* war, nicht mehr CryptoPunks zu kaufen. Als die NFT-Technologie sich entwickelte, verfolgte ich das, es blieb aber trotzdem bei einem Exemplar der absoluten Top-Kollektion.«
	»Mein wichtigster Rat: Zeichne jeden Kauf, Verkauf und Handel auf, denn jeder muss Steuern zahlen!«
	»Der Hauptgrund, **warum Menschen mir folgen:** *Ich heiße alle 👽🦝🧟 willkommen! Wir befinden uns alle an unter-schiedlichen Punkten der Web3-Reise. Helfe ich anderen mit meinem Wissen, finde ich tausend neue Freunde, denn lernen ist ein Hauptgrund dafür, sich mit anderen zu beschäftigen. Darüber hinaus habe ich mich durch die Schaffung einer ano-nymen digitalen Identität mit einem CryptoPunk entscheidend weiterentwickelt.«*

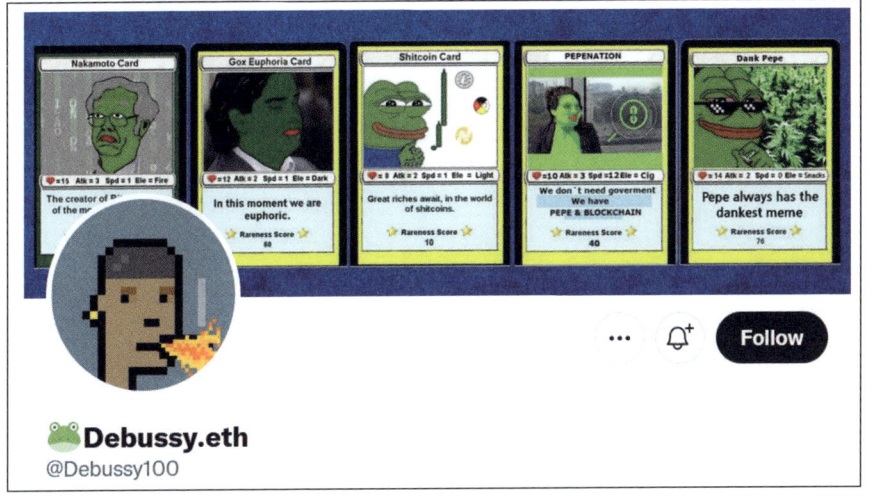

Die 21 bedeutendsten Influencer

🐸 **Debussy.eth**
@Debussy100

@Debussy100	**»Mein größter NFT-Erfolg** war, drei Beeples für 999 Dollar zu kaufen und sie ein paar Monate später für 100 Ether pro Stück zu verkaufen. Ich hatte keine Ahnung, dass sie so explodieren würden, und hatte null Erwartung, dass das passiert.«
38.500 Follower	
Weiß viel über Art Blocks und andere Projekte. Rare Pepe[90]-Fan, warum auch immer.	**»Mein größter Fehler** war, dass ich die Mint-Seite des BAYC schon geöffnet hatte, um zehn Apes zu minten, und dann beschloss, stattdessen meine Ether zu sparen.«

»Mein wichtigster Rat für den NFT-Space ist, möglichst an seinen Wurzeln festzuhalten, Community-orientiert und ›echt‹ zu sein. Ich beobachte inzwischen einen Strom von Hinweisen, in denen es nur darum geht, Gewinn um Gewinn abzusahnen. Meiner Meinung nach wird dadurch das Ethos von NFTs gekillt.«

Warum Menschen mir folgen: »Ich hatte nie die Absicht, eine so große Anhängerschaft aufzubauen. Ich checke nie meine Analytics-Auswertungen oder die Resonanz auf einzelne Tweets. Ich twittere einfach, was immer mir einfällt – ob das eigenes Alpha-Wissen ist oder irgendetwas anderes. Ich denke, die Leute mögen diese Echtheit.«

Gary Vaynerchuk ✔
@garyvee

@garyvee (Gary Vaynerchuck)

3,1 Mio. Follower

Pumpt gern seine VeeFriends, ist aber ein echter Kenner

»**Mein bei weitem größter Erfolg** war, mithilfe von NFTs die VeeFriends als geistiges Eigentum zu etablieren und etwas zu schaffen, das ich für den Rest meines Lebens ausbauen kann. Dazu kommen zwei weitere Erfolge: 1) meine Sammlerlust umzusetzen (und dabei früh CryptoPunks zu kaufen) und 2) eine großartige Community von VeeFriends aufzubauen, die gemeinsame Interessen teilt.«

Mein größter Fehler: »Ich war begeistert von einigen Projekten, bei denen mir die Kunst gefallen hat, die sich möglicherweise aber nicht als gute Investitionen erweisen werden. Weil ich die Kunst oder die Menschen hinter der Kunst liebte, sind es immer noch Nice-to-haves. Aber als Sammler habe ich gekauft und Fehler gemacht wie jeder andere.«

Mein wichtigster Rat: »Was ich das ganze Jahr 2021 über gesagt habe: Gib kein Geld aus, dessen Verlust du dir nicht leisten kannst. NFTs als Technologie werden Bestand haben, aber 99 Prozent aller Einzel-NFTs werden irgendwann wertlos sein. Das 1 Prozent, das es schafft, wird die »Amazon«- und »eBay«-Aktie im NFT-Land sein. Das bedeutet nicht, dass NFTs eine Modeerscheinung sind. Es ist die Realität eines Marktes, der kurzfristig beim Wiederverkaufswert explodiert. 1999 verloren zum Beispiel viele Menschen beim Daytrading von Internetaktien Geld, aber das bedeutete nicht, dass das Internet verschwand.

An NFTs als ›Makro‹-Bewegung glaube ich zu 100 Prozent. Allerdings möchte ich jeden, der kurzfristig kauft und verkauft, daran erinnern, sehr umsichtig und sehr wählerisch zu sein. Goldrausch endet für viele schlecht.«

Warum Menschen mir folgen: *»Ich denke, ich besitze Glaubwürdigkeit, weil ich in der Vergangenheit technologische Umbrüche richtig einschätzte. Allmählich verstehen die Leute auch, was ich damit meine, dass 99 Prozent der NFT-Projekte scheitern werden, die Technologie als Ganzes aber bleiben wird. Mein Ruf zählt. Ich spreche über Dinge, an die ich glaube, ich rate nicht. Das werde ich auch weiterhin tun.«*

KEVIN ROSE (🪹 , 🦉) ✔️
@kevinrose

@kevinrose

1,6 Mio. Follower

Schwergewicht der Branche: Entrepreneur, Risikoinvestor, Sammler und Host wichtiger Podcasts (PROOF.xyz und Modern Finance)

Mein größter NFT-Erfolg: »Das hängt davon ab, was du als Erfolg betrachtest. Da sind die Beziehungen, die ich zu großartigen Künstler geknüpft habe, wie Derek Edwards Schloss, Snowfro oder Tyler Hobbs. Das ist bei weitem am wertvollsten für mich. Als Sammler habe ich ein paar Stücke lukrativ verkauft, aber nicht die Sachen, die mir wirklich etwas bedeuten. Tyler Hobbs konnte ich überzeugen, ein 1/1 [Unikat] für mich zu prägen, eins von nur vier oder fünf 1/1, die er gemacht hat. Dieses Stück ist etwas ganz Besonderes und ich bin sehr stolz darauf. Das ist im Grunde mein größter Erfolg.«

Mein größter Fehler: »Eine schwierige Frage. Ich habe immer schon gesammelt, was mich visuell anzieht, statt einfach alles zu kaufen. Also habe ich das ganze Bored-Apes-Ding verpasst. Das war einfach nicht mein Stil. Ein Freund von mir hat 15 Bored Apes gemintet und mir einen geschenkt. Er sagte: ›Ah, das ist cool, du musst einen haben.‹
Meine Wallet soll nicht einfach nur eine Art Indexfonds finanziell erfolgreicher NFTs sein. Wenn Menschen sie sehen, sollten sie sagen, sie zeige, was mich anzieht. Außerdem blicke ich ohnehin nicht ständig zurück und bereue, etwas verpasst zu haben. Ich bereue nichts, weil ich keines dieser Dinge brauche, um glücklich zu sein. Und ich möchte auch andere Menschen anfeuern, das zu kaufen, was sie lieben.«

Mein wichtigster Rat: *»Das sind zwei. Erstens, niemals mehr zu investieren, als du verlieren kannst. Zweitens, Dinge zu kaufen, die du liebst. Ich habe großes Vertrauen in die langfristige Lebensfähigkeit von NFTs, aber wie bei allen Investments musst du es dir leisten können abzuwarten. Sonst gerätst du in Schwierigkeiten, sobald die Kurse fallen. Das passiert in allen Branchen. Gerade haben wir eine Zeit, in der Menschen aus verschiedenen Gründen in Schwierigkeiten geraten. Sie lecken ihre Wunden und stoßen ihre NFTs mit Verlust ab. Das bedeutet aber nicht, dass mit NFTs oder ihrer Technologie etwas nicht stimmt. Es liegt an äußeren Umständen. Wenn du gezwungen bist, in so einer Situation zu verkaufen, und es geht wieder aufwärts, kannst du dir deine früheren NFTs womöglich nicht mehr leisten. Und das ist dann wirklich verrückt.«*

Warum Menschen mir folgen: *»Ich denke, weil sie wissen, dass ich etwas vorstelle, weil es mich wirklich begeistert. Es ist völlig o. k., wenn Menschen mit NFTs Geld machen wollen, aber ich bin eher der Sammler, der langfristig orientiert ist und die nächsten fünf, sieben oder zehn Jahre im Blick hat. Ich hoffe, dass die Menschen, die mir folgen, nicht nur an Cash denken, sondern schätzen, was wir bei PROOF aufbauen, und dass wir am Beginn einer neuen Branche stehen.«*

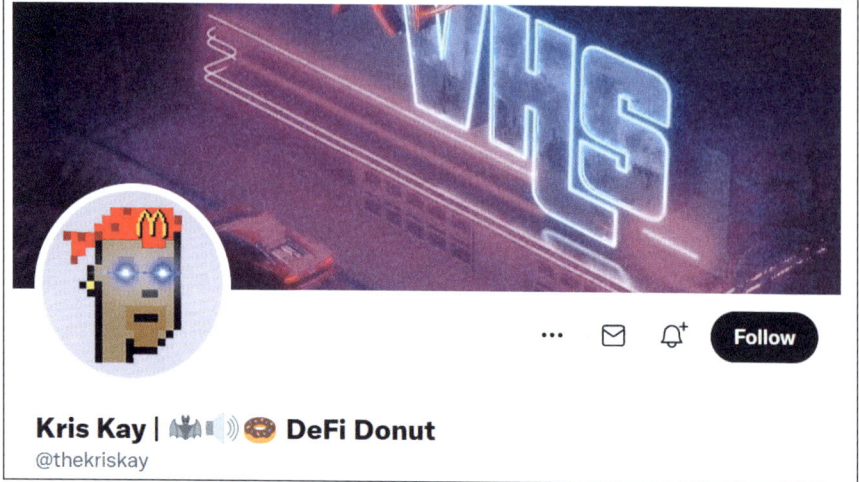

Kris Kay | 🦇🔊🍩 DeFi Donut
@thekriskay

@defidonut (Kris Kay) 43.000 Follower Kenntnisreicher und vertrauenswürdiger DeFi-Spezialist	**»Mein größter finanzieller Erfolg** war, an Tag eins des Decentral Games ICE Poker Mint da zu sein und das Glück zu haben, einige Wearables für 0,1 Ether zu ergattern, deren Preis danach auf bis zu 4 bis 7 Ether pro Stück stieg.« **Was ich am meisten bedaure:** »Dass ich nicht der Regel ›Kauf zwei, verkauf eins‹ gefolgt bin, als ich im Februar 2021 einen CryptoPunk für 7 Ether ergatterte.« **Mein wichtigster Rat:** »Beachte, dass 99 Prozent deiner NFTs und anderen Projekte irgendwann komplett bedeutungslos werden. Es gibt einfach zu viel Sättigung. Scheu dich daher nicht, Gewinne mitzunehmen, und halte an dem 1 Prozent fest.« **»Ich denke, die Menschen folgen mir, weil** ich Dinge erkläre, ohne sie einzuschüchtern. Ich will sicherstellen, dass jeder an diesem großartigen Space teilhaben, ihn verstehen und dazulernen kann.«

gmoney.eth ✓
@gmoneyNFT

@gmoneyNFT 290.000 Follower »Whale« und OG in der NFT-Branche; Sammler und Vordenker	*»Finanziell gesehen sind Chromie Squiggles wahrscheinlich **mein größter Erfolg** bei NFTs.«* ***»Mein größter Fehler** war, nicht mehr CryptoPunks zu kaufen, als ich Gelegenheit dazu hatte.«* ***»Mein wichtigster Ratschlag** lautet, kaufe nicht mehr, als du dir zu verlieren leisten kannst.«* *»Ich vermute, **Menschen folgen meinen NFT-Inhalten**, weil sie meinen Standpunkt mögen. Du könntest diese Frage wahrscheinlich besser beantworten als ich! Lol.«*

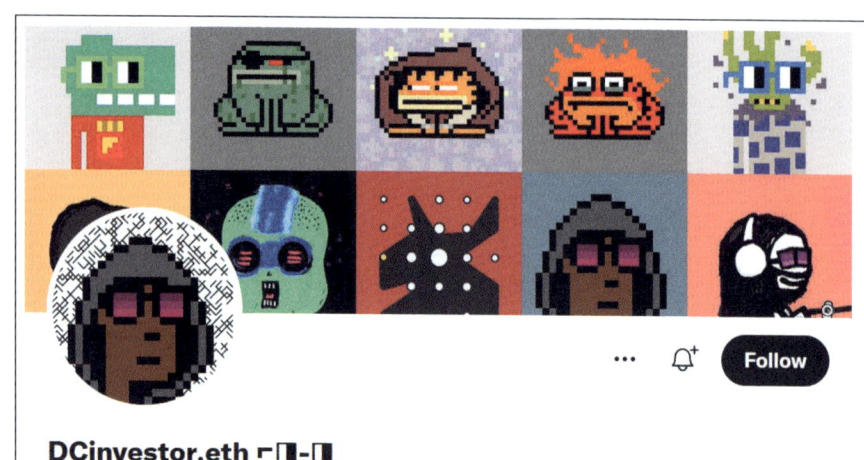

DCinvestor.eth ⌐◨-◧
@iamDCinvestor

@iamDCinvestor (DC Investor)

209.000 Follower

Investor und bedeutender Sammler, der kein Blatt vor den Mund nimmt.

Mein größter Erfolg: *»Ich hatte das Glück, generative Kunst und Art Blocks zu entdecken, kurz bevor alles im Januar/Februar 2021 losging. Ich schrieb eine Arbeit über die kulturelle Herkunft von Künstlern und Werken in diesem faszinierenden Bereich und erkannte, dass ich so viele Stücke wie möglich aus Serien sammeln sollte, von denen ich glaubte, dass sie eines Tages ›historisch‹ sein würden.« [Zur Sammlung von DC Investor vgl. die Details im Kapitel »STARS«/Sammler.]*

Mein größter Fehler: *»Ich habe meinen Einsatz bei Serien wie Fidenza nicht früh genug verdoppelt. Ich habe zwar immer noch eine bemerkenswerte Sammlung, zögerte aber wegen des raschen Preisanstiegs. Gelernt habe ich, dass man bei erkennbar langfristigen Werten dranbleiben sollte, auch wenn sie ungewöhnlich hoch gehandelt werden.«*

Mein wichtigster Rat: *»Ich habe das Gefühl, dass heute zu viele Sammler die Utility überbewerten und sich dabei auf Annahmen über das Management von Projekten verlassen. Das ist ein Risiko, auch wenn einige Utility-NFTs sich als revolutionär und langfristig wichtig erweisen könnten. NFTs mit kulturellem und künstlerischem Wert dagegen müssen nicht vom Künstler aktiv gestützt werden. Tut er das, umso besser. Unter Risiko-Gesichtspunkten halte ich deshalb bedeutsame Kunst für das bessere Investment, und das spiegelt sich in meiner Sammlung.«*

Warum Menschen mir folgen: »*Ich bin mir nicht sicher, da müsstest du sie fragen. Ich vermute, es hat damit zu tun, dass ich meine ungeschminkte Meinung zu vielen Aspekten von den Grundlagen der Kryptowährungen und Dezentralisierung bis zu NFT-Kunst und -Communitys teile. Ich bin unabhängig und bediene nicht irgendwelche Interessen. Das scheint im Krypto-Space eine Ausnahme zu sein.*«

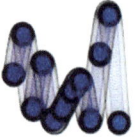

Justin Trimble
@justintrimble

@justintrimble

71.000 Follower

Neben Erick Snow-fro einer derjeni-gen, der Generative Art am meisten vorantreibt. Bei ihm bekommst du immer interessante Erkenntnisse.

Meine größten Erfolge: »[Crypto]Punks claimen; vom ersten Tag an Tonnen von Art-Blocks-Werken zu minten; Werke von Beeple für einen Ether zu kaufen; XCOPY zu sammeln. Ich kann gar nicht alles aufzählen. Hauptsächlich früh dran sein und Tag und Nacht im Punks-Discord abzutauchen, weil es so viel Spaß macht.«

Mein größter Fehler: »Es gibt nicht viel, das ich bedaure. Vielleicht, meine B20 [eine Kryptowährung] nicht verkauft zu haben, als sie bei 25 Dollar standen.«

»Mein bester Rat ist, selbst zu denken und nicht zu gierig zu sein. Hat sich dein Einsatz vertausendfacht, warte nicht auf eine weitere Verdoppelung, wenn der Gewinn bereits hoch genug ist, um dein Leben zu verändern.«

»Die meisten Follower habe ich mit Tweets über die Moon-Cats und ihre Wiederentdeckung gewonnen. Ich twittere über das, woran ich interessiert bin, nämlich Spitzentechnologie. Wenn das bei den Menschen ankommt, ist das großartig.«

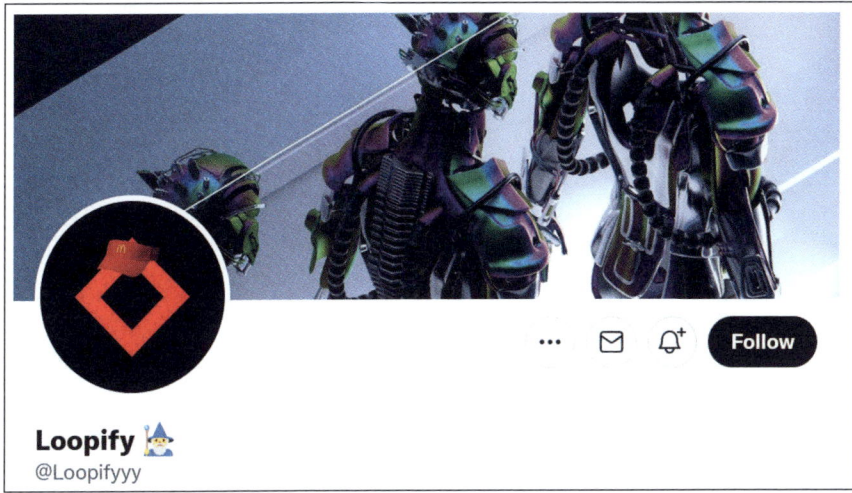

Loopify 🧙

@Loopifyyy

@Loopifyyy	»**Mein größter Erfolg** als Gründer war der der Launch von Treeverse [ein Game] mit fast 100 Millionen Dollar Umsatz durch Sekundärverkäufe. Als Investor war es ein Nifty Gateway Flip von 6.600 Dollar zu 660.000 Dollar, coolerweise an meinem Geburtstag. Das hat meinen Glauben an NFTs weiter gefestigt. Seitdem habe ich viele große Flips gemacht, aber der erste war der wichtigste, mit dem alles begann.«

195.000 Follower

Sehr kenntnisreich. Besonders lesenswert: Sein Thread »How to get rich in NFTs (without getting lucky).«

»**Ich habe Fehler gemacht**, die zu sechsstelligen Verlusten führten und achtstellige potenzielle Gewinne verpasst, beispielsweise beim Verkauf der 40 von mir geminteten Bored Apes. Aber ich habe aufgehört, Dinge zu bereuen, die nicht mehr zu ändern sind. Du wirst immer etwas verpassen. Diese Denkweise ist entscheidend, wenn du im Space überleben willst.«

»**Mein Rat:** Einfach gesagt, Time in the market beats timing the market.[91] Sich dauerhaft mit NFTs beschäftigen und jeden Tag dazulernen.«

»**Warum Menschen mir folgen:** »Ich habe meinen Twitter-Account zu NFTs gestartet, als noch niemand darüber sprach. Buchstäblich keiner. Also habe ich selbst begonnen, darüber zu schreiben.«

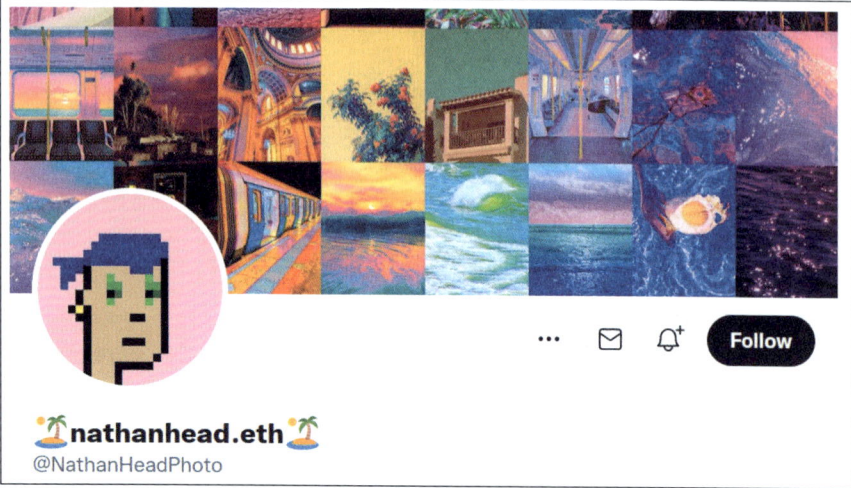

@nathanhead

108.000 Follower

Foto-Künstler, der intensiv zu »all things NFT and DeFi« twittert.

»Mein größter Erfolg im NFT-Bereich war der Verkauf meiner Fotos als NFTs. Dadurch konnte ich meinen Lebensunterhalt finanzieren und auch in NFTs wie CryptoPunks, BAYC, Otherside etc. investieren.«

»Mein größter Fehler war, die RTFKT Punk-Schuhe nicht für 1 Ether zu kaufen, als sie letztes Jahr herauskamen. Ich hätte so viele zusätzliche RTFKT- und CLONE X-NFTs bekommen können, wenn ich sie gekauft und gehalten hätte.«

»Mein Rat: Investiere NIEMALS über deine Verhältnisse. Lege immer eine vernünftige Summe Fiat zur Seite, damit du komfortabel leben kannst und auch dann klarkommst, wenn alle Investments auf null gehen.«

»Ich denke, es gibt verschiedene Gründe, **warum Menschen mir folgen***. Einige tun das wegen meiner Fotografie, einige wegen meiner Einschätzungen zu NFT-Themen und einige, um die letzten Neuigkeiten aus dem NFT-Bereich mitzubekommen!«*

warrenhimself ⌐◨-◧ 🎟️
@nullinger

@nullinger (Mike Hager, also meine Wenigkeit 😉)

25.000 Follower

Ich versuche, so vielen Menschen wie möglich eine Orientierung im NFT-Space zu geben und NFTs mit meinem Content der breiten Masse zugänglich zu machen, jetzt, wo es im deutschsprachigen Raum noch kaum jemand macht.

Mein größter Erfolg: »Neben dem Fakt, dass ich zehn Bored Apes gemintet und nie verkauft habe, empfinde ich es als meinen größten Erfolg, dass ich inzwischen zigtausend Menschen weltweit das Thema NFT näherbringen konnte. Damit sind diese Menschen fit für das, was in diesem Bereich auf uns zukommt. Erfolgreiche Business-Ideen wurden entwickelt und umgesetzt, und ich hoffe, dass ich somit derjenige war, der ihnen geholfen hat, einen wichtigen Grundstein für eine sichere Zukunft, auch finanziell, zu legen.«

Mein größter Fehler: »Ich habe viel zu spät meine NFTs mit einem Ledger gesichert, als ich schon riesige Werte in der Wallet hatte und als ich noch unwissend genug gewesen wäre, auf einen schlauen Scam hereinzufallen. Da hätte einiges schief gehen können und davon würde ich jedem Anfänger abraten. Ich rate jedem dazu, so früh wie möglich und so schnell wie möglich eine Hardware-Wallet zu benutzen und so die eigenen NFTs und Kryptowährungen zu sichern.«

Mein wichtigster Rat: »Gleich mehrere: Verwende nur Geld, das du dir leisten kannst zu verlieren, kaufe nur NFTs, die dir so gut gefallen, dass es dir auch egal wäre, wenn sie irgendwann wertlos würden, sichere deine NFTs so früh wie möglich und so gut wie möglich mit einer Hardware-Wallet, und wenn einige deiner Assets so stark gestiegen sind, dass ein Verkauf lebensverändernd für dich wäre, dann nimm ruhig auch mal Gewinne mit. An mitgenommenen Gewinnen ist noch keiner gestorben.«

Warum Menschen mir folgen: »Ich denke, die Menschen sehen, dass ich immer offen und ehrlich nur über Sachen positiv berichte, die ich auch selbst gekauft habe und die ich in der Regel auch nicht wieder verkaufe. Das schafft Vertrauen. Darüber hinaus gehe ich sehr freigiebig mit meinem Wissen um und teile sehr vieles davon in meinem YouTube-Kanal und bei Twitter kostenfrei, weil ich den Menschen wirklich helfen möchte, sich in dieser schönen neuen Welt einfach und sicher zurechtzufinden. Und durch meine guten Kontakte in der Szene, gemischt mit meinem Investment-Bauchgefühl, ›erschnüffle‹ ich immer wieder mal die eine oder andere NFT-Trüffel, wovon meine Follower profitieren.«

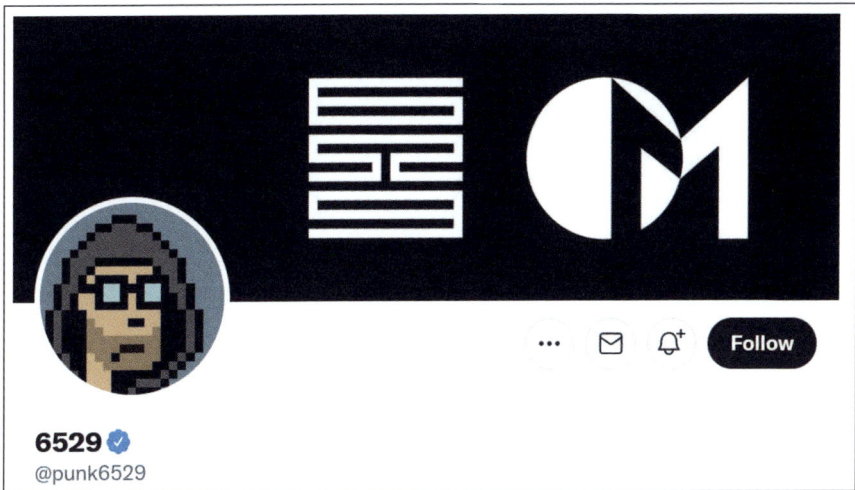

6529 ✔
@punk6529

@punk6529	»**Mein größter Erfolg:** zu verstehen, dass NFTs die Basis-Architektur eines offenen Metaverse sein können.«
406.000 Follower	»**Was ich bedaure?** Gar nichts.«
Fundierter Kenner der NFT-Szene, Web3-Enthusiast, der keine eigenen Projekte shillt.	»**Mein wichtigster Rat:** Nimm dir viel Zeit zu lernen und zu experimentieren. Es gibt keinen Grund, hektisch einzusteigen und viel Geld auszugeben.«
	»**Warum Menschen mir folgen:** Ich denke, weil sie mehr über NFTs lernen wollen, aber auch über Krypto-Werte im Allgemeinen und wie sie in unsere Welt passen.«

Natürlich kann eine solche Auflistung niemals erschöpfend sein. Die Zahl der Akteure im NFT-Space wächst stetig, und damit tauchen immer wieder neue Sterne am Influencer-Himmel auf. Es lohnt sich in jedem Fall auch ein Blick in die Twitter-Accounts folgender NFTler:

@DeezeFi (240.000 Follower)
Fair und kritisch. Setzt stark auf Fraktionalisierung bzw. Fractional Art. Zugleich Sammler.

@dingalingts (140.000 Follower)
Zugleich potenter Sammler

@hunterorrell (98.000 Follower)
Sehr aktiv in der Szene und lange dabei

@KeyboardMonkey3 (161.000 Follower)
Kryptoinvestor und Flipper

@pranksy (434.000 Follower)
Bekannter NFT-Investor und Sammler, Idol aller Flipper

@punk4156 (151.000 Follower)
Sammler und Initiator des Nouns Projekts mit DAO

@punk9059 (NFTstatistics.eth) (60.000 Follower)
Director of Research bei PROOF.xyz, Experte für Zahlen und Statistiken

@Zeneca_33 (306.000 Follower)
Sammler, Art Blocks-Experte, postet u. a. Studien und andere wertvolle Infos.

Einen viel diskutierten Star unter den Influencern möchte ich dir abschließend im Porträt vorstellen: Farokh, mit 320.000 Followern ebenfalls eine wichtige Größe und ein absoluter Social-Media-Profi.

Porträt Farokh

»They're gonna be writing about people like us in art history books!«[92]

* 1994

https://twitter.com/farokh
https://www.instagram.com/farokh/
https://www.joinclubhouse.com/@farokh

Abbildung: Courtesy of Farokh

Ob man später wirklich in Büchern zur Kunstgeschichte über Farokh schreiben wird, muss die Zeit zeigen. Überhaupt ist der umtriebige Influencer Farokh Sarmad (der sich wie Leonardo auf seinen Vornamen beschränkt) immer für eine Kontroverse gut. In den sozialen Medien hagelt es regelmäßig Angriffe, so viele, dass ein Teil der Twittergemeinde sich im August 2022 mit ironischen Posts unter #blamefarokh und #farokhsfault zu seiner Verteidigung aufschwang. Danach ist Farokh an allem schuld – dass das Eis schmilzt oder der Hausschlüssel vergessen wurde, an der eigenen Scheidung und Frust auf der Arbeit, ja sogar am Untergang der Titanic.[93] Was steckt dahinter?

Vielleicht ist Farokh einfach zu erfolgreich. Schon mit 18 stieg er ins Marketingbusiness ein und etablierte Instagram als wichtigen Werbekanal. Dort folgen ihm auf verschiedenen Kanälen angeblich mehr als 13 Millionen Menschen.[94] Auf seinem eigenen Account sind es 232.000, bei Twitter 312.000. Rug Radio, ein von Farokh gegründeter dezentraler Web3-Sender, hat dagegen mit knapp 1.200 Abonnenten noch Nachholbedarf.[95] Seine erfolgreiche Marketingagentur Goodlife Media & Communications gründete er dafür in einem Alter, in dem andere über Work & Travel nachdenken (oder zu Hause ein Jahr auf der Couch vergammeln). Als er 2021 bei Clubhouse das Thema NFTs besetzte, füllte sich sein Raum mit Szeneprominenten und zog bis zu

6.000 Teilnehmer an.[96] Und wenn man dann noch auf OpenSea eigene Baby-
fotos verticekt und damit über 60 Ether umsetzt, kann der eine oder andere
schon mal neidisch werden. Auch wenn Baby-Farokh zugegebenermaßen
recht niedlich war.[97]

Farokh ist gut vernetzt in der NFT-Szene. Er ist begeisterter Verfechter der
Technologie, auch wenn er die Preise, die im Boom-Jahr 2021 gezahlt wurden, für teilweise überzogen hält: »It went up too fast.«[98] Den Wert seiner NFT-
Sammlung schätzt nftfolio.io auch nach den Preiseinbrüchen 2022 auf über
400.000 Dollar. Auf seinem Twitter-Kanal promoted er eigene Projekte wie
Rug Radio und kommentiert wichtige Ereignisse in der Szene, immer positiv,
immer sonnig. Ich kann das nicht schädlich finden, wie manche, die ihm »toxi-
sche Positivität« und das Pushen (»Shillen«, wie NFTler sagen) von Projekten
mit finanziellem Eigeninteresse unterstellen.[99] Es hat noch nie geschadet, den
eigenen Kopf einzuschalten, statt blind jemand anderem zu folgen!

Viele Follower, manche Feinde: Farokh (Twitter-Account)

3 Fragen an Farokh

NFTs sind für mich
... eine Technologie, die es Kreativen, Kuratoren, Unternehmern und anderen Schaffenden ermöglicht, basierend auf dem Internet, wie wir es heute kennen, Plattformen zu bauen. Die Blockchain ist nur eine weitere, höhere Ebene des Internets. Web3 ersetzt Web2 nicht, sondern verbessert es. Wir integrieren die Web3-Komponente in Form von handelbaren Tokens in Web2-Virtual-Reality-Welten und schaffen so Möglichkeiten für Einkünfte und Mitbestimmung sowie eine Transparenz, die es im Web2 nicht gibt.

Mein Tipp an alle, die in die NFT-Szene einsteigen wollen
... investiere Zeit und lerne. Es ist nicht einfach, aber auch nicht wirklich kompliziert. Beschäftige dich mit der Technologie und ihren Möglichkeiten, statt aufgeregt dem Trend des Monats zu folgen. Die Technologie läuft dir nicht weg, es gibt keinen Grund zur Hektik. Geh es locker an und lern dazu.

Meinen Kritikern würde ich gern einmal sagen
»Hör zu, ich bin hier, um zu bleiben, und ich werde diese Welt zu einem besseren Ort machen. Du kannst dich mir bei meiner Mission entweder anschließen oder mir von der Seitenlinie aus zusehen, aber du wirst mich niemals aufhalten – das ist sicher.«

STORYS

Erstaunliches und Kurioses

Adidas goes NFT und Wölfe
erobern die Blockchain

———————————— Die NFT-Welt bringt alles mit, was man für einen Hollywood-Blockbuster braucht: strahlende Helden und dubiose Projekte, märchenhafte Erfolge und bittere Abstürze, glänzende Geschäftsideen und peinliche Rohrkrepierer. Solchen Storys gehe ich auf den folgenden Seiten nach. Ich hoffe, du wirst dich dabei gut unterhalten, etwa wenn es darum geht, wie eine Traditionsfirma wie Adidas ins Metaverse einsteigt. Oder darum, wie ein NFT-Filmprojekt trotz Beteiligung internationaler Stars am Ende floppt. All diese Geschichten sind kein Selbstzweck. Sie helfen dir, NFTs und ihre Erfolgskriterien (noch) besser zu verstehen. Dazu verknüpfe ich konkrete Ereignisse mit grundsätzlichen Hinweisen. Wer selbst ein NFT-Projekt starten will, findet so Musterbeispiele und Anregungen fürs Marketing (etwa im Kapitel über Utilitys). Und wer investieren will, sollte unbedingt einen Blick auf die dunkle Seite des NFT-Space werfen – auf Scammer (Betrüger) und ihre immer ausgeklügelteren Tricks. Spannung verspreche ich dir auch mit dem Kapitel über Games, die durch NFTs in ein neues Zeitalter selbstbestimmterer Spieler starten. Dank Blockchain-Games sind die Zeiten vorbei, in denen Spielehersteller deine hart erspielte In-Game-Ausrüstung von heute auf morgen entwerten konnten. Doch beginnen wir mit der spektakulärsten Erfolgsgeschichte, die sicher irgendwann verfilmt werden wird ...

Die 5 beeindruckendsten NFT-Unternehmensgeschichten von Adidas bis Yuga Labs

Ehre, wem Ehre gebührt. Beginnen wir mit einer Firma, die im Februar 2021 gegründet wurde, im April 2021 ihr erstes Projekt lancierte und deren Wert nur ein Jahr später auf sagenhafte 4 Milliarden Dollar geschätzt wurde[100]: Yuga Labs.

1. Yuga Labs: Auf dem Weg zum Biggest Winner

Stell dir für einen Moment vor, du wärst bei der örtlichen Sparkasse für Unternehmensfinanzierung zuständig. Eines Tages tauchen vier junge Typen in Jeans und T-Shirt bei dir auf, die sich »Gargamel«, »Gordon Goner«, »Emperor Tomato Ketchup« und »No Sass« nennen. Ihre Gesichter verbergen sie hinter merkwürdigen Affenmasken. Der Businessplan: 10.000 digital generierte »dope apes« an den Start zu bringen – was man je nach Lesart als »bekiffte« oder »coole« Affen übersetzen könnte. Diese fiktiven Affen sind angeblich mit NFTs superreich geworden und hängen nun gelangweilt irgendwo im Sumpf herum, genauer gesagt im Bored Ape Yacht Club (BAYC). Wer Mitglied im Club werden will, braucht ein Bored Ape NFT.[101] Vermutlich würdest du keinen Cent auf diesen Wahnsinn setzen. Doch inzwischen hat Yuga Labs, so der Firmenname der Vierergang, die bekannteste und wertvollste Marke im NFT-Space geschaffen. Ein Porträt der Hauptgründer Gordon Goner und Gargamel, die sich später noch zwei Mitstreiter suchten, findest du am Ende dieses Kapitels.

Der BAYC war erfolgreich ohne Marktforschung, ohne Werbekampagne, ohne Talkshow-Auftritte und andere PR-Maßnahmen, wie Marketingexperten erstaunt feststellen, einfach durch die Kraft einer globalen begeisterten Community.[102] Glücklicherweise gehöre ich selbst dazu. Ich mintete am 1. Mai 2021 zehn der Affen, jeden einzelnen zum von Yuga Labs festgelegten Spottpreis von 0,08 Ether (damals rund 200 Euro). Und heute? Selbst in der momentanen Kryptoflaute beträgt der Floor Price für die Bored Apes 84 Ether.

Zum aktuellen (niedrigen) Etherkurs von 1.750 Euro sind das immer noch knapp 150.000 Euro.[103] Zwischenzeitlich wurde für die Affen ein Vielfaches geboten. Der (in Ether) teuerste Bored Ape wechselte am 30. Januar 2022 für 1.080,69 Ether (damals »nur« 2,85 Millionen Dollar) den Besitzer.[104]

Website des Bored Ape Yacht Clubs (https://boredapeyachtclub.com)

Was ist das Geheimnis dieses Mega-Erfolgs? Es kommt einiges zusammen:

- Die Affen selbst sind einzigartig, unverwechselbar, cool. Man liebt sie eben, oder man hasst sie. Viele mögen neben dem Look vor allem den rotzigen Humor des Projekts, etwa wenn der erste Meilenstein der BAYC-Roadmap lautet »We pay back our moms«.[105]
- Die Clubmitgliedschaft im BAYC ist eine clevere Utility, die auf klassische Marketingprinzipien wie Exklusivität und Zugehörigkeit setzt. Potenzielle 10.000 Mitglieder (Fans) sind zahlreich genug, um eine

Welle in den sozialen Medien zu erzeugen, und wenig genug, um den Besitz eines Bored Ape zur exklusiven »Rolex« im NFT-Space zu machen, die man in Discords oder auf Twitter stolz vorzeigt.

- Zu den Fans der Bored Apes zählen coole Promis von Neymar über Eminem bis Gary Vee, was die Begehrlichkeit der Affen weiter steigert.

- Laufende Aktionen halten die Spannung auf einem hohen Level. Der BAYC wird nie langweilig, und Member genießen enorme Vorteile. Das ist übrigens eine generelle Strategie im NFT-Space: die belohnen, die früh mit dabei waren. Schon bald nach Erscheinen der Affen (im Juni 2021) gab es für jeden BA-Besitzer einen Hund (»Kennel«) kostenlos dazu, denn im Sumpf kann es ziemlich einsam sein.[106] Im August 2021 entstand der Mutant Ape Club mit 10.000 möglichen Mints und zusätzlich 10.000 kostenlosen »Seren«, mit denen BA-Besitzer aus ihrem Affen einen zweiten, »mutierten« erzeugen konnten. Das seltenste und teuerste dieser Seren (das nur achtfach vorhandene »Mega-Mutant M3-Serum«) brachte im Verkauf bis zu 1.542,069 Ether (über 5,9 Millionen Dollar).[107] Auch die Kennels wurden und werden zu hohen Preisen gehandelt.

- Wer einen Bored Ape besitzt, erwirbt damit auch die Verwertungsrechte an der Figur. Er kann T-Shirts damit bedrucken, Streetwear entwerfen, Burger-Läden damit vermarkten oder wie Timbaland eine Musikproduktion gründen, in der Bored-Ape-Avatare auftreten. Auch alles andere passiert längst. Ich selbst bin sogar unter die Bierbrauer gegangen und habe eine Lifestyle-Marke namens 10APES gegründet: Ab Frühjahr 2023 gibt es das »10APES Bored Beer« in zehn äußerst dekorativen Dosen im Handel. Geplant sind mit dieser Marke noch viele andere, vor allem auch nichtalkoholische Getränke. Auch durch solche Aktionen bleiben die Bored Apes permanent im Gespräch und der Hype flaut nicht ab.[108] Nebenbei verkörpert diese Offenheit den Community-Gedanken des Web3 und verschafft Sympathiepunkte.

Markenbildung mit dem BAYC: 10APES Bored Beer (Foto: Stefan Bösl)

Die verschworene BAYC-Community, die über Twitter und Discord eifrig kommuniziert, trifft sich inzwischen auch im »Real Life«, beim Ape Fest in New York City, was wiederum weltweit für Schlagzeilen sorgt.[109] Bei Twitter hat der BAYC übrigens inzwischen über eine Million Follower, ein Meilenstein, der mit einem großen Twitter Spaces mit Tausenden Fans gefeiert wurde. Der Discord zählt knapp 170.000 Mitglieder, also ein Vielfaches der BA-Besitzer.

Yuga Labs hat sich aufgrund seiner Geschäftsaktivitäten von der »Bored Ape-Firma« zum beherrschenden Unternehmen im NFT-Space entwickelt, vergleichbar mit anderen Digitalgiganten wie Google oder Meta. Meilensteine der Geschäftsentwicklung sind der Erwerb der CryptoPunks und Meebits von Larva Labs (im April 2022) – womit die Marken 1 und 2 des PFP-Universums in einer Hand waren – und last but not least die Entwicklung eines eigenen Metaverse namens »Otherside«.

Aus dem official »Otherside Trailer« von Yuga Labs

Die Pitch-Präsentation, mit der Yuga Labs namhafte Investoren von seiner Metaverse-Vision überzeugte, wurde im März 2022 »geleaked«, sicher nicht unfreiwillig, denn Yuga Labs bietet Eigenwerbung vom Feinsten.[110] Geplant ist nicht irgendein Metaverse, sondern DAS Metaverse, das die digitalen Welten der Mitbewerber überflüssig machen soll. Diese seien schlicht »boring«. Auf der Agenda der Bored-Ape-Erfinder steht ein »interoperable gaming metaverse«

> **Yuga Labs kann keine Spiele?**
>
> *Yuga Labs startete mit »Trips« für Otherdeed-Landbesitzer ins Metaverse. Wer bei diesen Reisen (insgesamt elf) mitmachte, erhielt Abzeichen. Wer überall mit dabei war, durfte auf einen rätselhaften »Obelisken« hoffen. Tausende waren dabei und schufen gemeinsam beeindruckende digitale Szenen, die all jene Lügen straften, die meinten, »Die bei Yuga Labs können doch keine Spiele!«. Auf meinem YouTube-Kanal findest du ein Video dazu (»Die Wahrheit über Bored Ape Yacht Clubs Otherdeed NFT ...«).*

– eine Plattform, auf der nicht nur Land (»Otherdeed«) zum Verkauf steht, sondern auch die nächste Generation der PFPs an den Start geht: 10.000 mysteriöse »Kodas«, Himmelswesen, die das Universum vorantreiben und sicher für jede Menge Action sorgen werden. Bored-Ape-Besitzer bekamen Land geschenkt (30.000 Grundstücke), weitere 70.000 gingen in den Verkauf. Käufer erhielten eine individuell gestaltete Parzelle, ein Stück buntes Fantasieland, auf der mit Glück ein Koda wohnte (was die Preise auf dem Zweitmarkt gleich auf rund 20 Ether steigen ließ). Zugleich wird Otherside Spieleentwicklern eine Verkaufsplattform bieten, auf der auch Ingame-Tools gehandelt werden können. Bezahlt wird in dieser Welt mit einem eigenen Token, der ApeCoin heißt (Wie auch sonst?) und im März 2022 an den Start ging. Wer sich einen Eindruck von der Otherside-Welt machen will, sieht sich am besten das Promotion-Video dazu an, wie inzwischen viele Hundertausende andere.[111]

Die Zeit wird zeigen, ob sich Yuga Labs' ehrgeiziger Businessplan einlösen lässt, der Investoren in der Pitch-Präsentation für 2022 einen Gewinn von rund 530 Millionen Dollar prognostizierte. Klar ist jedenfalls, dass sich aus dem Bored-Ape-Projekt einer Vierer-Gang längst ein Global Player im Digitalmarkt entwickelt hat, der auf zentrale Metaverse-Fragen nach dem Was und Wozu die bisher schlüssigste Antwort gegeben hat. Warum das ein großer Erfolg werden könnte? Weil Yuga Labs alles hat, was es dafür braucht: eine attraktive Marke, ein Händchen für Storys, eine prall gefüllte Kriegskasse, eine begeisterte Community, die bereits im Web3 zu Hause ist und keine Scheu vor Kryptowährungen hat. Und nicht zuletzt eine ambitionierte Business-Strategie, die keinerlei Anzeichen erkennen lässt, sich auf den bereits gewonnenen Lorbeeren auszuruhen (vgl. Abbildung).

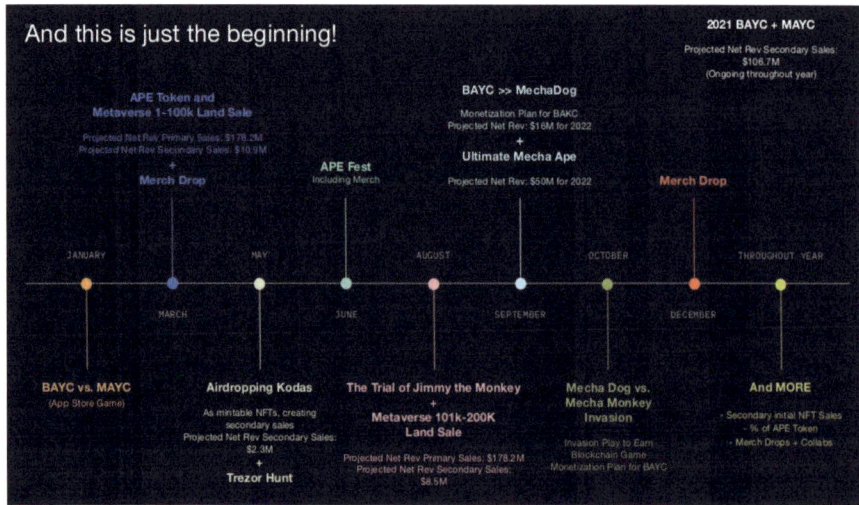

Yuga-Labs-Planung für 2022 (aus: https://bestpitchdeck.com/yuga-labs)

Porträt Wylie Aronow & Greg Solano (Yuga Labs)

»We had no idea how big this would become«[112]

Die Bored Ape Alter Egos von Wylie Aronov alias Gordon Goner (links) und Greg Solano alias Gargamel (rechts)

* 1987 (Wylie) und 1990 (Greg)

https://boredapeyachtclub.com/#/
https://www.yuga.com/
https://twitter.com/BoredApeYC
https://www.instagram.com/boredapeyachtclub/

Wylie Aronow und Greg Solano alias »Gordon Goner« und »Gargamel« haben in wenig mehr als einem Jahr ein Unternehmen aufgebaut, dessen Wert von Investoren im März 2022 auf 4 Milliarden Dollar geschätzt wurde.[113] Ihre Geschichte schreit geradezu nach einer Hollywood-Verfilmung – wobei das Drehbuch von ängstlichen Filmbossen wahrscheinlich als zu unwahrscheinlich abgelehnt würde. Die Gründer des inzwischen weltbekannten Bored Ape

Yacht Club (BAYC) trafen sich vor zehn Jahren in einer Bar in Miami, von wo sie beide stammen. Sie kamen miteinander ins Gespräch und redeten sich gleich die Köpfe heiß – nicht über Kryptofragen, sondern über Literatur. Wenn der eine (Greg) Verleger und Literaturkritiker ist und der andere (Wylie) ein Kurt-Vonnegut-Tattoo am Arm hat, ist das ziemlich naheliegend. Sie gerieten sich dabei gleich in die Haare, weil Gargamel David Foster Wallaces über 1.000 Seiten dickes Werk *Infinite Jest (Unendlicher Spaß)* hasst, während Gordon ein Fan ist. Immerhin hätten sie festgestellt, dass sie beide miteinander kreative Ideen diskutieren könnten und dabei kein Blatt vor den Mund nehmen müssten – so schildert es Greg in einem ausführlichen Podcast-Doppel-Interview, das ich jedem BAYC-Fan empfehle.[114] Damals war Wylie gerade von einer schweren Darmerkrankung genesen, die ihn die letzten zehn Jahre quasi ans Bett gefesselt hatte. Auf die Frage, was er vor den Bored Apes gemacht habe, fällt seine Antwort drastisch aus: »Nothing«. Er habe förmlich im Netz gelebt und dort Freundschaften gepflegt, weil er seine Wohnung kaum verlassen konnte. Vielleicht ist ihm und Greg deswegen der Gedanke einer digitalen Community so wichtig. Beide bezeichnen sich als Storyteller, sie seien keine Technikfreaks. Allerdings sind beide Gaming-Fans – Greg hat sogar als Co-Autor an einem Buch über »World of Warcraft« mitgearbeitet.[115] Das erklärt vielleicht ihr Talent für das Spielerische und lässt ahnen, was wir vom BAYC noch erwarten können. Auch im Interview spielt immer wieder der »Fun« beim eigenen Tun eine Rolle.

Wie es zu den Bored Apes kam? Beide haben sich seit ungefähr 2017 in den Krypto-Space vorgetastet und viel Zeit auf Twitter verbracht. Greg erstaunte die Fülle an Infos, an Coins, an Möglichkeiten. Wylie war fasziniert von Youngstern in den Zwanzigern, die bereits schwerreich waren und mitten in der Nacht auf Twitter jemandem zum Gamen suchten: »I'm bored. Who wants to play ...« CryptoKitties und CryptoPunks lenkten ihre Aufmerksamkeit auf NFTs, Wylie kaufte früh einen der ikonischen Punks, die heute zu Yuga Labs gehören. Spätestens als die HashMasks erschienen und für Wirbel sorgten, sei offensichtlich gewesen: »Holy shit – you don't have to be the most technical person in the world to do this!« Einig waren sich beide, etwas zu machen, das Gemeinschaft stiftet und einen Nutzen (eine Utility) bietet. Sie erinnerten sich an die gelangweilten »Crypto Apes« und dachten in Richtung »collaborative art«. Auf einem

Pixel Board im Yacht Club Clubhaus, wo sich jeder für 15 Minuten verewigen konnte, erschien als Erstes ein typisches Klo-Graffito – ein Penis. Und so etwas erwartet man nun mal am ehesten in einem abgerockten Club. Als der dann noch in die Everglades, einen Sumpf vor den Toren Miamis, verlegt wurde, war der Bored Ape Yacht Club mitsamt der NFT-Utility »Clubmitgliedschaft« geboren. Auf diese Weise entstand aus dem Ideen-Ping-Pong zweier netzaffiner Typen die erfolgreichste Marke im NFT-Space und meiner Einschätzung nach irgendwann auch im Meatspace. Und seit BuzzFeed die beiden Gründer im Februar 2022 enttarnte (»Doxxing« genannt), wissen wir auch, wer hinter den BA-Profile Pics von Gordon Goner und Garga steckt.

PS: Der Rat von Wylie an alle, die ein erfolgreiches Projekt aufbauen wollen: »Don't think about the floor price. Go into the wood, take some mushrooms and think about something cool you can do with the project!« Ich gebe das mal so weiter. Selbstverständlich ohne Gewehr, äh, Gewähr natürlich.

3 Fragen an Greg Solano & Wylie Aronow

NFTs sind für uns
Bei NFTs geht es uns darum, sich auszudrücken, und um Utilitys. NFTs können so viel mehr sein als etwas, das bewundert und besessen wird. Wir sehen NFTs als Eintrittskarte zu etwas Größerem – als Tor zu einer Community, zu Besitz, zum Ausdruck der eigenen Persönlichkeit und mehr.

Das Wichtigste am BAYC ist für uns
... die Community. Die Menschen sind das Lebenselixier des Clubs und sie sind es, die uns weitermachen lassen.

Was wir der BAYC-Community schon immer sagen wollten
Ihr bringt uns zum Staunen, und ohne Eure Kreativität, Euren Tatendrang und Eure Energie wären wir heute nicht da, wo wir sind. Unnötig zu sagen, dass wir die BAYC-Community lieben, auch wenn wir uns nicht auf die Aussprache des Akronyms einigen können (aber natürlich ist die einzig richtige Weise B-A-Y-C).

2. Adidas: Herzogenaurach erobert den NFT-Space

Wer hätte gedacht, dass eine vor rund 100 Jahren in der fränkischen Provinz gegründete Firma[116] einmal zu den absoluten Vorreitern im NFT-Business gehören würde? Adidas ist heute eine Weltmarke und nun auch weltweit ganz vorne im innovativen Marketing. NFT-OG gmoney war zu Recht misstrauisch, wie er mir im Interview für meine Future-of-Finance-Gruppe erzählte, als er im April 2021 bei Twitter von einem angeblichen Adidas-Mitarbeiter kontaktiert wurde. Es folgten etliche Telefonate und im Sommer schließlich eine Einladung nach Herzogenaurach zu einem Meeting mit dem Management. »Heilige Scheiße, das ist echt!«, habe er da gedacht. Warum er nicht zwischendurch in Franken angerufen hat, um sicherzustellen, dass ihn hier nicht der Adidas-Hausmeister oder sonst wer veräppelt – tja, vermutlich war im digitalen Space für solche IRL-Praktiken einfach zu viel los. Mehr über gmoney als einen der absoluten Superstars der Branche erfährst du im Porträt am Ende der Adidas-Story.

Die Partner von Adidas beim Start ins Metaverse (Ausschnitt aus dem Promotion-Video für »Into the Metaverse«)[117]

Aus der Zusammenarbeit mit gmoney wurde eine Zusammenarbeit mit den zwei anderen Top-Größen aus der NFT-Welt: BAYC und Punks Comic (Pixel Vault, siehe nächster Abschnitt). Und so viel vorweg: Diese Kooperation spülte an einem einzigen Tag 22 Millionen Euro in die Kassen von Adidas und über den 10-Prozent-Anteil der Firma an Zweitmarktverkäufen noch einmal 4.660 Ether, also fast 8 Millionen Euro. Doch der Reihe nach. Am 01.12.2021 zeichnete ich ein Video auf, in dem ich voraussagte, Adidas werde einen Bored Ape kaufen.[118] Schon am nächsten Tag war es tatsächlich so weit. Der blaue Affe #8774 namens Indigo Herz wurde in Adidas eingekleidet und trägt seitdem sämtliche Partner-Logos auf der Brust einer Sweatjacke mit den drei Streifen. Dann ging es Schlag auf Schlag:

- Am 02.12.2021 veröffentlichte Adidas das Video »Into the metaverse« (ITM), das die Kooperation publik machte.
- Für die »Phase 1« des Projekts wurden 30.000 Adidas-NFTs angekündigt, von denen ein knappes Drittel ab 17.12.2021 zum Festpreis von 0,2 Ether zu minten sein würde (damals rund 750 bis 800 Euro).
- Wer bereits die Adidas-App abonniert hatte, »POAP-« oder PROOF-of-Attendance-Protocol-Besitzer sowie Mitglieder des BAYC oder MAYC erhielten ab 14.12. darüber hinaus einen »early access«.
- Mit dem NFT verbunden war der Anspruch auf exklusive Adidas-Produkte (»Adidas Originals«): ein Hoodie mit Blockchain-Adresse und Logos, ein Trainingsanzug, wie er in den Punks Comics getragen wird, sowie die inzwischen ikonische orange Beanie-Mütze, die der CryptoPunk Ape trägt, hinter dem gmoney sein Gesicht verbirgt. Geliefert wurden diese Produkte in zwei Phasen im Mai und im November 2022. Dafür mussten NFT-Inhaber sie claimen, also die Augen für Metaverse-Infos offenhalten. Weitere Benefits und Events wurden in Aussicht gestellt, zum Beispiel die Verlosung von 50 NFTs im April 2022 (ein sogenannter Raffle).
- Bis 11.05.2022 konnten NFT-Besitzer der Phase 1 die exklusiven Merchandising-Produkte durch dessen Vernichtung (»Burnen«) bestellen. Mit dem Burnen (das Gas Fee auf OpenSea kostete), traten sie zugleich in »Phase 2« des Projekts ein und profitierten von weiteren Benefits (wie z. B. 200 Alpha Pässen für die Teilnahme der Alpha Season 2 in The Sandbox (einem Metaversum).[119] Dabei spielt eine mysteriöse »Capsule« eine Rolle, deren Inhalt bald enttarnt (»revealed«) wird. Diese Capsules verfügen über spezielle Merkmale (»Traits«). So werden zum Beispiel einige wenige den Trait »gmoney« haben, und der

Erste, der diesen Trait revealed, bekommt einen Admit One Pass, der Zutritt zu gmoneys exklusiver Community gewährt.

- Mit dem Claimen der Podukte und dem Verbrennen des NFTs erhielt der NFT-Halter zugleich einen neuen Phase-2-Token.
- Angekündigt wurde im Sommer 2022 bereits Phase 3 des Projekts, über die es geheimnisvoll heißt: »You. In the metaverse. In creation.«[120] Ich schätze, hier wird es um Gaming gehen. An Phase 3 kann übrigens auch teilnehmen, wer sich entschließt, seinen Phase-1-Token nicht zu verbrennen. Möglich wäre also, dass diese NFTs irgendwann Seltenheitswert besitzen und entsprechend hochpreisig gehandelt werden, weshalb ich auch einen solchen für mich »aufgehoben« habe. Wenn du dieses Buch liest, sind wahrscheinlich weitere Dinge passiert, über die du dich auf der Adidas-Website, auf dem Twitter-Account von »Adidas Originals« oder in deren Discord informieren kannst.

Die NFTs der Phase 1 waren in kürzester Zeit ausverkauft und brachten Adidas am 17. Dezember einen Umsatz von 22 Millionen Euro. Ähnlich wertvoll dürfte der Image-Gewinn sein: Adidas präsentiert sich als coole Marke auf der Höhe der Zeit, als innovativ und zukunftsorientiert. Die Roadmap zeigt dabei die Handschrift eines NFT-OG wie gmoney: immer wieder Neues bieten, Spannung halten, spielerische Momente einbauen, frühe Einsteiger belohnen.

Adidas: »INTO THE METAVERSE« (https://www.adidas.com)[121]

Adidas scheint entschlossen, den eingeschlagenen Weg weiterzugehen: Seit Juli 2022 arbeitet man mit NFT-Prominenten wie Gary Vee, gmoney und Erick Snowfro in einem Projekt zusammen, das einen kleinen englischen Fußballclub aus der vierten in die erste Liga führen soll. Name des Internet-Teams: WAGMI United (Krypto-Slang für »We're All Gonna Make It«). Trikot: Adidas. Bedruckt mit einem Chromie Squiggle. Auch dazu findest du auf meinem YouTube-Kanal ein Video: »Neues Adidas NFT Projekt!«[122] Und ebenfalls im Sommer 2022 kooperierte Adidas mit Prada und dem Künstler Zach Lieberman im Rahmen eines groß angelegten NFT-Fotoprojekts, zu dem 3.000 NFT-Fans anonymisierte Fotos beisteuern konnten. Dazu erfährst du unter https://www.adidas.com/prada-nft Genaueres. Kein Wunder, dass Konkurrent Nike nicht den Anschluss verpassen will, im Dezember 2021 die NFT-Spezialisten von RTFKT (»Artefakt«) einkaufte, die digitale Sneaker und Fashion designen, und mit ihnen auf Roblox (einer Spiele-Plattform) das »Nikeland« eröffnete.[123]

Porträt gmoney

»The only thing I have to worry about as an investor is capital loss«

* nicht bekannt
Vordenker und Influencer, Sammler, Investor

https://twitter.com/gmoneyNFT
https://www.instagram.com/gmoneynft/?hl=de
https://g.money/

»futurist. disruptor. creative director.« lautet die Selbstbeschreibung von gmoney auf Twitter. Wer sich ernsthaft mit NFTs beschäftigt, kommt an gmoney nicht vorbei. Er investiert nicht nur im Krypto-Space und besitzt eine bedeutende NFT-Sammlung, er ist auch der wohl wichtigste Vordenker in diesem Bereich. Auf Twitter folgen ihm 283.000 Menschen – für ein »Nischenphänomen« (und das sind NFTs immer noch) ist das enorm. gmoney ist einer der beiden Partner bei Delphi InfiNFT, einem Investmentfonds, der in NFTs investiert.[124] Und es ist kein Zufall, dass Adidas gerade ihn für eine Mitarbeit an seinem Projekt »Into the Metaverse« anfragte, gleichrangig neben anderen Szene-Stars wie Bored Ape Yacht Club und Punks Comic. Die orange Mütze der Pixelmaske, die gmoney bei allen öffentlichen Aufnahmen trägt, ist längst ikonisch und zählt zu den begehrten Adidas Originals, die Halter eines Adidas-NFTs erhielten. Ende Mai 2022 ging zudem Admit One an den Start, eine auf tausend Mitglieder beschränkte private gmoney-Gruppe von »Web3 enthusiasts, builders, and thought leaders«, wie es auf der Website https://g.money/ heißt. Hier versammelt gmoney Unterstützer der ersten Stunde, die den Zugangs-NFT kostenlos minten konnten. Aktuell liegt der niedrigste Zweitmarkt-Preis für den Admit-One-Pass bei 7,89 Ether (12.585 Dollar).[125] Fun Fact: Als einige Teilnehmer meines Future-of-Finance-Mentorings mit mir zur VeeCon nach Minneapolis gereist sind, habe ich gmoney getroffen. Er hat mir einen POAP auf mein Handy geschickt und ich habe ihn gebeten, ihn doch auch meinen 15 Mitreisenden aufs Handy zu spielen. Das Ergebnis war, dass jeder, der diesen POAP hatte, später einen Admit-One-Pass geschenkt bekommen hat. Diese Reise hat sich gelohnt!

gmoney: Exklusive Experten-Gruppe und Adidas-Projekt

Über den Mann hinter der Maske ist wenig bekannt. Angeblich lebt er in Puerto Rico, hat 15 Jahre Erfahrung in der Finanzbranche und liebt Karaoke.[126] Was man halt so erzählt, wenn man nicht wirklich etwas von sich preisgeben, aber trotzdem nahbar wirken will. Als Finanzinvestor ist gmoney unerschrocken: Im Januar 2021 kaufte er einen CryptoPunk für 140 Ether. Gleichzeitig achtet er darauf, sein Portfolio genügend zu diversifizieren, wie er im Interview meiner Future-of-Finance-Mentoringgruppe verriet. Je höher er das Risiko eines Investments einschätze, desto geringer sei die Summe, die er in die Hand nehme – beispielsweise »nur 10.000 Dollar«. Wer es genauer wissen will, konnte früher ein persönliches Beratungsgespräch buchen, wie ich es im Frühjahr 2021 tat. Das Honorar war vierstellig, die Umsetzung der

Hinweise brachte mir Millionen. Ich fürchte nur, gmoney ist inzwischen so prominent, dass sein Honorar erheblich gestiegen sein wird. Für Privatleute bietet er diesen Service, soweit ich weiß, auch gar nicht mehr an.

3 Fragen an gmoney

NFTs sind für mich
... die Architektur des Eigentumsrechts an digitalen Assets.

Als Investor achte ich besonders
... auf makroökonomische Trends.

Um Trends früh zu erkennen
... muss man vor allem wissen, was die Menschen interessiert und was sie tun.

3. Pixel Vault: NFT-Entertainment in Marvel-Qualität

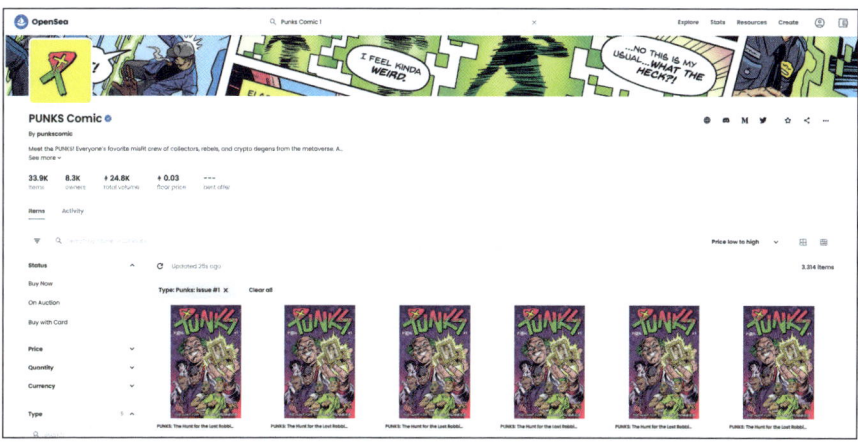

Der Punks Comic #1 auf OpenSea

Gegründet im Mai 2021, konnte Pixel Vault bereits neun Monate später Risikokapitalgeber überzeugen, 100 Millionen Dollar in eine Firma zu investieren, die gerade einmal 50 Mitarbeiter hatte.[127] Der »Pixel-Tresor« versteht sich als Unternehmen, das auf der Basis von kryptobasierten Inhalten Geschichten für eine Vielzahl von Medien entwickeln will, wie es etwas sperrig auf der Website heißt.[128] Einfacher gesagt: Es geht bei Pixel Vault darum, NFT-Charakteren wie CryptoPunks oder Bored Apes Leben einzuhauchen und damit zum »Marvel« (der Superhelden-Kinofabrik) im NFT-Space zu werden. Was liegt da näher, als erst einmal einen Punks-Comic zu produzieren? Mitinitiator der Idee war Beanie, ein umstrittener Influencer, der per Twitter anbot, seine 16(!) CryptoPunks in einen Comic einzubringen. Eigentlich eine Sensation, doch der Absatz der 10.000 Punks Comics, die zum Projektstart im Mai 2021 für 0,2 Ether zu minten waren, dümpelte zunächst. Ich kaufte gleich am Anfang zwei, um für spätere Handlungsoptionen (»Burnen« oder »staken«?) gewappnet zu sein. Erst als Beanie nach drei Wochen den ersten 5.000 Käufern von Punks Comic #1 ein kostenloses Exemplar von Punks Comic #2 versprach, nahm die Sache Fahrt auf. Was dann begann, war ein Spiel mit den NFT-Fans, bei dem man leicht den Überblick verlieren kann, so vielfältig sind die Handlungsoptionen. Ich gebe hier nur eine grobe Skizze:

- Der Punks Comic #1 konnte entweder hinterlegt (gestakt) oder zerstört (geburnt) werden. Wer sich in einem bestimmten Zeitfenster fürs Burnen entschied, wurde Mitglied der Founders' DAO von Pixel Vault, war damit Anteilseigner der dort hinterlegten NFT-Charaktere und erhielt im Juli 2021 einen Mintpass, mit dem er kostenlos einen MetaHero würde minten können.
- Wer »stakte«, wurde mit $PUNKS Tokens belohnt, die ihn zum Anteilseigner an den 16 CryptoPunks machten und an Unternehmenseinnahmen beteiligten.
- Die MetaHeroes stammen von insgesamt neun Planeten (Jupiter, Mars usw.), die jeweils mit einem DAO hinterlegt sind. Wer einen der rund 9700 »Generative« MetaHeroes besaß, bekam den jeweiligen Planet-DAO-Token dazu.
- Wer diesen Planet-DAO-Token behielt, hatte die Chance, eine der raren 146 »Core MetaHeroes« und auch weitere Planeten zu gewinnen.
- Wer NFTs aller neun Planeten sein Eigen nannte, bekam Zutritt zum UPDAO (United Planets DAO). Alle Planeten-NFTs konnte man auch kaufen, mit Ausnahme des Mondes. Zu diesem DAO bekam man nur durch Burnen eines Punks Comic Zutritt.

PUNKS 2: X Marks the Drop   PUNKS 3: A Glitch in Time

Punks Comic #2 und #3 (Quelle: OpenSea)

▪ Auch Punks Comics konnten wie gesagt gestakt werden. Wer das für 24 Monate tat, erhielt eine bestimmte Menge $PUNKS Coins, die die CryptoPunks repräsentieren. Insgesamt wurden 50 Millionen Punks Coins aufgelegt.

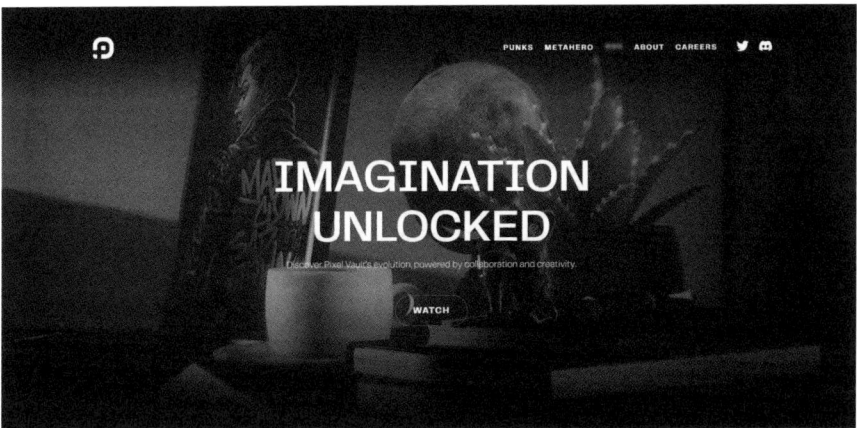

Pixel Vault Website https://pixelvault.com/[129]

Ich breche hier ab, bevor die Verwirrung komplett ist. Du hast einen ersten Eindruck bekommen, wie das Pixel-Vault-Universum funktioniert: Wer da einsteigt, wird in eine eigene Welt hineingezogen, in der es immer wieder spannende Optionen gibt und in der man ständig gemeinsam über die nächsten Schritte und Möglichkeiten spekulieren kann. Ob man will oder nicht: Wer dauerhaft mitspielen will, muss Pixel-Vault-Experte werden. Und wer einmal Experte ist, steigt so schnell nicht wieder aus. Gleichzeitig hat er (oder sie, natürlich) die Chance, über die diversen DAOs an finanziell interessanten Investments teilzuhaben. Die Beteiligung an den CryptoPunks beispielsweise könnte trotz der hohen Zahl der Token einen mittleren vierstelligen Euro-Betrag einbringen, haben wir in meinem Future-of-Finance-Mentoring errechnet. Auch wenn hier vieles spekulativ ist und eher die Poker-Seele anspricht als den Kunstkenner – eines ist sicher: Es wird spannend bleiben. Für Punks Comic #2 beispielsweise waren Bored-Ape-Besitzer aufgerufen, sich mit ihrem Bored Ape für eine Aufnahme in die Handlung zu bewerben. Auf Twitter wurde dann über die Endauswahl abgestimmt. Leider wurde keiner meiner zehn Bored Apes erwählt, aber die Idee finde ich trotzdem großartig! Im Dezember 2021 hatte Adidas zudem die Kooperation mit Pixel Vault bekanntgegeben und orientierte die Merchandising-Produkte für »Into the Metaverse«-Kunden an den Outfits der Berühmtheiten aus dem NFT-Space, die das Personal des Punks Comic bilden. Inzwischen (am 1. Juli 2022) ist bereits Punks Comic #3 erschienen. Auch wenn Beanie im Januar 2022 aus dem Projekt ausschied[130], geht die Geschichte weiter, getreu dem Slogan von Pixel Vault: Imagination Unlocked – Fantasie ohne Grenzen!

4. PROOF.xyz: Einer der exklusivsten Clubs im NFT-Space

Für die allermeisten NFT-Fans ist PROOF.xyz ein Podcast, in dem der Venture Capitalist (Risikokapitalgeber), NFT-Influencer und Moonbirds-Erfinder Kevin Rose sich seit März 2021 ein- bis zweimal wöchentlich mit Größen der NFT-Szene austauscht und dabei wertvolles Insiderwissen (im NFT-Sprech: »Alpha«) verbreitet.[131] Zu Wort kommen Künstler, Experten, Unternehmer. Thema sind alle NFT-Bereiche von den Profile Pics bis zur Generativen Kunst, vom Gaming bis zum Metaverse im Allgemeinen. Für einen exklusiven Kreis von Inhabern eines »PROOF Collective NFT« (PROOF-Pass) ist PROOF.xyz darüber hinaus ein Club von Insidern, der wichtige Informationen ein bisschen früher erhält als der Rest der NFT-Welt, und zwar über einen »early access« zum Podcast und über den exklusiven Zugang zu einem PROOF-Collective Discord-Kanal. Damit nicht genug: Wer einen der insgesamt 1.000 PROOF-Passes besitzt, profitiert von der Kooperation des Unternehmens mit namhaften NFT-Künstlern, denn er hat das Anrecht auf drei fast kostenlose NFTs (Mintpreis 0,05 ETH) pro Pass pro Jahr. In Season I der sogenannten Grails (März 2022) waren 20 Künstler vertreten, darunter Dmitri Cherniak, Tyler Hobbs, Hackatao, aber auch Neulinge wie der Bestsellerautor Tim Ferriss. Der Clou: Wer die präsentierten Werke tatsächlich geschaffen hat, wird erst nach dem Minten in einer Video-Enthüllung von Kevin Rose verraten. Die Kunst muss also für sich sprechen, wobei der ambitionierte Titel (»Grails«/Grale) die NFT-Latte ziemlich hoch hängt. Verbunden wird das Ganze mit dem orakelnden Hinweis »Choose wisely«. Und Weisheit hat ja noch nie und niemandem geschadet … In Season II (August 2022) stieg die Zahl der »Grails« auf 25 Kunstwerke. Minten konnten nicht mehr allein PROOF-Pass-Inhaber, sondern auch all jene, die einen »Grails II Mint Pass« erworben hatten. Der war zu dieser Zeit auf OpenSea zum Preis von knapp 4 Ether zu haben und wurde zuvor PROOF-Pass-Holdern in die Wallet gedroppt (geschenkt).

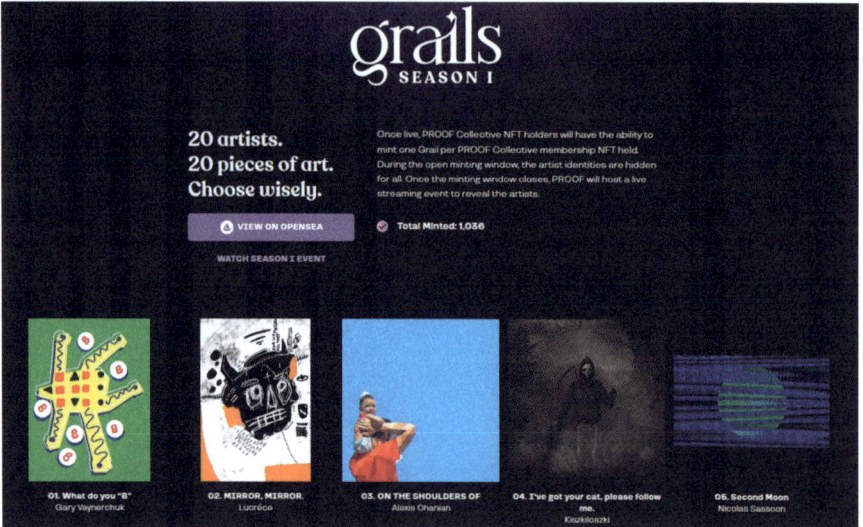

*Grails – Kunstwerke, deren Schöpfer erst nach dem Kauf verraten wird, in »Season I«
exklusiv für PROOF-Pass-Inhaber[132]*

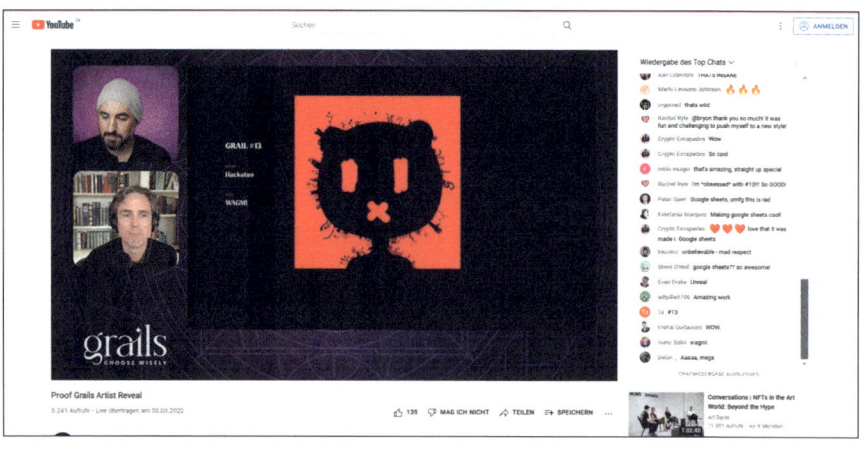

Enthüllung der Künstler der ersten »Grails«-Season durch Kevin Rose und Ryan Carson[133]

Das alles erinnert ein wenig an den guten alten Herrenclub mit Ledersesseln und
Raucherlounge, zu dem nur gut Betuchte Zugang haben. So auch hier: Im August
2022 kostete ein PROOF-Pass auf OpenSea knapp 60 Ether. Zeitweise waren es
sogar 135 Ether, also eine deutlich sechsstellige Summe.[134] Eigentlich soll der Pass
ohnehin einem »Collective of 1.000 Dedicated NFT Collectors and Artists« vor-

behalten sein, wie es auf der PROOF-Website heißt. Wer zu den Inhabern gehört, ist ebenfalls geheim. Beeple und Gary Vee sollen einen Pass geschenkt bekommen haben, heißt es in der NFT-Szene, nachdem er allerdings zwei in der Wallet hat, denke ich, dass er auf jeden Fall noch einen dazu gekauft hat.[135] Zufällig hat Gary Vee auch ein »Grail« in der ersten Season beigesteuert (#1, das gelbgrüne Werk ganz links in der Abbildung oben). Die NFT-Welt ist wirklich ein Dorf. Ich bin gespannt, ob Beeple sich in der zweiten Season ebenfalls revanchiert. Der PROOF-Website ist lediglich zu entnehmen, dass die Mitglieder des Kollektivs über knapp 154.000 NFTs verfügen, darunter angeblich 148 CryptoPunks, 817 Bored Appes, 499 Meebits, 5.288 Art-Blocks-Kunstwerke, 326 Unikate von SuperRare. Versammelt sei somit »Collective Intelligence« – ein »Kollektiv«, in dem sehr viel Alpha ausgetauscht wird, ähnlich wie in meiner FoF-Community, The Future of Finance. Mit den oben genannten Zahlen können wir zwar (noch) nicht ganz mithalten, aber auch bei uns befindet sich eine beträchtliche Menge an Punks, Apes, Meebits, Mutants und Art-Blocks-Kunstwerken.

Ob sich ein PROOF-Pass lohnt, hängt am Ende davon ab, ob man einen guten Riecher bei der Auswahl der Werke hat und welche Benefits Kevin Rose dem Ganzen noch folgen lässt. Im Januar 2022 gab es den ersten exklusiven Drop einer »Emotes« genannten Serie von 1.433 Bildern, die mit einem Herz-Motiv spielen, deren Preise aber noch nicht explodiert sind (Floor Price im August 2022 0,65 Ether). Gelohnt hat sich das Projekt auf jeden Fall für seine Macher. Allein die »Moonbirds«, eine Serie von 10.000 PFPs, die im April 2022 von Kevin Rose und PROOF.xyz ins Rennen geschickt wurden, spielten am Erstverkaufstag 70 Millionen Dollar ein, auch dank des vergleichsweise hohen Mintpreises von 2,5 Ether.[136] (Im August lag der Floor Price dann bei 14,5 Ether, einen Fehler haben die Käufer also nicht gemacht.) Auch ein Moonbird berechtigt unter bestimmten Umständen zu einem Mint-Pass für die Grails. Dafür muss es sich allerdings um einen seltenen »Grail Moonbird« handeln, wovon es insgesamt nur 176 gab. Mit dem Verkauf von PROOF-Pässen wurden vom Start Mitte Dezember 2021 bis Mitte August 2022 laut OpenSea 18.800 Ether und damit schätzungsweise mehr als 50 Millionen Dollar umgesetzt.[137] Bei den festgelegten Creator Royaltys in Höhe von 7,5 Prozent hat PROOF damit also nochmal rund 1.410 Ether eingenommen. Bei einem Etherkurs von 1.700 Euro sind das noch mal 2.397.000 Euro.

Was macht den Reiz des Projekts aus und warum ist PROOF.xyz bislang so erfolgreich? Menschen lieben Exklusivität, und wer es sich leisten kann, ist gerne Mitglied eines noblen Clubs. Davon leben die Hersteller von Lamborghinis, Patek-Philippe-Uhren oder Hermès-Handtaschen. Gleichzeitig verspricht die Zusammenarbeit mit namhaften Künstlern einen finanziellen Benefit, ebenso wie der frühe Zugang zu Insiderinformationen im Podcast und die Mitgliedschaft im privaten Discord. Schließlich kann ein einziger guter Tipp viele Ether wert sein. Hinzu kommt der Gaming-Charakter – die wirklich geniale Idee, dieses Mal nicht die Katze, sondern den Künstler im Sack zu verkaufen. In einer Zeit, in der Hunderttausende per Video zuschauen, wenn Pokémon-Packs geöffnet werden,[138] eigentlich ein naheliegender Einfall. Doch man muss halt darauf kommen. Das Geheimnis um die Künstler liefert zudem Stoff für permanente Spekulation und Austausch in den sozialen Medien. Außerdem werden auch die in einer Grails Season zur Verfügung stehenden Werke erst nach und nach präsentiert.

Wie die anderen Unternehmensbeispiele zeigt auch die PROOF-Collective-Story, dass im NFT-Space das Marketing perfektioniert wird durch eine Verschmelzung von klassischen Marketingprinzipien wie Exklusivität des Zugangs und Verknappung begehrter Produkte mit Gaming-Merkmalen, die Suchtpotenzial haben: Rätselraten und Geheimnis, überraschende Enthüllungen und eine Verbindung von Glück und Strategie bei der Auswahl der geminteten Werke.

5. VeeFriends: Freundschaft mit dem Superstar

»*VeeFriends ist der Name von Gary Vaynerchuks NFT-Kollektion. Er schuf die VeeFriends, um seinem Ehrgeiz Leben einzuhauchen, mit Hilfe der NFT-Technologie und Smart Contracts eine Community rund um seine kreativen und geschäftlichen Leidenschaften aufzubauen.*« So steht es auf der VeeFriend-Website. Konkret handelt es sich bei den VeeFriends Startprojekt vom Mai 2021 um 10.255 NFTs, die auf der Basis von 268 Zeichnungen Vaynerchuks entstanden. Sie zeigen fast ausschließlich Tiere, die mit alliterierenden Titeln versehen sind: »Empathy Elefant«, »Dynamic Dinosaur«, »Clever Crocodile« usw. Angeblich wollte Gary einfach mal ausprobieren, was es mit NFTs auf sich hat: »*Er brauchte sein eigenes Projekt, um zu testen, zu lernen und alles darüber zu verstehen*«, heißt es weiter.[139]

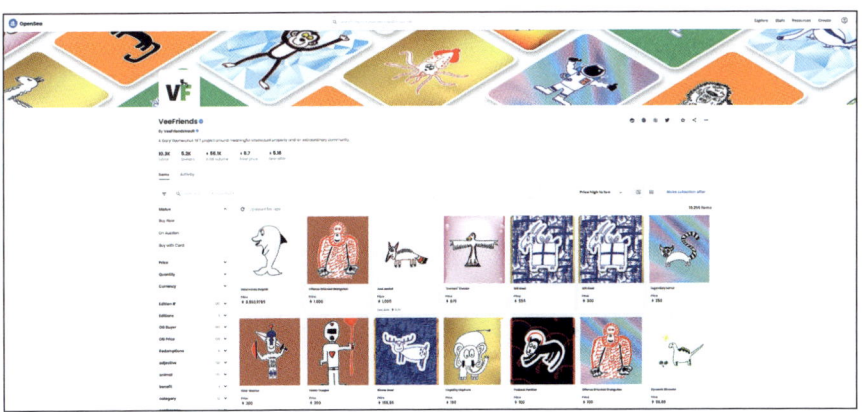

Gary Vaynerchuks VeeFriends auf opensea.io[140]

Das Experiment hat sich gelohnt: Bis August 2022 haben die VeeFriends der ersten Generation allein im Weiterverkauf auf OpenSea 56.100 Ether generiert. Grob geschätzt sind das rund 170 Millionen Dollar, von denen 10 Prozent auf das Konto Vaynerchuks flossen. Insgesamt (Erst- und Zweitverkäufe) sollen die verschiedenen VeeFriends-Projekte nach Aussage des Unternehmens bis Mitte 2022 sogar sagenhafte 200.000 Ether eingebracht haben.[141] Bevor du jetzt nach deinem alten Filzstiftmäppchen suchst, um mit ein paar bunten Zeichnungen locker Multimillionär zu werden: Erklären lässt sich dieser Erfolg nur mit der Person Gary Vaynerchuks.

Vaynerchuk ist in den USA ein Unternehmer-Superstar, und auch hierzulande hat er viele Fans. Auf Twitter folgen ihm über drei Millionen Menschen, sein YouTube-Kanal hat fast vier Millionen Abonnenten. Die Lebensgeschichte des Serial Entrepreneurs fasziniert Unzählige: Als Kind belarussischer Einwanderer wuchs er in bescheidenen Verhältnissen auf und schrieb schon mit Anfang 20 seine erste Erfolgsgeschichte, als er den kleinen Weinladen seines Vaters zur Online-»Wine Library« umbaute und dessen Umsatz damit in wenigen Jahren von 3 auf 60 Millionen steigerte.[142] Danach gründete er unter anderem eine sehr erfolgreiche Marketing-Agentur. Heute hat VaynerMedia Niederlassungen in New York, Los Angeles, London, Tokio, Bangkok und weiteren Metropolen.[143] Gary Vee verkörpert den »American Dream« wie kaum ein anderer.

Vaynerchuk war seiner Zeit immer einen Schritt voraus, und so ist es nur logisch, dass er auch im NFT-Space zu den Vorreitern gehört. Seine VeeFriends knüpfen an Botschaften seiner Bücher an, die davon handeln, wie man ein erfolgreiches und erfülltes Leben führt. Die VeeFriends verkörpern Soft Skills, die aus Garys Sicht dabei hilfreich sind, beispielsweise Empathie, Dynamik und Klugheit wie in den Eingangsbeispielen Elefant, Dinosaurier und Krokodil.

> ### 1 Million verkaufte Bücher in 24 Stunden
>
> *Gary Vaynerchuk schildert seine Erfolgsrezepte in mittlerweile sechs Büchern – allesamt Bestseller. Von seinem jüngsten Buch »Twelve and a Half« verkaufte er gleich am ersten Tag eine Million Exemplare. Das hat interessanterweise auch etwas mit NFTs zu tun, wie du in diesem Kapitel sehen wirst. Da kann auch ich als zweifacher SPIEGEL-Bestseller-Autor nur demütig den Hut ziehen.*

Gleichzeitig eröffnen sie einem Teil seiner Fans die Möglichkeit, ihrem Idol nahe zu sein, eben ein »VeeFriend« zu werden. Gary Vaynerchuk, den ich auf der VeeCon 2022 persönlich treffen konnte, ist einer der freundlichsten und nahbarsten Menschen, die ich kenne, und strahlt das auch auf jeder Bühne und in seinen Videos aus. Auf diese Weise erhält sein »Freundschaftsangebot« hohe Glaubwürdigkeit. Hier geht es nicht um Kunst wie im PROOF Collective, hier geht es primär um

Gemeinschaft. Natürlich ist das auch ein Business, und hier zeigt sich, dass Gary tatsächlich ein Marketing-Genie ist:

- Er verknüpfte die VeeFriends mit einer einmaligen Utility: Jeder Vee-Friend der ersten Serie berechtigt zum Besuch von drei VeeCon-Konferenzen. Die erste, die VeeCon 2022, fand im Mai in Minneapolis statt und setzte mit Auftritten zahlreicher Stars aus der Web3-Szene Maßstäbe.
- Er verlieh der Idee der Profile Pics mehr Spannung, indem er verschiedene Kategorien der VeeFriends konzipierte: »Admission Tokens«, »Gift Tokens« und »Access Tokens«.

Die verschiedenen Tokens der VeeFriends 1[144]

- Admission Tokens (ingesamt 9.400) garantieren primär den VeeCon-Zugang und dienen mit unterschiedlichen Seltenheitsstufen als Sammelobjekte.
- Gift Tokens (555 Gift Goats) werden darüber hinaus über die gesamte Dauer der dreijährigen Gültigkeit mit NFT-Airdrops und mit physischen Geschenken belohnt (18 an der Zahl, z. B. besondere Sneaker oder eine ungewöhnliche Jacke mit VeeFriend-Abzeichen).

- Access Tokens (300) garantieren Begegnungen mit Gary Vee selbst, entweder virtuell (210 Token) oder persönlich (90 Token). Davon verschaffen einem 85 bzw. 23 Token eine Einzelbegegnung mit dem Star, weitere 22 stellen die Teilnahme an einem Wettstreit mit Gary in Aussicht (»Competition Access«). 5 Access Tokens werden kostenlos an Bewerber vergeben – diese »Scholarship« Tokens berechtigen zu einem persönlichen Mentoring oder Coaching.

Mit etwas Fantasie kannst du dir vorstellen, wie die verschiedenen Benefits für eine konstante Welle der Aufmerksamkeit in den sozialen Medien sorgten. Und natürlich beließ Gary Vee es nicht bei den VeeFriends der ersten Stunde, sondern legte in regelmäßigen Abständen nach. Einige grobe Eckdaten:

- Mai 2021: Publikation der VeeFriends 1 (10.255) mit VeeCon-Zugang.
- September 2021: Christie's versteigert fünf VeeFriends und erlöst dafür 1,26 Millionen Dollar. [145] Andy Warhol wäre begeistert. Oder eher neidisch?
- Halloween 2021: Start der VeeFriends Mini Drops, beginnend mit den »Spooky Vees«. Bis heute sind über 6.000 NFTs erschienen, mal Bilder, mal kurze animierte Videos, die teilweise auch als Geschenk für Gift Goat-Besitzer fungieren.
- November 2021: Garys Buch *Twelve and a Half* erscheint, die »Book Games« beginnen. Für eine Bestellung von 12 Büchern gab es einen Book Token. Später ermöglichten die Book Tokens die Teilnahme an einer Verlosung, mit der man einen Whitelist-Platz für das Minting der VeeFriend-2-Serie ergattern konnte, einer neuen Serie von 16 Charakteren in 5 Raritätsstufen und 5 zufällig generierten Rahmen (siehe Abbildung). Gleichzeitig kündigte Gary an, das Book Game sei »ein Spiel, das nie endet«. Am ersten Verkaufstag gingen mehr als eine Million Bücher über den Ladentisch.[146]

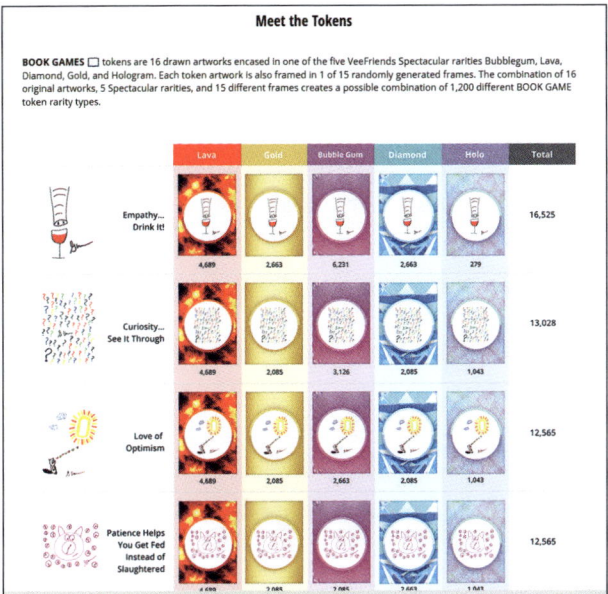

Buchpromotion per NFT: Tokens für die Book Games (Ausschnitt)[147]

- April 2022: Publikation der VeeFriends 2 (55.555), davon 32.000 für Teilnehmer der Book Games (die ihren Book-Game-Token dafür burnen müssen), 10.255 für VeeFriends-1-Besitzer, die restlichen etliche Tage später im freien Verkauf. Mit dieser Serie ist kein VeeCon-Zugang verbunden. Sie greift die Charaktere der ersten Serie wieder auf, hat aber nicht mehr die Anmutung einer Handzeichnung, sondern die einer professionellen Bilderbuch-Illustration. VeeFriends 2 sind günstiger (aktueller Floor 0,39 ETH) und erweitern damit die Community um weniger zahlungskräftige Fans. Inhaber bekommen kostenlos ein (physisches) Kartenset mit 52 Sammelkarten dazu.[148]
- Mai 2022: Die VeeCon-Konferenz in Minneapolis findet statt – ein Festival tausender begeisterter NFT- und Web3-Fans.
- Juli 2022: In einer Finanzierungsrunde unter Führung der Risikokapitalfirma Andreessen Horowitz (a16z) sammelt Gary Vaynerchuk 50 Millionen Dollar Investorengelder ein.[149]

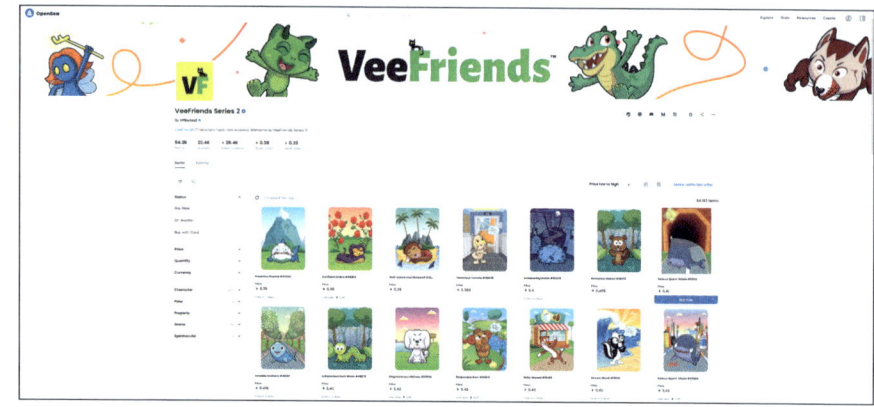

Die VeeFriends 2 auf opensea.io[150]

Ich kann hier gar nicht alle einzelnen Goodies, Benefits und Verknüpfungen der verschiedenen VeeFriends-Aktionen aufzählen. Was Gary Vee so faszinierend macht, ist neben seinem Gespür für die Community seine Fähigkeit, neue Marketingstrategien zu entwickeln und Dinge in innovativer Weise miteinander zu verknüpfen: NFT und IRL-Konferenzen (»In Real Life«), NFTs und Selbst-PR über die Access Tokens, NFTs und Buchmarketing, das er quasi nebenbei ins 21. Jahrhundert führt. Und das ist sicherlich noch nicht das Ende!

Praxisbeispiel für alle, die selbst einsteigen wollen: 52icons

gmoney, Kevin Rose, Gary Vee und Co. machen vor, was im NFT-Space möglich ist. Und das Schöne ist: Sie schreiben ihre Erfolgsgeschichten auf offener Bühne, sodass jeder, der aufmerksam zuschaut, ihnen nacheifern kann. Nach anderthalb Jahren in der Szene, nach dem erfolgreichen Aufbau einer eigenen Sammlung, nach Tausenden Stunden Recherche und Hunderten Stunden Future-of-Finance-Mentoring kam mir die Anfrage eines dort teilnehmenden Künstlers nach Unterstützung bei seinem NFT-Projekt gerade recht. Rainer Hosch, ein für seine spektakulären Porträts bekannter Fotograf, wollte die Blockchain erobern. Ihm war völlig klar, dass dies mehr bedeutet, als ein paar Fotos in NFTs umzuwandeln und auf OpenSea hochzuladen. Das schafft jeder Hobbyfotograf im Nu. Ein erfolgreiches Projekt braucht mehr – es braucht eine Geschichte, die Aufmerksamkeit schafft, und eine Strategie, die dafür sorgt, dass die Aufmerksamkeit nicht erlahmt.

Rainer, 1970 in Wien geboren und heute in Kalifornien lebend, bekam seine erste Kamera im Alter von acht Jahren geschenkt. Sein Vater, Heinz Hosch, war Kriegsfotograf. Er starb mit nur 52 Jahren, »nicht im Krieg, aber an den Kriegen«, deren Schrecken er dokumentierte, so Rainers Überzeugung. Im März 2022 feierte Rainer seinen 52. Geburtstag. Er hatte das Alter erreicht, in dem sein Vater – seine Ikone, wie er sagt – diese Welt verließ. Wir nahmen diese Geschichte zum Ausgangspunkt des Projekts »52icons«, einer Serie von 52 Porträts bekannter Persönlichkeiten, die Rainer fotografierte. Darunter sind weltbekannte Schauspieler wie George Clooney, Politikerinnen wie die US-Vizepräsidentin Kamala Harris, Unternehmer wie die Investorenlegende Warren Buffet und Celebritys wie Kim Kardashian – zweifellos Ikonen für sehr viele Menschen. Gemeinsam mit meinem Geschäftspartner Alexander Sachs, der ein begnadeter Blockchain-Programmierer ist, entwickelten wir den Masterplan für das Projekt:

- 52 Porträts bekannter Persönlichkeiten würden (überwiegend) zum Preis von 0,52 Ether zu minten sein (was selbst bei hohen Etherkursen für ein Hosch-Unikat günstig ist).

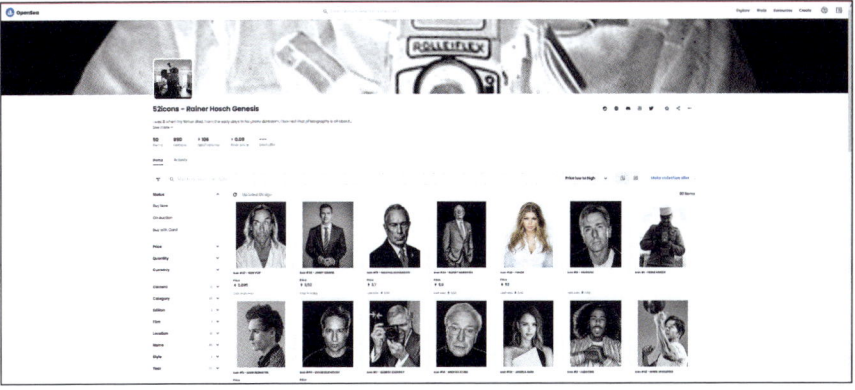

Rainer Hosch, 52icons, auf opensea.io[151]

- Um ein Bild minten zu können, musste eine der Rätselfragen beantwortet werden, die Rainer täglich vom 17. März 2022 bis zum 2. Mai (amerikanisch 5/2) auf seinem Twitter-Account veröffentlichte. Dabei galt es, den Porträtierten zu erraten, zu erkennen, was jemand trägt usw. Ein NFT konnte nur kaufen, wer als Erster die richtige Lösung wusste.

- Mit jedem Foto-Unikat würde eine interessante Utility verbunden sein, versprachen wir. Diese wurde am 2. Mai enthüllt: Jeder Besitzer eines der »52icons« hatte das Anrecht auf ein persönliches Porträt, das Rainer in seinem Studio in Los Angeles von ihm aufnehmen würde. Gemessen an Rainers üblichem Honorar übersteigt diese Utility den ursprünglichen Mintpreis des NFTs deutlich. Der Fotografierte erhält neben dem eigentlichen Foto ein Foto-NFT, das auch in Rainers »Collectors Collection«, eine neue NFT-Kollektion eingeht.

- Eines der Porträts, #47 Iggy Pop, war im Rahmen einer »Open Edition« für 52 Stunden für jedermann für 0,052 Ether zu minten. Mehr als 3.000 Mints wurden verkauft, mit der Aussicht auf eine interessante Utility.

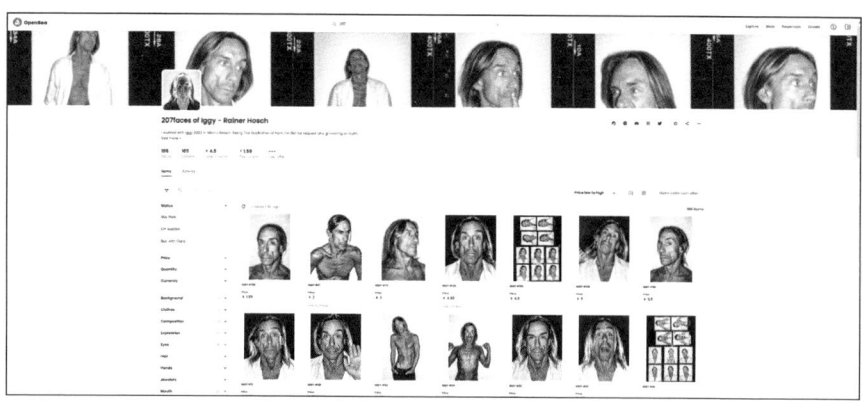

207 Faces of Iggy auf opensea.io[152]

- Diese Utility sah so aus: Wer 10 dieser Iggy Pops »burnte«, bekam dafür ein Iggy-Pop-Unikat aus einer Serie von 207 Porträtfotos des Sängers (»207faces of Iggy«), von dem Rainer sagt, er sei der Einzige, von dem er praktisch jede Aufnahme eines Shootings veröffentlichen könnte. Auch das summiert sich wieder auf den für ein Hosch-Unikat günstigen Preis von 0,52 Ether. Welches dieser tollen Fotos die Burner erstanden hatten, wurde Anfang Juli enthüllt. Was das PROOF Collective kann, können wir schließlich auch! Darüber hinaus haben die einzelnen Iggys Merkmale unterschiedlicher Seltenheit, die künftig wiederum interessante Utilitys bringen, die nach und nach enthüllt werden. So bekamen beispielsweise die Iggys mit der Eigenschaft »legendary« einen von Rainer Hosch signierten Print nach Hause geschickt.

- Wer nicht burnte, konnte auf eine Wertsteigerung des Porträts #47 hoffen, weil immer weniger davon existierten (der »All time average«-Preis liegt aktuell bei 0,108 Ether).[153] Außerdem sind weitere Utilitys geplant.

Die Erfolgsbilanz des Projekts Mitte August 2022, also nach knapp fünf Monaten: 52icons: Gesamtumsatz 106 Ether
#47 Iggy Pop: Gesamtumsatz 184 Ether (3537 x 0,052)
207faces of Iggy: Gesamtumsatz 4,5 Ether

Icon #47 hat seinen Preis praktisch verdoppelt. Bis auf wenige Ausnahmen waren die 52icons für 0,52 Ether zu haben. Einzelne besonders begehrte versteigerte Rainer für über 3 Ether (z. B. Ethan Hawke, John Malkovich) oder sogar über 5 Ether (George Clooney). Udo Jürgens brachte es immerhin auf 2,52 Ether. Wahrscheinlich ist er nur halb so sexy wie Clooney, der sexiest man alive. Wirtschaftlich gesehen war das Projekt ein Erfolg. Gleichzeitig hat Rainer damit begonnen, eine größere Community aufzubauen, die ihn auch bei weiteren Projekten unterstützen wird. Auf Instagram folgen ihm heute über 10.000, auf Twitter über 6.000 Menschen. Die NFT-Philosophie, Anhängern überzeugende Utilitys zu bieten, hat sich bewährt. Der Einbau spielerischer Momente, wie der Twitter-Rätsel oder der »52« als Headline und Preisanker, hat funktioniert. Und Rainers Lebensgeschichte als Aufhänger hat die Geschichte wirkungsvoll im Gedächtnis der NFT-Fans verankert, wie ich in meiner Mentoring-Gruppe feststelle.

Ist das nicht alles arg kommerziell, werde ich manchmal gefragt. Nun, auch Künstler müssen essen und wohnen. Ich halte Rainers Porträts für absolut bemerkenswert und bin begeistert von seiner Fotokunst. Aber wie sagte mal jemand: Es reicht nicht, gut zu sein, wenn keiner davon weiß. Inzwischen unterstützen Alexander Sachs und ich weitere ausgewählte Künstlerinnen und Künstler dabei, sich im NFT-Space zu etablieren und ihren Werken die verdiente Aufmerksamkeit zu verschaffen. Wenn dich das interessiert, nimm einfach Kontakt auf.

Die 3 bemerkenswertesten NFT-Games

Auch wenn manche Eltern sich die Haare raufen: Gaming ist ein weltweites Multimilliarden-Geschäft. Je nach Datenbasis schwanken die Umsatzangaben für das Jahr 2020 zwischen 144 und 180 Milliarden Dollar. Damit hätten Spiele erstmals mehr Geld umgesetzt als Musik, Film oder Sportereignisse.[154] Tendenz: weiter steigend. Mit dem NFT-Boom wird der Markt weiter befeuert, denn die neue dezentrale Technologie eröffnet Spielern ungeahnte Möglichkeiten. Erstmals können sie unabhängig von Spieleherstellern im Spiel erbeutete oder dafür erworbene Gegenstände (Ausstattung wie Kleidung, Rüstungen, Waffen und andere Tools) in Form von NFTs selbstständig einsetzen, upgraden und weiterverkaufen. Keine Spielefirma mehr, die plötzlich die Regeln ändern kann und Tools entwerten kann, wie es beispielsweise Fortnite-Fans erleben mussten. In der eigenen Wallet sind NFTs bombensicher verwahrt. In vielen Fällen werden diese NFTs sogar auf andere Spiele übertragbar sein, zumindest auf solche, die auf derselben Blockchain laufen, später sicher auch *cross-chain*. Darüber hinaus sind Kryptowährungen als Fungible Tokens eine leicht zu handhabende digitale Spielwährung. Jedes Spiel auf der Blockchain hat daher seinen eigenen Token, mit dem Gegenstände gehandelt und Gewinne ausgezahlt werden, manchmal auch der Einstieg ins Spiel erkauft wird. Auf Börsen lassen sich diese Tokens in FIAT-Geld (»echtes Geld«, wie Normies sagen würden) umtauschen. Damit ist zugleich der Grundstein für »Play to Earn«-Spiele (P2E) gelegt, in denen Spieler mit Gaming-Erlösen einen Teil ihres Lebensunterhaltes bestreiten. Oder sogar mehr als nur einen Teil, wie du im Verlauf dieses Kapitels noch lesen wirst.

Es gibt offensichtlich mehr Gamer als Kunstinteressierte: Der Markt für NFT-Games wächst rasant, stärker als alle anderen Blockchain-basierten Wirtschaftsbereiche. Verglichen mit dem ersten Quartal 2021 verzeichnete »Blockchain-Gaming« im ersten Quartal 2022 einen Zuwachs von 2.000 Prozent. Klingt bombastisch, bedeutet konkret eine Verzwanzigfachung. Damit haben Spiele Dezentralisierte Finanzdienstleistungen (DeFi) und den Absatz von NFTs in nur einem Jahr weit hinter sich gelassen. 52 Prozent aller Wallet-Transaktionen (UAW oder Unique Active Wallets) entfallen auf Gaming, so der Blockchain Games Report von DappRadar und Blockchain Game

Alliance (BGA). Im zweiten Quartal 2022 schwächte sich diese Entwicklung gegen den allgemeinen Trend nur leicht ab. Kein Wunder, dass Risikokapitalgeber förmlich Schlange stehen, um in NFT-Games zu investieren. Im ersten Halbjahr 2022 flossen 5 Milliarden Dollar in diesen Bereich, am Ende des Jahres könnten es Branchenexperten zufolge 12 Milliarden sein.[155] Und weil selbst Bundeswirtschaftsminister da schon ins Schleudern gerieten: Eine Milliarde, das ist eine Zahl mit neun Nullen.[156]

Vermutlich sind die zwölftausend Millionen Dollar Investorengelder aufs richtige Pferd gesetzt, wegen der stetig wachsenden Beliebtheit des Gamings im Allgemeinen, wegen der neuen Möglichkeiten im Krypto-Space und auch, weil immer mehr Menschen sich dort souverän bewegen und keine Scheu mehr vor alternativen Währungen haben. Zahlreiche Metaversen wollen zudem mit Leben gefüllt werden, und was bietet sich dafür eher an, als spannende Spielewelten zu kreieren? Die Folge: NFT-Games schießen aus dem Boden wie Pfifferlinge nach einem warmen Regen. Doch welche taugen etwas? Und worauf solltest du dabei achten? Schauen wir uns einige namhafte Player an!

1. Axie Infinity: Geld verdienen mit Mini-Monstern

Axie Infinity: Axies in Aktion

Nach CryptoKitties (2017) war Axie Infinity (2018) das zweite NFT-Spiel, das einen regelrechten Boom auslöste und den virtuellen Katzenzüchtern der CryptoKitties bald den Rang ablief. Es war längere Zeit das beliebteste Blockchain-Spiel überhaupt, wurde 2020 zum »Blockchain Game of the Year« gekürt und erreichte auf dem Höhepunkt seines Erfolgs im November 2021 über 3 Millionen aktive Spieler. Nicht im Jahr, sondern an einem einzigen Tag![157] Nur wenige Monate später, Anfang April 2022, stürzte das Unternehmen ins Bodenlose, durch einen Hack, der die Firmenkasse um Kryptowährung im Wert von umgerechnet über 600 Millionen Dollar erleichterte. Die ganze Geschichte ist nicht nur hollywoodreif, sondern zugleich ein Lehrstück über die Kryptowelt, wo jubelnde Erfolgsmeldungen urplötzlich in Katzenjammer umschlagen können.

Doch zunächst zur Erfolgsgeschichte: Was machte Axie Infinity so unwiderstehlich für Millionen von Menschen? Sky Mavis, die vietnamesische Entwicklungsfirma, hat ein buntes Universum geschaffen, in dem sich Spieler schnell zurechtfinden. Bei Axie Infinity werden kleine Monster (»Axies«) gezüchtet, aufgezogen und gegeneinander ins Rennen geschickt. Wer mit Pokémon und Tamagotchi aufgewachsen ist, dem muss man da nicht viel erklären. Später wurde das Spiel um den Erwerb von Land erweitert. Axies und Land können auf einem spielinternen Marktplatz gehandelt werden. Das ist aber nur eine Möglichkeit, mit Axie Infinity Geld zu verdienen. Man schickt seine Axies in Battles und gewinnt Wettbewerbe, man setzt auf den Gewinnzuwachs seltener Axie-Exemplare und züchtet neue Minimonster. Die Währung bei Axie ist (wie bei allen Play-to-Earn-Spielen) ein interner Token, hier Axie Infinity Shards (AXS), der zugleich als Governance Token fungiert. Zusätzlich gibt es einen zweiten Token, Smooth Love Potion (SLP) genannt. Dieser »Liebestrank« ist unerlässlich, um Axies zu züchten oder auf eine neue Stufe zu heben. Zum Einstieg benötigt der Spieler mindestens drei Axies, maximal kann er sieben ins Rennen schicken. Das erste Axie kostet ihn 100 SLP, das zweite 200, das dritte 300. Dann steigen die Preise in Stufen bis auf stolze 2.100 SLP für das siebte Axie. Wer mitspielen will, muss also erst einmal investieren. Im Sommer 2021 lag der SLP-Kurs zeitweise bei 30 Cent, ein Jahr später, im Juli/August 2022 war er vor dem Hintergrund des Hackerangriffs bis auf 0,4 Cent gesunken.[158] Wer hätte gedacht, dass es einmal Börsen gibt, an denen ein Liebestrank gegen Euro und Dollar getauscht werden? Harry Potter wäre schockiert, Draco Malfoy vermutlich begeistert.

2021 schien es für Axie Infinity unaufhaltsam aufwärts zu gehen. Ein Rekord jagte den nächsten:

- Schon im März 2019 wurde ein Axie für 85,2 Ether verkauft, damals rund 11.500 Euro. Das teuerste Axie aller Zeiten ging nach Angaben des Unternehmens für 820.000 Dollar über den Tisch.[159]
- Im November 2019 sammelte Sky Mavis knapp 1,5 Millionen Dollar Investorengelder ein.
- Anfang 2021 erzielte ein Grundstück den Rekordpreis von 888,25 Ether, damals 1,5 Millionen Dollar.
- Im Juli 2021 (10.07.2021) wurden an einem einzigen Tag 50.000 NFTs über Axie Infinity verkauft.
- Im August 2021 wurde der Wert sämtlicher Axie Infinity Shard Tokens (AXS) auf 15 Milliarden Dollar geschätzt. Dies sollte sich als Allzeithoch erweisen. Die Marktkapitalisierung des Smooth Love Potions (SLPs) betrug zu diesem Zeitpunkt 160 Millionen Dollar.

- Eine weitere Finanzierungsrunde brachte Sky Mavis 2021 7,5 Millionen Dollar Investorengelder, unter anderem von Mark Cuban, einem der bekanntesten Investoren im Kryptobereich.
- Bis September 2021 verkaufte Axie Infinity NFTs im Wert von insgesamt 2 Milliarden Dollar.[160]

In Schwellenländern, vor allem auf den Philippinen, gilt Play to Earn inzwischen als ernsthafte Berufsalternative. Ein Beispiel: Als die Gaming-Plattform Balthazar im März 2022 ihre Mitglieder befragte, gab ein Drittel der über tausend Befragten an, darüber nachzudenken, ihren Job zu kündigen, um Vollzeit-Spieler zu werden. Die Mitglieder der Plattform stammen

> ### Das Kernproblem aller Play-to-Earn-Spiele
> *Axie Infinitys Dilemma ist kein Einzelfall. Alle P2E-Spiele kämpfen damit, den Wertverlust ihrer Tokens zu verhindern. Im Grunde geht es darum, im Spiel laufend fesselnde Investitionsmöglichkeiten für den In-Game-Token zu bieten, ihn dadurch im Spiel zu halten und seinen Wert zu stützen.*

mehrheitlich von den Philippinen und verdienen im Durchschnitt in traditionellen Jobs 316 Dollar im Monat oder 16 Dollar pro Tag. Unter ihnen sind viele Studenten (rund zwei Drittel), und etwa die Hälfte aller Spieler nutzt die Einnahmen aus dem Gaming für den täglichen Lebensunterhalt.[161] Das geht nur, indem sie die Tokens des Spiels auf Börsen in traditionelle Währung umtauschen. Damit entziehen sie dem Spiel Token, die teilweise zu Dumpingpreisen verkauft werden – verständlich, wenn der Kühlschrank gefüllt werden muss, aber eine Gefahr für den Token-Wert. Hinzu kam im Falle von Axie Infinity die inflationäre Vermehrung der Axies, über die die Spielentwickler keine Kontrolle haben. Auch Masse drückt unweigerlich auf die Preise. Ein solcher Kontrollverlust sei ein »Albtraum«, sagt Miles Anthony, CEO von Decentral Games, die mit ICE Poker eine Erfolgsgeschichte schrieben (vgl. auch das Porträt von Miles weiter unten).

Der Kurs der Axie-Token bröckelte also schon vor dem Supergau im Frühjahr 2022. Beim SLP-Token ging es seit Juli 2021 bergab, beim AXS seit November 2021 von damals knapp 160 Dollar auf rund ein Zehntel im Juli 2022. Womit wir bei einem Ereignis wären, das nicht nur die Axie-Gemeinde im Frühjahr 2022 erschütterte: Vermutlich nordkoreanischen Hackern gelang es, die Schatzkammer des Spiels um sagenhafte 600 Millionen Dollar in Form von Ether und dem Stablecoin USDC zu erleichtern. Verantwortlich war ein typischer ERROR 40 – will sagen: Der Fehler sitzt 40 Zentimeter vor dem Bildschirm. Mehrere Entwickler von Sky Mavis hatten attraktive Jobangebote bekommen. Einer ließ sich nach mehreren Vorstellungsrunden bis zum schriftlichen Angebot darauf ein. Leider existierte weder die Firma noch der Job. Dafür war das PDF mit der abschließenden Job-Offerte mit einem Trojaner verseucht. Mit dessen Hilfe kaperten die Hacker mit dem schönen Namen »Lazarus« vier von neun Validator Nodes der Ronin-Bridge für Transaktionen. Axie Infinity läuft auf dem Ronin-Zweig der Ethereum-Blockchain. Einen weiteren »Prüfungsknoten« eroberten sie über den Axie DAO. So konnten sie ungehindert Kryptogeld in ihre eigenen Wallets transferieren. Bemerkt wurde die Katastrophe angeblich erst nach sechs Tagen. Da war mehr als eine halbe Milliarde Dollar schon futsch, und sie zurückzubekommen, dürfte schwierig sein. Allerdings sind nun folgende Hacker-Transaktionen auf der Blockchain einsehbar, und man darf gespannt sein, ob es ihnen gelingt, eine solche Riesensumme ungehindert zu waschen. Könnte schwierig werden, selbst in Nordkorea.[162]

Wie geht es weiter mit Axie Infinity? Im Moment, wo ich dies schreibe, ist das schwer vorhersehbar. Zwar haben die Macher neues Geld eingesammelt und eine neue Spielversion herausgebracht, aber die Kurse dümpeln im August 2022 weiter. Für DappRadar (ein App-Store für dezentralisierte Apps) deutet der Wiederanstieg der Nutzerzahlen seit Juni 22 aber eine Kehrtwende an.[163] Ob das einstige Blockbuster-Game endgültig die Kurve kriegt oder letztendlich in der Versenkung verschwindet, bleibt trotzdem unsicher, zumal Ende Juli 2022 der hässliche Verdacht im Raum stand, Sky-Mavis-Chef Trung Nguyen habe 3 Millionen Dollar auf die Seite geschafft, bevor er die Spieler über den Hack informierte.[164] Warum also stelle ich dir ein Spiel vor, das womöglich schon Schnee von gestern ist, vielleicht aber auch wie Phönix aus der Asche wiederersteht, bis du dieses Buch in den Händen hältst? Ganz einfach: Weil der Fall Axie Infinity zeigt, wie nah Licht und Schatten im Krypto-Space tatsächlich beieinander liegen. Auch Play to Earn ist ein Hochrisiko-Engagement, zumindest, wenn du viel Zeit und Geld hineinsteckst: Der Star von gestern kann der GAU von morgen sein. Und die Ursache ist nicht selten ein DAU (dümmster anzunehmender User).

2. Decentral Games: Pokern wie im echten Casino

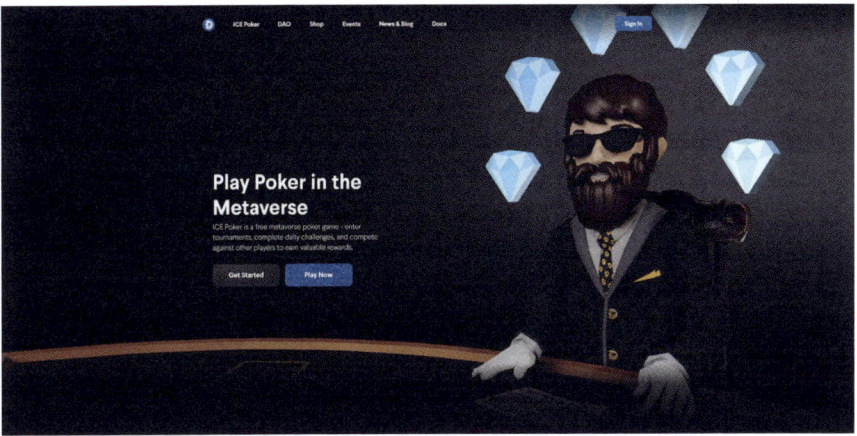

Play to Earn: Decentral Games

Angeblich gibt es weltweit rund 100 Millionen Pokerspieler, von denen über 20 Millionen online pokern.[165] Weltmeisterschaften und nationale Turniere werden ausgetragen, Pokerturniere sogar im Fernsehen übertragen. Im Metaverse ein Spielcasino zu eröffnen und dort Poker-Wettbewerbe zu veranstalten ist also eine ebenso naheliegende wie geniale Idee. Decentral Games kaufte dazu Land in Decentraland, einem der bekannteren Metaversen, und legte im Oktober 2021 los. Man kann in dem Web3-Casino auch Blackjack oder Roulette spielen, aber die Hauptattraktion ist ICE Poker, benannt nach dem In-game-Token ICE. Und bevor Schuldnerberater massenhaft neue Kundschaft wittern: Ist man einmal drin, kann man praktisch nur gewinnen. Das funktioniert so: Wer einsteigen will, braucht für seinen Spieler-Avatar mindestens ein sogenanntes Wearable, ein bestimmtes Kleidungsstück, einen Hut, eine Brille oder Ähnliches. Für dieses Wearable erhält er dann täglich eine bestimmte Menge Tokens zugeteilt, die er vermehren oder verlieren kann. Verschulden kann er sich nicht, aber watt wech is, is wech, wie man im Ruhrpott sagt. Je nach Zahl und Wert der besessenen Wearables spielt man auf verschiedenen Levels. Neue Wearables werden regelmäßig von Decentral Games ausgegeben. Wer beim Minten nicht zum Zug kommt, kann Wearables auf dem Zweitmarkt, beispielsweise auf OpenSea, erstehen (siehe Abbildung weiter unten).

Das finanzielle Risiko bei diesem Spiel liegt also weniger beim Pokern selbst, sondern bei der Anfangsinvestition in die Ausstattung.

Wer mit ICE-Poker ernsthaft Geld verdienen will, muss nicht nur gut pokern können, er muss auch konstant spielen, die täglichen Aufgaben erfüllen, die von Decentral Games vorgegeben werden, und natürlich schadet es auch nicht, ab und zu mal zu gewinnen. Dabei beeinflusst die Anzahl und das Ausstattungslevel (1-5) seiner Wearables den Multiplikator seiner Gewinne und damit auch, ob er es ins tägliche oder gar monatliche »Leaderboard« der besten Spieler schafft. Auch durch Investition von ICE und XP (Erfahrungspunkten) kann man seine Wearables »upgraden« und so seinen ICE-Bonus erhöhen. Die genauen Regeln erklärt Decentral Games unter https://docs. decentral.games/play-and-earn. Geführt wird das Casino über eine DAO (Dezentralisierte Autonome Organisation), an der man mit xDG-Token, also gestakten DG Tokens, beteiligt ist.

DG ist der Utility Token, den man braucht, um seine Wearables zu aktivieren oder upzugraden. Hinterlegt (»stakt«) man DG, werden diese zu xDG Governance Token und man kann wie bei einer Aktiengesellschaft Vorschläge in die DAO einbringen und über Proposals anderer mit abstimmen. Für Initiativen in diesem Bereich und für Geldeinlagen werden Spieler ebenfalls honoriert.

> ### Was passiert eigentlich im DAO?
>
> *Wenn du wissen willst, was für Vorschläge Mitglieder in die Organisation einbringen – kein Problem! Unter https://snapshot.org/#/decentralgames.eth sind die aktuellen Proposals für jedermann einsehbar. Gerade schlägt jemand vor, einen Teil des vorhandenen Kapitals in Bitcoin zu investieren, um Kryptowährungen wieder mehr Aufwind zu verleihen.*

Als ich kurz vor dem Launch von Decentral Games ICE Poker erfuhr, war ich sofort fasziniert. Ich habe selbst eine Weile Poker gespielt und der Businessplan leuchtete mir spontan ein. Daher war ich einer der Ersten, der Wearables erstand – damals noch für 0,1 Ether (rund 300 Euro). Aktuell (im August 2022) liegt der Floor Price auf dem Zweitmarkt bei OpenSea bei 0,38 Ether, etliche Accessoires werden für mehr als das Doppelte gehandelt (wobei Käufern natürlich der momentan niedrige Ether-Kurs in die Hände spielt). Das bislang teuerste Wearable ist eine schwarze Trainingshose im Siebzigerjahre-Stil, die im Sommer 2022 für umgerechnet 3.000 Dollar den Besitzer wechselte.[166] Unter »Activity« kannst du dir bei OpenSea für Wearables, wie übrigens für jedes Angebot, die Preisentwicklung seit dem Start anzeigen lassen (»all time«).[167]

Nun habe ich weder Zeit noch Lust, stundenlang am Pokertisch zu sitzen. Gleichzeitig gibt es Spieler, die sich die Wearables als Eintrittskarte nicht leisten können. Decentral Games bringt beide Parteien zusammen: Besitzer von Wearables können diese gegen einen Gewinnanteil an Spieler verleihen. Je nach Level, auf dem gespielt wird, und je nach Wert des Wearables erfolgt die Aufteilung im Verhältnis 70/30 bis 50/50 für Spieler und Verleiher. Ich bekam bald Anfragen aus aller Welt von Menschen, die für mich pokern wollten. Über die Zusammenarbeit mit einem argentinischen Studenten, der mit ICE-Poker erheblich mehr verdient als in seinem früheren Job und sogar seine Mutter nun finanziell unterstützen kann, habe ich in meinem Bestseller *Reich mit NFTs* schon berichtet. Play to Earn bei Decentral Games kann also eine Win-win-Situation für Spieler (»Delegates«) wie für Wearable-Besitzer (Verleiher) schaffen. Laut Miles Anthony spielen 80 bis 95 Prozent aller Spieler mit geliehenen Wearables.[168] Dies deutet darauf hin, dass auch ICE Poker sich als P2E-Spiel etabliert hat, mit dem viele Menschen einen Teil ihres Lebensunterhaltes (und manchmal auch mehr) bestreiten.

Als Verleiher stellte ich übrigens bald fest, dass auch im Metaversum die Welt nicht nur rosarot ist. Ich besaß mittlerweile 20 Wearables verteilt auf fast ebenso viele Spieler von Argentinien bis Georgien. Und auch, wenn Gewinne auf der Blockchain automatisch (»trustless«, d. h. ohne nötigen Vertrauensvorschuss) verteilt werden, gab es doch viel Sand im Getriebe: Spieler, die wegen Betrugs geblockt wurden, illegale Gewinnabsprachen unter Spielern und Ähnliches. Positiv formuliert: Im Metaverse geht es auch nicht anders zu als im »Meatspace«. Der Kommunikations- und Organisationsaufwand für mich war enorm. Inzwischen arbeite ich nur noch mit fünf versierten Spielern zusammen, von denen jeder die maximale Zahl von fünf Wearables zur Verfügung hat, und ich habe sogar einen »Guild-Manager« eingestellt. Dazu musst du wissen, dass Wearable-Eigentümer eine Gilde bilden können. Vom ersten Guild-Manager musste ich mich trennen, weil auch der versuchte, mich zu betrügen. Inzwischen läuft alles reibungslos und beschert den Spielern, dem Manager und mir jeden Tag Gewinne. Bei mir sind das übrigens einige hundert Euro täglich. Dafür habe ich zwar eine fünfstellige Euro-Summe in Wearables investiert, aber weit weniger, als ich in Immobilien stecken müsste, um eine vergleichbare Rendite zu erzielen. Und ich trage mit meinem Investment natürlich das wirtschaftliche Risiko, siehe Axie Infinity.

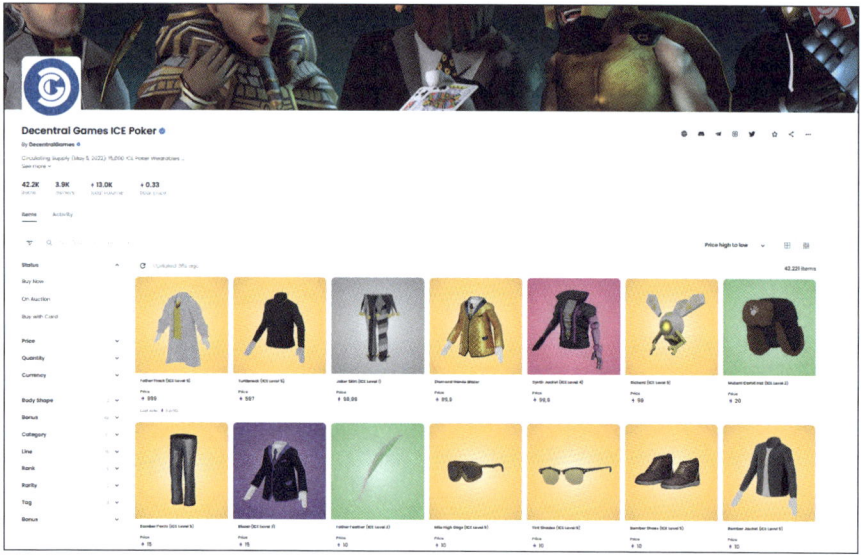

Auf OpenSea gehandelte Wearables für ICE Poker (Decentral Games)[169]

Vielleicht fragst du dich schon die ganze Zeit: Alles gut und schön, aber womit verdient dieser digitale Laden eigentlich sein Geld, wenn Spieler keine Verluste machen können und jeden Tag ICE-Token ausgegeben werden? Des Rätsels Lösung: Zum einen partizipiert Decentral Games am Handel der Wearables auf dem Zweitmarkt. Außerdem lassen Spieler sich Upgrades auf ein höheres Level etwas kosten. Die Aktivierung der Wearables kostet ebenfalls, und zwar DG-Token. Zusätzlich hat Decentral Games kostenpflichtige sogenannte »Skins« (attraktive Accessoires ohne Spielfunktion) eingeführt. Und neuerdings gibt es auch Werbung, die mit ICE gekauft werden kann. Dadurch, dass Spieler ICE-Token (ebenso wie DG und xDG) für bestimmte Leistungen und Vorrechte ausgeben, wird gleichzeitig der Wert der Token stabilisiert. Außerdem können sich die Wearables anders als die Axies nicht vermehren wie die sprichwörtlichen Karnickel, weil ihre Ausgabe zentral erfolgt. All das lässt mich hoffen, dass ich noch lange Freude an meinem Investment in ICE-Poker haben werde. Firmeninfos aus erster Hand gibt es im Folgenden von einem der Mitgründer, Miles Anthony, der uns im Rahmen meines Future-of-Finance-Mentoring für ein ausführliches Gespräch zur Verfügung stand.

Porträt Miles Anthony

»We aim for 200.000 daily players«

* nicht bekannt
Co-Founder und CEO of Decentral Games

https://decentral.games/

Foto: Alex Fiskum

Schon im Studium an der UCLA (University of California, Los Angeles) gründete Miles Anthony mit anderen ein IT-Startup. Und bereits seit 2016 investiert er im Kryptobereich, wie er im Interview meiner Future-of-Finance-Mentoring-Gruppe erzählte. Decentral Games ist also bereits die zweite Unternehmensgründung, an der er beteiligt ist. Wie kam es zum Pokerspiel im Decentraland, einem der bekannteren Metaversen? Es sei völlig klar, dass das Metaverse eine große Zukunft habe, sagt Miles. Casinos seien populär, Poker sei ein Spiel, das viele begeistere. Der Erfolg von Axie Infinity habe außerdem gezeigt, dass NFT-Games ein starkes Potenzial haben. So sei die Idee entstanden, all diese Elemente zu verschmelzen. Im Oktober 2021 ging Decentral Games an den Start. Aktuell spielen laut Miles zirka 10.000 Teilnehmer täglich im virtuellen Casino ICE Poker. Das macht übrigens rund ein Drittel des Traffics von Decentraland aus[170]. Decentral Games hat sich ehrgeizige Ziel gesetzt: Die Zahl der täglichen Spieler soll binnen Jahresfrist vervierfacht werden. Zusätzlich zu dann 40.000 sollen 160.000 täglich für eine günstigere mobile Version des Spiels gewonnen werden.

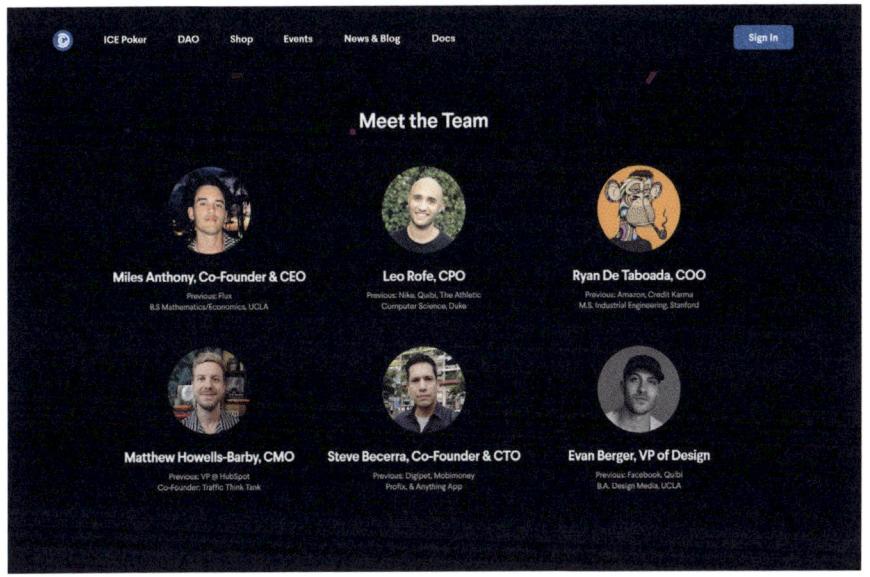

Das Team von Decentral Games

Decentral Games ist nicht nur das erste größere Play-to-Earn-Spiel, bei dem Spieler reale Gewinne erwirtschaften können. Es ist auch das erste Casino im Netz, das den Spielern gehört – jedenfalls denen, die im Besitz von xDG (stakt DG, dem Governance Token von Decentral Games) sind. Das Casino ist als DAO (Dezentralisierte Autonome Organisation) mit eigener Treasury (Finanzkasse) organisiert. Daneben gibt es die Entwicklungsabteilung, die als klassisches (»zentralisiertes«) Unternehmen aufgestellt ist, in dem jeweils rund 20 Mitarbeiter für Entwicklung, Marketing und Support zuständig sind. Dem besten Support der Welt, wenn du mich fragst! Als Besitzer von rund 25 Wearables, die ich im Fünferpack an erfahrene Spieler verliehen habe, weiß ich, wovon ich rede! Detaillierte Informationen zu Decentral Games findest du im Kapitel »Die 3 erfolgreichsten NFT-Games«.

3 Fragen an Miles Anthony

NFTs sind für mich

... wichtig, weil sie digitale Eigentumsrechte im Metaverse sicherstellen.

Wer beim ICE Poker erfolgreich sein will, sollte

... Poker lernen, SNG-Turniere spielen und Wearables gewinnen, um schließlich mit dem Aufbau einer eigenen ICE-Poker-Gilde zu beginnen.

Ein gutes Spiel erkenne ich daran,

... dass es sehr wettbewerbsorientiert ist, Gewinnanreize bietet und durch optimale Anreize und minimale Wertextraktion Reinvestitionen attraktiv macht.

3. Wolf Game: Wolle bringt Zinsen

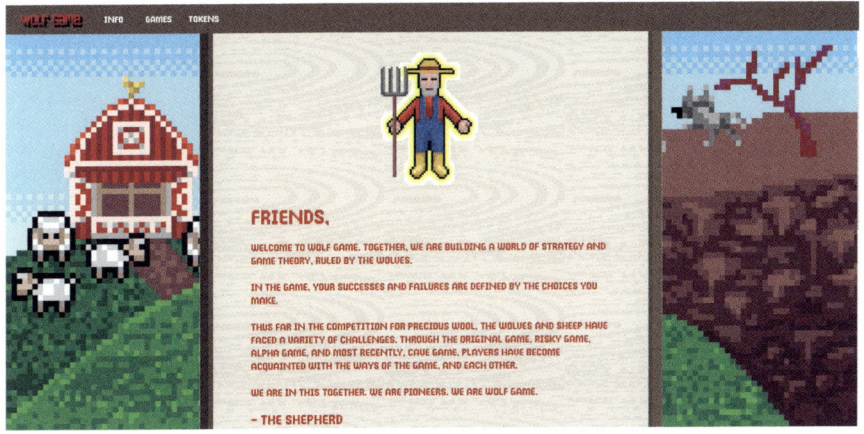

Wolf Game: Der Schäfer erklärt die Regeln[171]

Ob »Shaun das Schaf« oder Schafskrimis – Schafe haben Millionen Fans. Sie bevölkern Bestseller und hoppeln seit Jahren durch beliebte Trickfilmserien.[172] Jeder kennt sie und ihre Gegenspieler. Genau: die Wölfe. Die Grundsituation des Wolf Games muss daher nicht lange erklärt werden. Auch mein drittes Gaming-Beispiel ist ein Play-to-Earn-Spiel, noch dazu eines, bei dem auch Prominente wie Gary Vaynerchuk oder gmoney mitmachen. Meine Auswahl ist kein Zufall, denn ich halte P2E zumindest bei NFT-Spielen für das Modell der Zukunft. Mit dem Einsatz von NFTs im Spiel drängt sich der Verkauf von Spielutensilien und die Krypto-Honorierung von Spielgewinnen aufgrund der technischen Möglichkeiten förmlich auf.

Worum geht's beim Wolf Game? Grob gesagt handelt es sich um ein Strategiespiel, in dessen Verlauf der Spieler immer wieder entscheiden muss, wie er seine NFT-Schafe und die von ihnen produzierte Wolle einsetzt. Die Wolle bildet den Token des Spiels $WOOL und wird in Beuteln (»Wool Pouches«, ebenfalls NFTs) zusammengefasst. Wie auf der grünen Wiese produzieren Schafe Wolle, und wie das gute alte Sparbuch deiner Kindheit werfen Wool Pouches Zinsen ab. Wenn du sie obendrein im Spiel lässt (»stakst«), bekommst du noch mehr Zinsen. Die Wölfe dagegen kassieren prozentual Steuern auf produzierte Wolle, allerdings nur, wenn diese aus dem Spiel abgezogen wird. Außerdem können Wölfe unter bestimmten Bedingungen Schafe oder auch Wolle stehlen – Wolf bleibt eben Wolf, ob an der Wall Street oder in anderen Spielen. Damit ist Phase 1 von Wolf Game grob beschrieben.

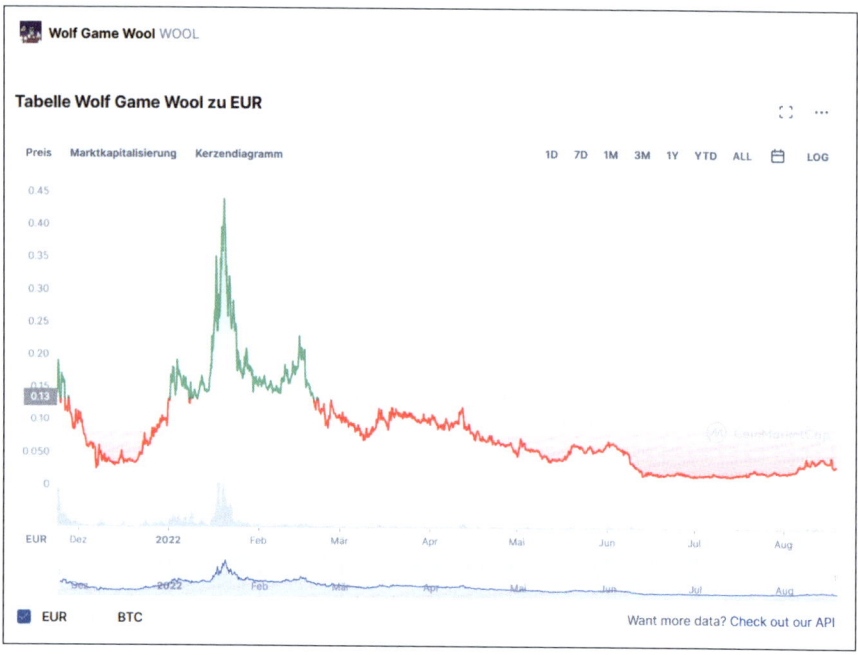

All-Tme-Kurs des WOOL-Tokens (Quelle: CoinMarketCap)

Zum Start am 18. November 2021 konnten 10.000 NFTs (Schafe und Wölfe) gemintet werden, wieder einmal zu einem pubertärsymbolischen Preis: 0,69420 Ether (69 für Sex und 420 als US-Code für Kiffen, du verstehst? Höhö). Das waren damals etwa 163 Euro pro NFT, mit einer 10-prozentigen Chance auf einen Wolf. Diese Wölfe sind wie im echten Wolfsrudel unterschiedlich mächtig. Die Spielhierarchie umfasst acht Stufen, und von den absoluten Leadern (»Alpha 8«) gibt es im ganzen Spiel nur 14 Stück. Notiz am Rande: In meiner Future-of-Finance-Mentoring-Gruppe haben wir eifrig gemintet und etliche Teilnehmer ergatterten Wölfe, zwei sogar Alpha-7-Tiere. Diese wurden im Februar 2022 dann für 19 Ether, damals rund 51.000 Euro, gehandelt. In wenigen Monaten 50.000 Euro Gewinn bei einem Investment von nicht einmal 200 Euro – solche verrückten Geschichten gibt es nur im NFT-Space. Leider ist der Frühjahrshype des Wolf Games inzwischen deutlich abgeflaut, wie auch ein Blick auf den WOOL-Kurs zeigt:

Die aktuellen Preise von Wölfen und Schafen mit unterschiedlichem Seltenheitsgrad, die auf dem Zweitmarkt gehandelt werden, kannst du dir bei OpenSea anschauen. Wem beide zu teuer sind, der kann auch durch den Kauf von Wolle noch ins Spiel einsteigen. Momentan sind die Preise für alle Wolf-Game-NFTs moderat, aber das könnte sich schon bald wieder ändern. Wolf Game ist auch deswegen so interessant, weil die Macher das Spiel im Hintergrund immer weiter ausbauen

Was das Wolf Game mit dem Nobelpreis zu tun hat

Beim Wolf Game geht es immer wieder darum, eine Entscheidung zu treffen, deren Ausgang vom Entscheidungsverhalten anderer abhängt, das nicht sicher vorherzusagen ist. Beispiel: Welchem Wolf-Pack schließe ich mich an?

Mit solchen Dilemmata beschäftigt sich die akademische Spieltheorie, für deren Weiterentwicklung drei Wirtschaftswissenschaftler (Harsanyi, Nash und Selten) 1994 den Nobelpreis bekamen. (Quelle: Gabler Wirtschaftslexion)

und die Spieler bis zum fertigen Spieluniversum, in dem es Ländereien und Farmer gibt, durch Zwischenspiele bei Laune halten. Gleich nach dem Start des Spiels machten sie dabei aus der Not eine Tugend. Durch einen via Twitter enttarnten Programmierfehler konnten WOOL-Besitzer beim Unstaken von WOOL ein Vielfaches der ihnen regulär zustehenden Token kassieren.[173] Den Machern blieb nichts anderes übrig, als das Spiel neu aufzusetzen (daher auch die Delle im WOOL-Kurs Ende 2021, die du oben in der Grafik siehst). Um die Spieler mitzunehmen, entwickelten sie das »Risky Game«, bei dem die Schafe ihre Scheune verlassen mussten (weniger blumig: die Schaf-NFTs wurden entstakt), um dann zu entscheiden, ob sie mit den Wölfen ein Spiel um Wolle spielen wollten. Wer die »Yes Risk Option« wählte, hatte eine 50-prozentige Chance, einen großen WOOL Pouch zu gewinnen. Wer nein sagte, hatte eine 100-prozentige Chance auf einen kleineren Beutel. Diese Beispielregel ist typisch für Spielzüge im Wolf Game, von denen es zahlreiche gibt.

Ein »Pack« im Wolf Game, das gegen andere antritt[174]

Auf das »Risky Game« folgte das »Alpha Game«. Dabei wurden die Alpha-8-Wölfe vom mächtigen Schäfer, der das ganze koordiniert, zusammengerufen und aufgefordert, Teams (»Packs«) zu bilden, die gegeneinander antreten und um Punkte kämpfen. Wer ein Schaf, einen Wolf oder auch Wolle in so einem Pack stakt, wird am Ende entsprechend der erreichten Team-Punktzahl mit seinem proportionalen Anteil an WOOL-Tokens belohnt. Die Packs bieten also nicht nur die Chance, sich Gary Vaynerchuk (bzw. seinem Bruder AJ, der für ihn spielt) anzuschließen, sie fordern erneut zu spieltheoretischen Entscheidungen heraus. Man kann jederzeit das Team wechseln, verliert dann aber seine dort gestakte Wolle. Die Frage dabei lautet: Ist es lukrativer, zu einem Top-Team mit viel Zulauf zu wechseln, das am Ende eine Riesenmenge Wolle gewinnt – oder bleibt man besser in einem weniger erfolgreichen Team, deren geringere WOOL-Zuteilung dann aber auf weniger Köpfe verteilt wird?

Verglichen mit den filmreifen 3D-Welten vieler Computerspiele hat die pixelige Grafik von Wolf Game einen verspielten Retro-Charme und einen augenzwinkernden Humor. Das kam so gut an, dass das Umsatzvolumen von Wolf-Game-NFTs auf OpenSea zeitweise nur durch den Spitzenreiter Bored

Ape Yacht Club übertroffen wurde.[175] Die Macher bieten immer wieder Neues, konnten aber den Kursverfall des Tokens nicht verhindern, auch wenn die Staking-Anreize eine clevere Methode sind, einem Ausverkauf vorzubeugen. Ob Wolf Game erneut zu Höhenflügen ansetzt, wird von der Attraktivität des fertigen Spieleuniversums abhängen. Es bleibt ein »Risky Game«. Wenn du dich damit vertraut machen willst, schau am besten auf die Website, auf der »Whitepaper« die teils komplexen Regeln der verschiedenen Spiele-Phasen schildern. Und pass auf, dass du auf der richtigen Seite landest – https://wolf. game mit dem Punkt in der Mitte. Im Netz kursieren viele Fake-Seiten!

Natürlich gibt es noch unzählige weitere Spiele, die NFTs nutzen. Sie alle vorzustellen würde den Rahmen bei weitem sprengen. Es ist kein Zufall, dass überall da, wo an Metaversen gewerkelt wird, Spiele ins Spiel kommen, ob bei Otherside von Yuga Labs oder bei den MetaHeroes von Pixel Vault. Beide Spielansätze wurden in früheren Kapiteln kurz vorgestellt. Wer virtuelle Welten mit Leben füllen will, muss Interaktion bieten – nur mit Landkäufen, imposanten Villen oder Ausstellungsräumen, in denen man seine NFTs präsentiert, wird man Fans nicht auf Dauer fesseln. Wenn du selbst Lust bekommen hast, dich in NFT-Spielwelten zu erproben, stell dir bei deiner Spielwahl am besten folgende Fragen:

- Überzeugt dich das Team, das hinter dem Spiel steht? Was lässt sich über die Entwickler/das Unternehmen in Erfahrung bringen? Ein im Krypto- und Gaming-Bereich erfahrenes Team spricht am ehesten für dessen Erfolg.
- Wie hoch ist die Eintrittsbarriere für das Spiel? Wie viel müsstest du investieren? Kannst du diese Investition leicht verschmerzen? Wenn nicht, lass lieber die Finger davon.
- Wie ist die Qualität des Spiels? Läuft die Grafik ruckelfrei? Gefällt dir das Spiel? Je ansprechender ein Spiel ist, desto mehr treue Anhänger wird es gewinnen und desto höher wird auch sein wirtschaftlicher Erfolg sein.
- Wie stark ist das Glücksspielmoment, wie hoch dagegen der Strategieanteil? Entspricht dies deinen Vorlieben?

- Wie viel Zeit wird dich das Spiel vermutlich kosten, wenn du erfolgreich einsteigen willst? Kannst/Willst du diese Zeit aufbringen?
- Wie ist die Spiel-DAO aufgestellt? Hast du Lust, dort mitzumachen?
- Wenn für dich das Geldverdienen im Vordergrund steht: Rechnest du dir vor dem Hintergrund der Spielanlage und des erforderlichen Zeitaufwands realistische Chancen aus?

Idealerweise steigst du bei einem vielversprechenden Spiel früh ein. Das Minten von Spiel-NFTs ist in der Regel günstiger, als auf dem Zweitmarkt zu kaufen. Vorsicht ist geboten, wenn ein Spiel gerade massiv gehypt wird, auf Marktplätzen wie OpenSea enorme Summen für Spielwerkzeuge gezahlt werden und der Kurs des Spiel-Tokens rasant in die Höhe schießt. Auf Info-Plattformen wie CoinMarketCap (https://coinmarketcap.com/) kannst du dir die Kursentwicklung für Kryptowährungen für verschiedene Zeiträume anzeigen lassen. Im Krypto-Space sind die Ausschläge enorm, nach oben wie nach unten, bevor sich das Ganze (oft, aber nicht immer) wieder einpendelt. Wenn die Kurskurve gerade ansteigt wie der Hörnligrat am Matterhorn, besteht die reale Gefahr, dass es bald genauso steil wieder abwärts geht.

Abschließend noch ein paar Spiele-Beispiele, die dir einen Eindruck vermitteln, was alles auf dem Markt zu haben ist – in alphabetischer Reihenfolge und ohne jeden Anspruch auf Vollständigkeit. Momentan für Gesprächsstoff sorgen beispielsweise …

… **Alien Worlds:** Ein Weltraum-Mining-Spiel, bei dem der Spieler auf Planeten im Universum Mineralien findet, die zugleich als Spielwährung fungieren. Mit entsprechender Ausrüstung steigen seine Chancen. https://alienworlds.io/

… **Gods Unchained:** Ein Fantasy-Kartenspiel mit Karten unterschiedlichen Seltenheitsgrades. Spieler versuchen, möglichst attraktive Packages zu sammeln, um andere zu besiegen. Auf einem internen Marktplatz können Karten gehandelt werden. https://godsunchained.com/

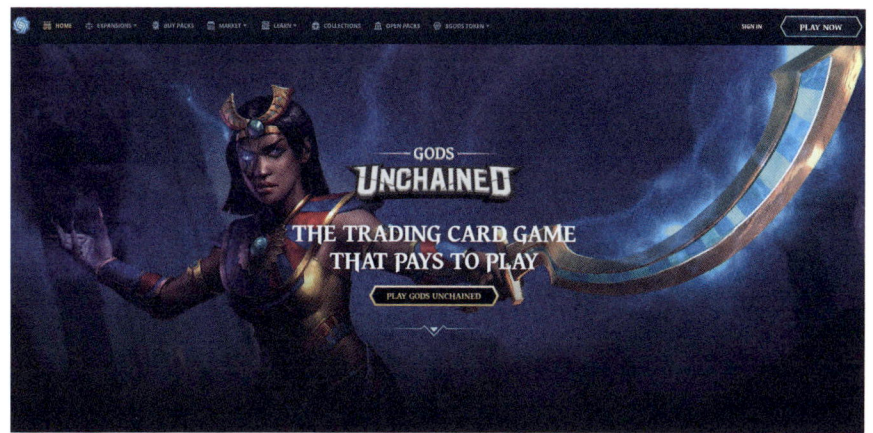

So sehen Götter, pardon, Göttinnen aus: Gods Unchained

Nach einem ähnlichen Prinzip funktioniert auch das erfolgreiche Fußball-karten-Sammelspiel Sorare, das allerdings noch keinen eigenen Token hat und eher in der Web2-Welt verhaftet ist. https://sorare.com

… **Illuvium:** Der Spieler strandet auf dem Planeten Illuvium und muss sich dort mit angriffslustigen Fantasie-Kreaturen (Illuvials) herumschlagen. Gefangene Illuvials werden zu NFTs, die man umformen, upgraden, in Kämpfen einsetzen und handeln kann. Wie Sorare läuft das Spiel über Ether und es gibt auch einen eigenen Token. https://www.illuvium.io/

… **Farmers World:** Eins der meistgespielten Spiele 2022, in dem es darum geht, im südamerikanischen Dschungel ein Dorf aufzubauen, in dem gefischt, Gold geschürft und Holz verarbeitet wird. Zum Einsatz kommen drei Token: Food (FWF), Wood (FWW) und Gold (FWG). https://far-mersworld.io/

… **Lucky Block:** Eine Krypto-Verlosung und damit eine Art Lottospiel. Inhaber eines von insgesamt 10.000 Lucky-Block-NFTs (Mitglieder des »Platinum Rollers Club«) nehmen an täglichen Verlosungen teil. Zu den aktuellen Preisen zählt neben einem Lamborghini auch eine Mitgliedschaft im BAYC. Ich bin nicht gerade ein Lotto-Freund (siehe mein Buch *Geld allein ist auch eine Lösung*), aber hier scheinen die Gewinnchancen erheblich höher (und die Lose entsprechend teuer). Für die Verlosung von

Lucky Block Coins gibt es daneben Gratislose. Ich selbst habe das allerdings noch nie ausprobiert. https://luckyblock.com/

Dorfleben: Farmers World

... **Mirandus:** Ein Fantasy-Rollenspiel, in dem der Spieler sich entscheiden kann, ob er im Universum Mirandus lieber Ritter am Hof, Händler oder Explorer sein will. Im Kampf gegen das Böse geht es darum, die magische Substanz Materium zu finden. Spieler besetzen Land, errichten Farmen, Städte und Burgen. https://mirandus.game/

... **Splinterlands:** Ein Fantasy-Sammelkartenspiel, das auf verschiedenen Blockchains (Ethereum, Tron, WAX) läuft. Spieler treten gegeneinander an, Gewinner werden mit Karten, Zaubertränken und »Dark Energy Crystals« belohnt. Wie bei all diesen Spielen gibt es Karten mit unterschiedlichem Seltenheitsgrad/Preis und einen Marktplatz dafür. https://splinterlands.com/

Wenn du an Gaming interessiert bist, sieh dich einfach ein bisschen im Netz um. In viele Spiele kannst du kostenlos reinschnuppern. Für höhere Levels und Play to Earn musst du dann investieren. Mirandus, das als nächstes großes Ding gehandelt wird, läuft übrigens über Gala Games, eine Blockchain-Spieleplattform, die weitere Games verschiedener Anbieter im Programm hat. In-Game-Tools können dort mit dem Plattform-Token GALA erworben werden. Hinter Gala Games stehen eine Reihe namhafter Investoren von AMC-Networks (US-TV-Anbieter) über Peter Molyneux (bekannter Videospiel-Entwickler) bis Ozys (südkoreanischer Blockchain-Entwickler).[176] Die meisten der Spiele auf der Plattform sind noch im Entwicklungsstadium.[177] Ich selbst kam mit Gala Games in Berührung, weil ich einen der maximal 50.000 »Founder's Nodes« betreibe, der mir Mitsprache im DAO und regelmäßige Auszahlungen in Form von GALA-Token verschafft. Solche »Gründungsknoten«, die als »Proof of Storage« der dezentralen Datensicherung dienen, waren bei meinem Einstieg für 15.000 Euro zu haben. Inzwischen haben sich die Preise mehr als versechsfacht – ein Hype, dem ich nicht ganz traue. Aber erst einmal bleibe ich dabei, nicht zuletzt, um auch in diesem Bereich dazuzulernen. Denn dass Games weiter eine große Zukunft haben, bezweifelt niemand. Die spannende Frage ist nur: Welche?

> ### Drei Mechanismen der Datensicherheit
>
> Neben Proof of Work (Ausführung komplexer Kalkulationen) und Proof of Stake (Staking, also Einlagen) setzt Gala Games mit den Founder's Nodes auf einen dritten Datensicherungsmechanismus: Proof of Storage.

Die 5 bekanntesten Projekt-Abstürze

Schon mal was von Stoner Cats gehört? Von Chubbies, Mekaverse und Super Yetis? Oder auch von »My Fucking Pickle«? Alles Profile-Pic-Projekte, die in ihrer Entstehungsphase massiv gehypt und sogar von bekannten Influencern empfohlen wurden, um bald darauf in sich zusammenzufallen wie das Käse-Soufflé im kalten Ostwind. Und um es gleich vorwegzunehmen: Auch ich habe mich teilweise von anfänglicher Begeisterung anstecken lassen. Was du daraus lernen kannst, erfährst du in diesem Abschnitt.

1. Stoner Cats: Promis als Erfolgsgarant?

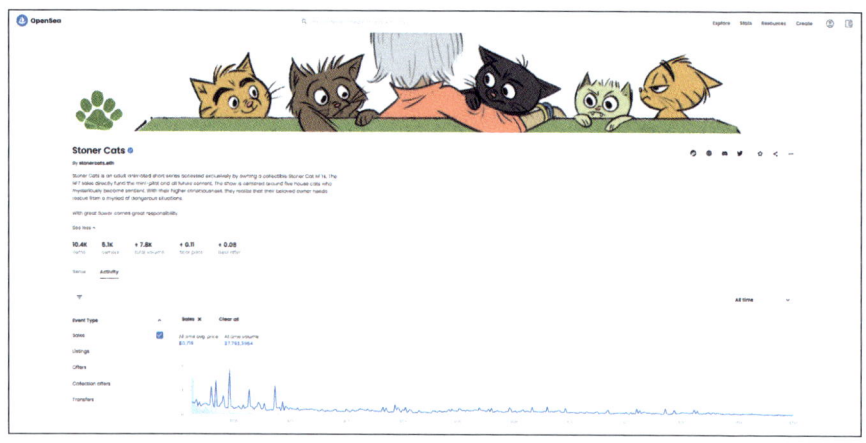

Nach wenigen Monaten ging's bergab: Stoner Cats (Quelle: OpenSea)[178]

»Stoner Cats« ist eine Zeichentrickserie für Erwachsene. Fünf Hauskatzen bewahren ihren Besitzer darin vor allen möglichen Gefahren, und wer sich das ansehen will, braucht ein Stoner-Cat-NFT. Auf diese Weise wird die Serie finanziert, und sie glänzt mit prominenten Sprechern wie Ashton Kutcher, Mila Kunis (ebenfalls Schauspielerin und Kutchers Ehefrau) sowie Vitalik Buterin (Erfinder der Ethereum-Blockchain). Eine innovative Geschäftsidee, diverse Promis und eine nette Story – da kann nicht viel schiefgehen, sollte man meinen. In meinem Bestseller *Reich mit NFTs* habe ich auch dieses Projekt vorgestellt, das tatsächlich rasant startete – so rasant, dass im Sommer 2021 zeitweise ein »Gas War« ausbrach, bei dem zahlreiche Stoner-Cat-Interessenten die Gebühren für den NFT-Kauf in die Höhe trieben, um ihre Transaktion durchzubekommen. Etliche mussten daraufhin mit Gas-Verlusten aufgrund von gescheiterten Kaufversuchen (»failed transactions«) leben.[179] Leider erlahmte das Interesse an der Serie ziemlich schnell. Der Durchschnittspreis der NFTs, der bis auf über 3,7 Ether stieg (am 22.08.2021, damals über 10.000 Euro), dümpelte ein Jahr später um 0,1 Ether (rund 170 Euro). Merke: Eine Schwalbe macht noch keinen Sommer. Und eine Promi-Besetzung noch keine Erfolgsstory.

2. Chubbies: Alles nur geklaut?

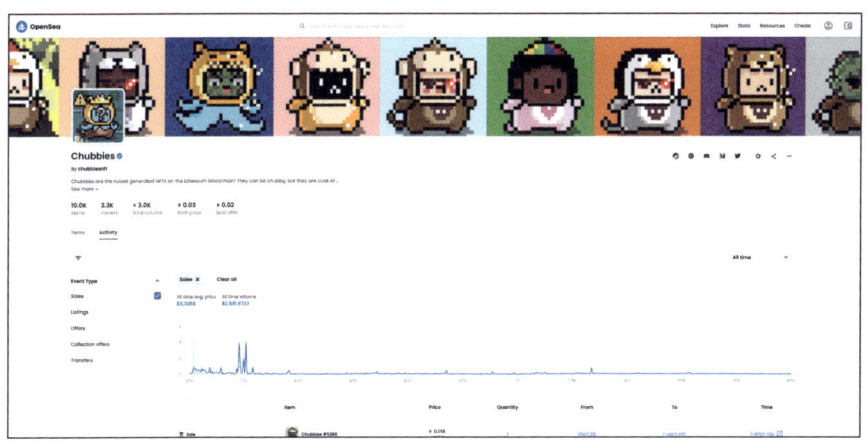

Betrug verzeiht die Community nicht: Chubbies (OpenSea)[180]

Angeblich sind die Chubbies die »niedlichsten NFTs auf der Ethereum Blockchain«, so jedenfalls deren Eigenwerbung. Dennoch ist die Preiskurve nach ein paar zackigen Ausschlägen im Mai 2021 so flach wie das Holsteiner Wattenmeer. Dabei war sogar Gary Vee angetan und twitterte im März 2021 »Excited to see which chubbies I got tonight«.[181]

Warum dann der Absturz? Es liegt nicht etwa daran, dass die kleinen Pummel (»chubby« heißt pummelig) einem Bilderbuch für Zweijährige entwischt zu sein scheinen. Der Hauptgrund ist, dass schon im April 2021 der begründete Verdacht aufkam, die Macher (ein Künstlerehepaar) hätten sich bei der Gestaltung großzügig anderswo bedient.[182] Einen Vertrauensverlust wie den, der darauf folgte, verzeiht die NFT-Community nur schwer. Und so ist die Zahl der Chubbies-Anhänger heute überschaubar: 10.600 Follower bei Twitter, 3.700 bei Discord. Das sind bei Discord praktisch nur die Chubbies-Käufer und reicht kaum, um nachhaltig für Aufmerksamkeit (und Nachfrage!) zu sorgen. Theoretisch kann sich das – wie bei jedem Crash – wieder ändern, wenn ein neues Team und/oder eine engagierte Fangemeinde dem Projekt neues Leben einhaucht. Es kann also klüger sein abzuwarten, statt teuer gekaufte NFTs zu einem Spottpreis weiterzureichen. Vielleicht wird die Crashgeschichte in ein paar Jahren sogar als cool vermarktet. Ich jedenfalls habe viel Geld in NFTs investiert, die nach derzeitigem Stand bedeutend weniger wert sind, doch wer weiß. Merke: Auch Influencer können irren. Und in NFTs solltest du wirklich nur Geld stecken, dessen Verlust du verschmerzen könntest.

3. Super Yeti: Von FOMO verführt

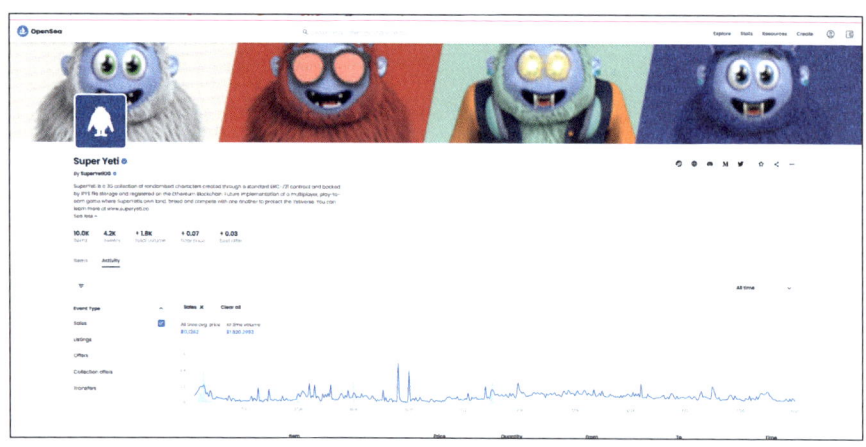

Doch nicht das nächste große Ding: Super Yetis (OpenSea)[183]

Nur zwei Monate nach den Bored Apes und damit im Juni 2021 gingen die Super Yetis an den Start – zottelige Pelzwesen in schrillen Outfits. Das Projekt wurde als mögliches »nächstes großes Ding« gehypt. Wer keinen Bored Ape mehr bekommen hatte, wollte dieses Mal auf jeden Fall mit dabei sein. Mit FOMO (Fear of Missing Out) erkläre ich mir jedenfalls einen Teil des Runs auf die Yetis. Außerdem sehen sie ganz witzig aus und wurden noch dazu als »World's First 3D 10k NFT« angepriesen, also als weltweit erste Zehntausender-NFT-Serie in 3D.[184] 5 Prozent der Einnahmen gehen übrigens an Projekte in Nepal und Indien, die sich gegen Menschenhandel engagieren. All dem zum Trotz läuft das Projekt mehr schlecht als recht, auch wenn es immer mal wieder Ausschläge nach oben gibt. Die Ursachen sind vielfältig. Die Geschichte rund um die Yetis wirkt nicht ganz so stark wie die beim großen Vorbild Bored Apes, es gibt keinen Club, zu dem jeder gehören will, die Weiterentwicklung ist nicht so fantasievoll. Jedenfalls waren die Reaktionen in den sozialen Medien gleich nach dem »Reveal«, also der Offenlegung der blind gemineten NFTs, eher verhalten. Dennoch erholt sich das Projekt möglicherweise, zumal es inzwischen mit einem Play-to-Earn-Spiel im »Yetiverse« verknüpft wird.[185] Die Community ist mit knapp 15.000 Followern bei Twitter und 11.000 bei Discord allerdings mittelprächtig, und von Spitzenpreisen bis zu 5 Ether für rare Yetis ist man heute weit entfernt.[186] Merke: FOMO ist ein schlechter Ratgeber. Und was Kult wird, lässt sich nicht vorhersagen.

4. My Fucking Pickle: Keine Versprechungen!

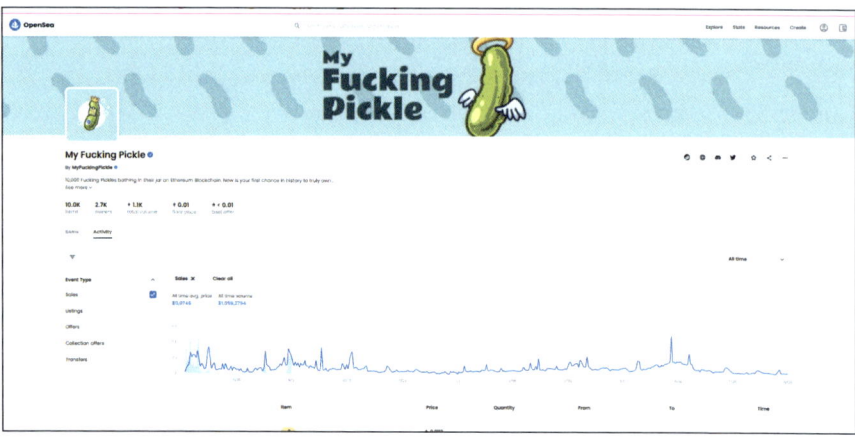

Im Scherz geboren: My Fucking Pickle (OpenSea)[187]

Man hätte gewarnt sein können: »We didn't promise you anything except to buy a fucking pickle... 🥒 «, heißt es in der Projektbeschreibung des anonymen Teams Miinded, das hinter den »verdammten Gewürzgurken« steckt.[188] Und auf Twitter heißt es unverblümt: »No utility except make people laugh and create memories.« Viele NFT-Fans fanden die unverhohlen anzügliche Idee offenbar zunächst witzig. Auf Twitter folgen dem Projekt knapp 40.000 Menschen, bei Discord sind es fast 29.000. Entstanden sind die Fucking Pickles aus einem Twitter-Scherz (Motto: »Wer hat Lust, mit mir ein Gurken-NFT-Projekt zu machen?«). Das Projekt beschreibt sich daher bei Twitter als »First Meme NFT«[189] und wurde im Juni 2021 binnen weniger Tage gelauncht. Das Ergebnis ist ... nun ja, was kann man aus Gurken schon Tolles machen, außer Salat zum Wiener Schnitzel? Das Ganze wurde kurz gehypt, auch weil Beanie, ein damals bekannter und noch nicht als anscheinend halbseiden enttarnter Influencer[190] sich dafür stark machte. Die Idee trug aber nicht dauerhaft, der Witz ist endlich und die Preiskurve dümpelt seitdem irgendwo zwischen Durchschnittspreisen um 0,01 Ether und einem einsamen Maximum von 0,24 Ether. Da muss den Machern etwas echt Cooles einfallen, um das Projekt wiederzubeleben! Merke: Ein Gag allein reicht nicht.

5. Mekaverse: Große Erwartung, große Enttäuschung

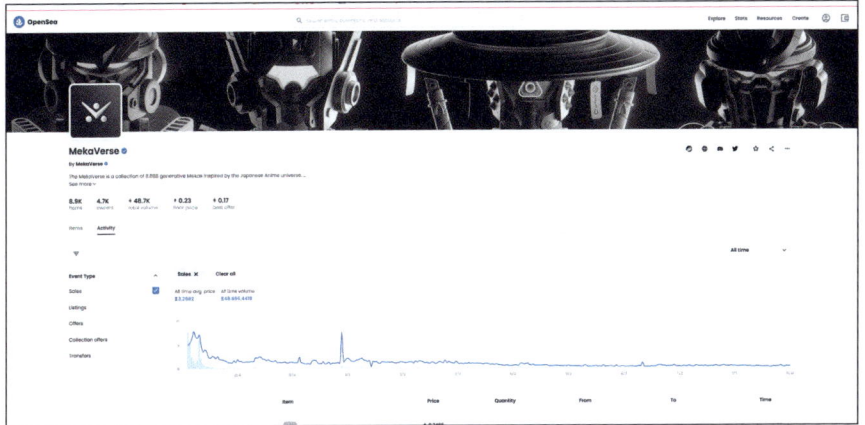

Fieberhaft erwartet: Die Krieger im Mekaverse (OpenSea)[191]

Eins der meistgehypten Projekte 2021, das in nur einer Woche 147 Millionen Dollar Umsatz erzielte, ist Mekaverse. Dabei handelt es sich um 8.888 NFTs, die Roboter-Krieger darstellen. Die »Mekas« wurden in Anlehnung an einen berühmten japanischen Trickfilm (Anime)-Helden der Achtzigerjahre gestaltet: »Mechanic Warrior Gundam«. Die Erwartungen an das Projekt waren groß, die Fangemeinde bereits zum Start riesig: Nur 48 Stunden nach der ersten Ankündigung knackte der Discord bereits die Marke von 100.000 Teilnehmern, bei Twitter waren es im Nu 220.000.[192] Leider gab es bereits kurz nach dem Launch im Oktober 2021 Betrugsvorwürfe, die mit dem besonderen Procedere bei diesem Projekt zusammenhingen. Es wurde, wie bei solchen Serien üblich, blind geminted, doch bis zum »Reveal« der eigentlichen Bilder vergingen nach dem Mint noch einmal drei Tage, in denen die verdeckten Mekas bereits auf dem Zweitmarkt gehandelt wurden. Auch die Käufer wussten also nicht, ob sie einen wertvollen oder einen weniger wertvollen Meka erstanden – abhängig von der Zahl der seltenen Merkmale. Dann kam der Verdacht auf, dass einige Käufer sehr wohl Bescheid wussten, weil Traits »geleakt« worden waren. Das ist in etwa so, als ob man einem arglosen Bauern die Wiese für einen Spottpreis abkauft, weil der nicht weiß, dass dort ein Freizeitzentrum gebaut werden soll. Wirklich entkräftet werden konnte der

Betrugsverdacht nicht. Und dann war auch noch die Enttäuschung groß, als die eigentlichen Krieger sichtbar wurden: Mit der Einzigartigkeit der Figuren war es nicht immer weit her, manche sahen sich zum Verwechseln ähnlich.[193] Von dieser Kritik hat sich das Projekt bis heute nicht erholt. Bei Discord halten ihm gerade noch knapp 14.000 Fans die Treue. Merke: Forrest Gump hat recht: »Das Leben ist wie eine Schachtel Pralinen. Man weiß nie, was man kriegt.« Es sei denn, man arbeitet in der Schokoladenfabrik.

Abschließend zum Vergleich hier noch die Kurve des Durchschnittspreises der Bored Apes seit Erscheinen im April 2021. Auch hier gibt es Ausschläge, aber die Entwicklung ist erstaunlich stabil. Und vor allem: Die Skala links geht in 100-Ether-Schritten von 0 bis 300, während die Beispiele oben in 1-Ether-Schritten oder sogar in Zehntel-Ether messen. Zwischen dem Branchenführer und der Konkurrenz liegen Welten.

All-Time-Preisentwicklung der Bored Apes auf einer
Skala von 0 bis 300 Ether (OpenSea)[194]

Die 15 cleversten Utilitys (mit Real-Life Cases)

»Content is king« überschrieb Bill Gates 1996 einen Essay über das Internet.[195] Damals gab es gerade mal das Web1, in dem man Inhalte suchen konnte wie in einer digitalen Bibliothek. Anfang des neuen Jahrtausends nahmen die sozialen Medien Fahrt auf: Nutzer konnten nicht nur lesen und recherchieren, sondern auch selbst Inhalte posten. Das Web2 war geboren. Mit dezentralen autonomen Anwendungen wie lernenden Programmen und Blockchain-Technologie begann anschließend das Zeitalter des Web3. Und da gilt: Utility is king! Das heißt: Erfolgreiche NFT-Projekte leben von cleveren Nutzenangeboten. Utilitys bringen Dynamik ins Geschehen, halten das Interesse wach, sorgen für Wertsteigerungen. Jeder, der in NFTs investiert, aber auch jeder, der selbst NFTs herausbringen will, sollte sich daher Gedanken über die damit verbundenen Utilitys machen. Hier ein Überblick über die wichtigsten Formen mit Praxisbeispielen.

Utility	Erklärung	Beispiele
Abonnements und Subskriptionen	Werden Abos über NFTs organisiert, können sie mit Zusatz-Benefits angereichert und vom Besitzer anders als klassische Abos unabhängig vom ausgebenden Unternehmen verkauft werden. Das Gleiche gilt für Vorbestellungen (Subskriptionen).	Zunehmend diskutiert wird, wie NFTs traditionelle Mitgliedschaften und Abonnements neu organisieren könnten. Spotify, Netflix, HBO und andere Dienstleister könnten langjährige Abonnenten gezielt belohnen, mit Previews, Gratisleistungen, Give-aways, Platzierung in Filmen usw. Gleichzeitig werden Abonnenten unabhängiger von der Plattform: Statt dort buchen und kündigen zu müssen, kann man auch ein NFT erwerben und es weiterverkaufen, wenn das eigene Interesse erlahmt. »Angereicherte« NFTs werden dabei immer wertvoller – auch eine Form der Kundenbindung.[196] Viele PFP- und Gaming-Projekte arbeiten bereits nach diesen Prinzipien, siehe z. B. → Airdrops und → Gaming. Mittelfristig werden solche Strategien auch in andere Wirtschaftsbereiche Einzug halten.

STORYS

Utility	Erklärung	Beispiele
(Kauf-) Anrecht auf ein »analoges« Produkt	NFT-Inhaber erwerben zugleich ein physisches Produkt, das exklusiv für sie reserviert ist.	gmoney, 9dcc: Wer eins der 1.111 9dcc-NFts besitzt, kauft damit zugleich ein schwarzes T-Shirt mit entsprechendem Logo (9dcc sind die letzten Ziffern von gmoneys Wallet). Fotografiert wurden die Modelle (sechs Promis aus der Kryptoszene) von Justin Aversano, was die NFTs selbst zu einem Sammlerstück macht. Die T-Shirts sind mit einer technischen Funktion ausgerüstet, die beim Scan drahtlos auf das zugehörige NFT verweist und als Echtheitszertifikat fungiert. gmoney steigt mit 9dcc in den Lifestyle- und Luxus-Markt ein. Vielleicht hat ihn ja seine Zusammenarbeit mit Adidas inspiriert? https://www.9dcc.xyz/

Lifestyle mit Technik: 9dcc[197]

Utility	Erklärung	Beispiele
Access (digitale Communitys)	Wer ein NFT besitzt, hat exklusiven oder früheren Zugang zu bestimmten digitalen Gruppen und deren Austausch. Dort erhält er wertvolles »Alpha«-Wissen.	**CryptoPunks:** Nur NFT-Besitzer haben Zugang zum Punks-Discord. **BAYC:** Nur Bored-Ape- und Mutant-Ape-Besitzer gehören zum Yacht Club und genießen seine Vorzüge. **PROOF-Pass:** Inhaber haben »early access« zum Podcast von Kevin Rose, Zugang zum exklusiven Discord-Channel und die Möglichkeit ausgewählte NFTs zu minten. https://collective.proof.xyz/

PROOF-Pass-NFT

Utility	Erklärung	Beispiele
Airdrops	NFT-Inhaber, insbesondere Käufer der ersten Stunde, erhalten in der Folgezeit weitere NFTs oder Token geschenkt. Diese werden kostenlos in deren Wallet »gedropped«.	**BAYC:** 150.000.000 ApeCoins (des Governance Tokens für den BAYC-DAO) wurden an Besitzer von Bored-Ape- und Mutant-Ape-NFTs ausgegeben. Zuvor waren treue BA-Fans schon mit Kennels (Hunden) und Seren belohnt worden. https://airdrops.io/apecoin/ **VeeFriends:** Auch hier gibt es regelmäßig Airdrops, z. B. erhielten VeeFriend-1-Inhaber im August 2022 »VeeFriends Iconic NFTs«, die von dem Künstler Gilang Bogy gestaltet wurden.[198]

Utility	Erklärung	Beispiele
Besitzrecht	Quasi die Basis-Utility: Das NFT ordnet einen digitalen Inhalt eindeutig einem Besitzer zu. Das Ausmaß der Verwertungsrechte, das damit verbunden ist, variiert.	**Quantum (Justin Aversano):** Quantum-Key-Besitzer konnten ein Exemplar der »Doppelgänger«-Serie von Justin Aversano kostenlos minten.[199] Beispiele für unterschiedliche Verwertungsrechte: **Bored Apes:** Der Inhaber hat sämtliche Rechte. Er kann z. B. Merchandising-Produkte mit seinem Affen herstellen, ihn in Videos verwenden, in Geschichten einbauen usw. **VeeFriends:** Die Rechte an den NFTs bleiben ausdrücklich bei VeeFriends LLC. Merchandising u. Ä. sind ausdrücklich untersagt.[200] Welche Strategie ist klüger? Yuga Labs' Vorgehen sorgt dafür, dass die Bored Apes sich global immer weiter verbreiten. Das stärkt die Marke, könnte sie theoretisch aber auch verwässern, falls sie irgendwann an jeder Ecke präsent ist.
Burnen von NFTs	Wer ein NFT oder mehrere »verbrennt«, zerstört sie (genauer gesagt, er transferiert sie in einen unzugänglichen Speicherort). Im Gegenzug erhält er andere, möglicherweise wertvollere NFTs oder analoge Gegenstände.	**Adidas Into the Metaverse:** Wer die exklusiven Adidas Originals-Produkte »claimen« wollte, musste den Start-NFT burnen. https://www.adidas.com/ into_the_metaverse **Damien Hurst, The Currency:** Wer einen NFT der Bilderserie verbrannte, erhielt das physische Bild. Burnte er nicht, wurde das Bild zerstört. Was vorteilhafter ist, hängt vom Verhalten der Mitkäufer ab. Das Ganze ist ein Spiel mit potenzieller Verknappung und Wertsteigerung. Wer auf Nummer sicher gehen will, kauft am besten zwei NFTs – du weißt schon, wofür. https://twitter.com/hirst_official

Utility	Erklärung	Beispiele
DAO – Mitbestimmung über Treasury	NFT-Inhaber (bzw. Inhaber bestimmter Token) können über die Verwendung des Kapitals im angeschlossenen DAO mitbestimmen.	**Nouns:** Jeder Besitzer eines NFTs kann Vorschläge in die Nouns DAO einbringen und über Vorschläge anderer abstimmen. Dabei geht es nicht um Peanuts: Während ich dies schreibe, liegen im Nouns Treasury 27.652 Ether. Das sind derzeit über 40 Millionen Euro. https://nouns.wtf/
	 CryptoCitizens Ankündigung	**Decentral Games (Ice Poker):** Wer den Utility Token des Spiels (DG) stakt (→ Staking) erhält xDG, den Governance Token des Spiels, und kann im DAO mitbestimmen. Unter https://snapshot.org/#/decentralgames.eth können die Proposals eingesehen werden. **CryptoCitizens:** Insgesamt 10.000 NFTs werden bis Ende 2023 in zehn Metropolen rund um den Globus auf Veranstaltungen vor Ort geprägt. Wer einen CryptoCitizen-NFT besitzt, bestimmt im Citizen-DAO mit. Nach Venedig, New York und Berlin steht im November 2022 Mexico City auf dem Plan. Inhaber von CryptoCitizens werden beim Minten von Kunstwerken vor Ort bevorzugt (→ Mint-Pass). Das Ganze ist ein Projekt der angesehenen Galerie Bright Moments. https://www.brightmoments.io/cryptocitizens
Exklusive Inhalte	Nur NFT-Besitzer haben Zugang zu bestimmten Serien, Filmszenen, Videos, Musikstücken, Drehbuchseiten.	**Stoner Cats:** Serie, deren Folgen nur NFT-Käufer sehen können. Dümpelt nach fulminantem Start zurzeit etwas (siehe »Die 5 bekanntesten Projekt-Abstürze«). https://www.stonercats.com/ **Quentin Tarantino:** Drehbuchseiten aus Tarantinos Original-Drehbuch zu *Pulp Fiction* mit Audio-Kommentar des Regisseurs. Gleich das erste NFT brachte ihm 1,1 Millionen Dollar, ungeachtet eines Rechtsstreits mit Miramax. [201] https://tarantinonfts.com/

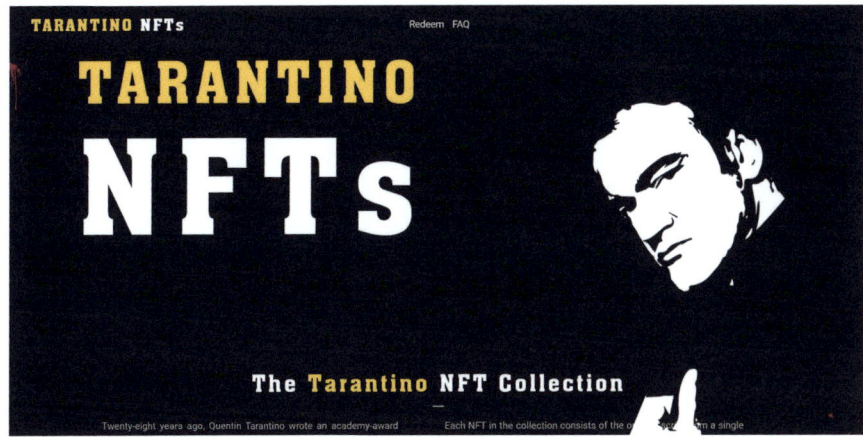

Vermarktung exklusiver Inhalte: Quentin Tarantino

Utility	Erklärung	Beispiele
Gaming	NFT-Besitzer nehmen an Spielen teil. *Cool Cats: Einladung zum Spiel*[202]	**Cool Cats:** Wer eines der 9.999 Profile Pictures besitzt, betritt gleichzeitig das Spieleuniversum »Cooltopia«, das laufend ausgebaut wird. Nach »Adventure« und »Quests« (Suchen) sind Land- und Hauskauf sowie »Battles« angekündigt. Wer mitmacht, kann den In-Game-Token $MILK verdienen, der wiederum im Spiel eingesetzt werden kann, z. B. um »Pet Supplies« zu erstehen. https://www.coolcatsnft.com/
IRL-Benefits	Wer ein NFT besitzt, erwirbt das Anrecht auf bestimmte Vorteile »im echten Leben« (in real life).	**Quantum:** Inhaber eines «Quantum Keys» haben Zugang zum Coworking-Space in L.A. (und geplanten weiteren Spaces). https://quantum.art/space/la **52icons:** Inhaber eines Iggy-Pop-NFT-Unikats haben das Anrecht auf ein kostenloses Foto-Shooting (mit einem Porträt zum Behalten) von Rainer Hosch.[203]

Utility	Erklärung	Beispiele
Juristische Beglaubigung	Noch weitgehend Zukunftsmusik, in absehbarer Zeit vermutlich aber Routine: Eigentums- und Authentizitätsnachweise per NFT.	Außerhalb des Kunstbetriebs könnten so z. B. die Verfolgung von Lieferketten und die Eigentumsübertragung von Immobilien durch NFT-Dokumentation vereinfacht werden. Als Authentizitätsnachweis bei digitalen Inhalten fungieren NFTs bereits. Ein anderes Beispiel ist gmoney, 9dcc: T-Shirts, die dank eingewebter digitaler Technik (Chips) auf das zugehörige NFT verweisen.
Mint-Pass	Nur Pass-Inhaber können neue NFTs auf der Ausgabe-Website des Projekts minten. Mint-Pässe werden verschenkt (→ Airdrop) oder verkauft.	**Aku Chapters:** Besitzer eines Aku Chapters erhielten einen kostenlosen Mint-Pass für einen Akutar (eine Profile-Picture-Serie von Micah Johnson). Auf dem Zweitmarkt bekamen Mint-Pass-Inhaber beim Kauf eines Aktuars 0,50 ETH Preisnachlass.[204]
Staking von Coins oder NFTs	Gestaktes als feste Einlage sorgt für Wertstabilität, denn es kann weder verkauft noch bei OpenSea gelistet werden. Dabei muss der Inhaber einen Nutzen vom Staking haben.	**Moonbirds:** Wer seinen Moonbird 30, 60 oder 90 Tage stakt (bei diesem Projekt als »Nesting« bezeichnet), kann Zusatzmerkmale des PFPs freischalten und erhält begehrte Mechandising-Artikel wie Kappen, Aufkleber und Ähnliches. https://nest.moonbirds.xyz/
Veranstaltungsticket	Das NFT fungiert (auch) als Eintrittskarte für eine oder mehrere Veranstaltungen.	**VeeFriends:** Inhaber haben Zugang zu drei VeeCons (2022, 2023, 2024). https://veecon.co/
Verlosung (Raffle)	NFT-Inhaber nehmen an attraktiven Verlosungen teil.	**UAE »From Desert to Mars«:** Zum 50. Gründungstag der Vereinigten Arabischen Emirate (United Arab Emirates) am 02.12.2021 wurden unter dem Titel »From Desert to Mars« sieben NFTs herausgebracht (für jedes Mitglied der Emirate ein Kunstwerk). Diese konnten kostenlos gemintet werden. Wer alle sieben NFTs besaß, erhielt einen KeyPass (→ Airdrop). Inhaber von drei Key-Pässen zum Stichtag 31.05.2022 konnten sich zu einer Verlosung wertvoller Preise anmelden. Allein vier der zehn Gewinne (Flug und Hotelaufenthalt in Dubai im Gegenwert von geschätzt 5.000 Euro) gingen an Teilnehmer meiner Future-of-Finance-Mentoring-Gruppe![205]

In Summe bieten Utilitys Gelegenheit zu klugem Marketing: Sie in Aussicht zu stellen weckt Interesse, dient der Kundengewinnung und wirkt potenziell wertsteigernd auf NFTs. Dann muss man als Urheber aber auch liefern. Wenn das gelingt, sind Utilitys ein ideales Instrument der Kundenbindung wie Kundenakquise. Die Anbindung an Social Media, die Vorsprungswissen mit einer Gruppe von Interessenten teilt, und die mögliche Verknüpfung mit einem exklusiven Zugang zu Benefits schweißt Kunden noch stärker zu Fangemeinden zusammen – die viel beschworenen Communitys. Idealerweise trägt eine begeisterte Community das Projekt dann selbst weiter und steigert damit dessen Attraktivität und Wert. Utilitys sorgen so für nachhaltigen Erfolg.

Außerdem: Passgenauer kannst du Zielgruppen nicht erreichen, Streuverluste werden minimiert. Davon kann das klassische Marketing nur träumen, auch im Zeitalter von »Big Data« und Tracking des Nutzerverhaltens im Internet. Die Beispiele zeigen, wie vielfältig die Möglichkeiten für NFT-Utilitys sind. Wenn du selbst ein NFT-Projekt anschieben willst, überlegst du am besten genau, was zu dir und deinem Projekt passt. Mach einen Zeitplan und schreib eine Road Map: Mit welchen Maßnahmen in welcher Reihenfolge willst du das Interesse von NFT-Fans wecken und nach dem Launch auch halten? Denn eins geht auf keinen Fall: vollmundige Ankündigungen machen, dadurch die Preise hochtreiben und sich dann in die Hängematte verkrümeln. Oder mit den Einnahmen in die Karibik. Das wäre ein klassischer »Rug Pull«, bei dem Investoren der finanzielle Teppich weggezogen wird. Aber das hast du ja ohnehin nicht vor!

Die 5 dümmsten Argumente gegen NFTs

Im Internet kann man inzwischen T-Shirts mit dem Aufdruck »Proud NFT HATER« kaufen.[206] Das stimmt mich hoffnungsfroh, denn es ist ein Indiz dafür, dass NFTs allmählich den Mainstream erreichen. »Ponzi Scheme« (Schneeballsystem), »Betrug«, nutzloser Hype oder Ausgeburt des Kapitalismus, die Argumente gegen NFTs sind zahlreich. Manchen passt die ganze Richtung nicht, andere verstehen die Kernidee nicht (oder wollen sie nicht verstehen). Hier die meiner Ansicht nach unbedarftesten Argumente gegen NFTs.

Nachtrag: Dass auch wichtige Akteure im NFT-Space durchaus Schattenseiten entdecken, verdeutlicht das Porträt des NFT-»OGs« Nate Alex am Ende dieses Kapitels. Nur geht es da eben um reflektierte Argumente und nicht um – pardon – bloßes Gelaber.

1. »Wozu sollen NFTs gut sein? Ich kann mir die digitale Datei doch jederzeit runterladen!«

»Stimmt, kannst du. Du kannst millionenteure NFTs im Netz suchen und Dir eine Bildkopie ausdrucken. Aber dann versuche mal, das für viel Geld zu verkaufen. Wenn das funktioniert, würde ich als Nächstes Kopien von der Mona Lisa und van Goghs ›Sonnenblumen‹ vorschlagen ...«

2. »Was kann so ein NFT schon wert sein? Das ist doch nur was für Idioten!«

»Tja, dann schau dir mal die Preise auf OpenSea und anderen Marktplätzen und vor allem die Handelsvolumina an. Offenbar sehen das sehr viele Menschen anders.«

3. »Das ist doch nur eine Spinnerei von Nerds! Der Hype ist sicher bald schon vorbei!«

In einem hast du recht: Wie NFTs funktionieren, muss man erst einmal verstehen. Dafür gibt's ja gute Bücher! 😉 *Aber ein Nerd-Phänomen sind sie schon lange nicht mehr. Sonst würden kaum so unterschiedliche Firmen wie Adidas, Gucci oder Visa einsteigen[207], Sotheby's und Christie's würden das Phänomen ignorieren und Investmentfirmen wie Andreesen Horowitz würden nicht Milliarden Dollar in Krypto und Hunderte von Millionen allein in NFTs (z. B. 450 Millionen allein in Anteile an Yuga Labs) investieren.«[208]*

4. »NFTs? Da habe ich ja gar nix in der Hand!«

»Auch das ist in gewisser Weise richtig. NFTs sind ein digitales Gut, das man nicht anfassen kann. Das gilt allerdings auch für die Zahlen auf deinem Kontoauszug. Oder bewahrst du dein Geld zu Hause unter der Matratze auf? Und digitale Kunstwerke kannst du natürlich ausstellen – im Netz oder in einem digitalen Frame daheim über dem Sofa. Such einfach mal im Netz unter dem Stichwort NFT Display Frame.«

5. »Na und? So ein Bored Ape oder anderes NFT ist doch nur ein Bild? (alternativ: Was kann ein Affen-JPEG schon wert sein??!)«

»Ja, Krypto-Kunst ist technisch gesehen eine Datei, oft eine Bild-Datei. Das spricht aber nicht gegen ihren Wert. Die Blaue Mauritius ist nur eine Briefmarke, die schwarze Kreditkarte nur ein Stück Plastik. Das gilt übrigens auch für den raren Nachtwächterschlumpf aus dem Überraschungsei, der sage und schreibe 12.000 Euro wert sein soll.[209] Will sagen: Der ideelle Wert ist etwas anderes als der Materialwert.«

> *Der Wert eines Gutes bemisst sich immer daran, wie viel jemand dafür zu zahlen bereit ist. Das gilt nicht nur für NFTs, sondern zum Beispiel auch für Immobilien, weshalb ein kleines Appartement in Schwabing mehr kosten kann als ein ganzes Haus in Hintertupfing.*

Wie gesagt, dies sind die schlichtesten Argumente gegen NFTs. Ich unterstelle jetzt nicht, dass du selbst so etwas denken oder sagen würdest. Aber damit bist du ausgerüstet für die Oberschlaumeier auf der nächsten Familienfeier. Ich behaupte auch nicht, dass im NFT-Space alles rosig ist, aber Pauschalurteile sind meistens Mist, um es mal ganz pauschal zu sagen. Ich verfolge den NFT-Markt sehr aufmerksam. Gerade heute bekomme ich zwei Meldungen rein: »Handelsvolumen auf OpenSea um 99 Prozent eingebrochen?« und »BAYC's Otherdeed NFTs erreichen neuen Rekordumsatz: 1 Mrd. USD in nur 4 Monaten«.[210]

Wo viel Licht ist, ist immer auch Schatten, und im augenblicklichen Bärenmarkt haben die Skeptiker Oberwasser. Doch die Anwendungen für NFTs sind so vielfältig, dass sie mehr und mehr Einzug in unseren Alltag halten werden. Und für Krypto-Kunst und Collectibles gilt: Ja, der Markt war 2021 teilweise überheizt. Ja, es gab und gibt Betrüger, die mit schrottigen NFTs das schnelle Geld machen wollen, und leider auch Käufer, die darauf hereingefallen sind. Und ja, es gibt Projekte, die die in sie gesetzten Hoffnungen nicht erfüllt haben. Die wird es immer geben. Aber es gibt eben auch die andere Seite: interessante Kunst, spannende Utilitys, tolle Communitys und enorme Wertzuwächse. Ich jedenfalls würde, wenn überhaupt, das T-Shirt der Konkurrenz kaufen. Aufdruck: »NFT-Millionaire«.[211]

Porträt Nate Alex

»Art can be bigger than just the art itself«[212]

* nicht bekannt
NFT-Enthusiast der ersten Stunde, Investor, Sammler, Gründer, Schöpfer

https://twitter.com/NateAlexNFT
https://twitter.com/nft42_
https://www.nft42.com/
https://y.at/%F0%9F%91%81%F0%9F%91%81%F0%9F%91%82/go

Foto: Clemens Bittner

Nate Alex, eigentlich Nate Hart, begeistert sich seit 2017 für NFTs und darf sich damit zu Recht »OG« (Original Gangster) nennen. »nft enthusiast years before it was cool« hat er sein Profil bei OpenSea überschrieben, wo er seit April 2018 präsent ist.[213] Darin steckt schon ein kleiner Seitenhieb gegen all jene, die erst auf den Zug aufsprangen, als er schon mächtig Fahrt aufgenommen hatte. In zahlreichen Podcasts, in denen er zu Gast war, wetterte Nate passend dazu schon mal gegen gesichtslose PFP-Projekte und Teams, die weniger an Innovation als vielmehr am schnellen Geld interessiert seien.[214] Nates Initialzündung im Krypto-Bereich waren 2017 die CryptoKitties, eins der ersten Blockchain-Spiele überhaupt. Einige Jahre später, im September 2021, kaufte er eine der großäugigen Cartoonkatzen für stolze 600.000 Dollar.[215] Obwohl selbst ohne formale Ausbildung im IT-Bereich, entwickelte Nate den Ehrgeiz, die technischen Voraussetzungen von NFTs weiterzuentwickeln.[216] Dabei gilt sein Interesse vor allem der Verlagerung sämtlicher Daten auf die Blockchain – bei den meisten NFTs ist dort aus Kostengründen nur der Zugangscode hinterlegt, während die eigentliche Datei auf einem externen Server liegt. Wird der abgeschaltet, ist auch der NFT futsch.

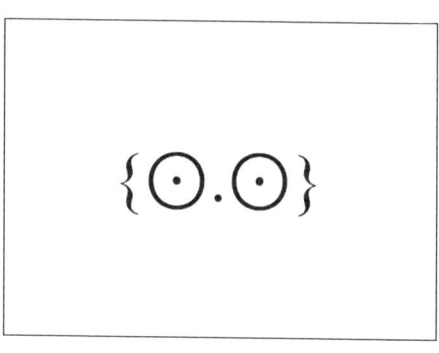

ChainFace #8740 (Quelle: OpenSea)

In Projekten wie »ChainFaces« füllte Nate seinen Anspruch auf Blockchain-Verankerung mit Leben. Dabei handelt es sich um 10.000 »on-chain generative ASCII text faces«. Die sehen genauso nerdig aus, wie das klingt – siehe Abbildung.[217] Nate experimentierte weiter und schuf mit »ChainFaces Arena« ein Mini-Spiel, in dem NFTs sterben konnten.[218] Diese »Deflation« sollte den Wert einzelner Faces erhöhen, blieb aber letztlich hinter den Erwartungen zurück.[219] Mit SquigglyWTF entwickelte Nate seine Idee der »on chain purity« weiter, dieses Mal unter Einbeziehung des Vektorformats für zweidimensionale Grafiken SVG (Scalable Vector Grafics) und einer Auktion, in der der Mint-Prozess an die Versteigerung von Tintenpatronen gekoppelt war.[220] Aktuell arbeitet er an einem »Secret Project«, das »die Grenzen von Smart Contract weiter verschieben soll«.[221] Außerdem gehört Nate zu den Mitgründern von NFT42, einem Unternehmen, das NFTs technisch umsetzt und für Projekte wie Avastars, Nameless, Joyworld, Gary Vaynerchuks VeeFriends oder auch Pranksys »NFT Boxes« verantwortlich ist.[222] Auf Twitter folgen ihm knapp 170.000 Menschen. Dort redet er Klartext über die Szene und einzelne Projekte, was er selbstironisch auf seiner Website als »shitposting« einführt.

3 Fragen an Nate Alex

NFTs sind für mich

... einer der klarsten Anwendungsfälle für Krypto. Mit der langsamen, aber unvermeidlichen Migration vom IRL in den Cyberspace werden digitale Identitäten immer wichtiger. NFTs ermöglichen diese auf sinnvolle Weise, und ich gehe davon aus, dass sie mit zunehmender Reife der Technologie in immer mehr Branchen eine Rolle spielen werden.

Was mich an der Krypto-Szene stört

Der überwiegende Fokus auf »Pumpanomics« und »Number go up« hat einen lauten Raum geschaffen, in dem kundige Stimmen leicht untergehen. Vieles davon hat mit Marktunreife und Inkompetenz zu tun. Ich erwarte, dies wird sich mit der Zeit bessern.

Innovation ist so wichtig für mich, weil

... die meisten technologischen Fortschritte auf früheren Fortschritten aufbauen – auf Sprungbrettern, wenn du so willst. Ich liebe es, mit neuen Techniken zu experimentieren, und hoffe, damit Sprungbretter für zukünftige Entwickler und Innovatoren zu schaffen. Daher ist Innovation wichtig – und weil sie verdammt viel Spaß macht.

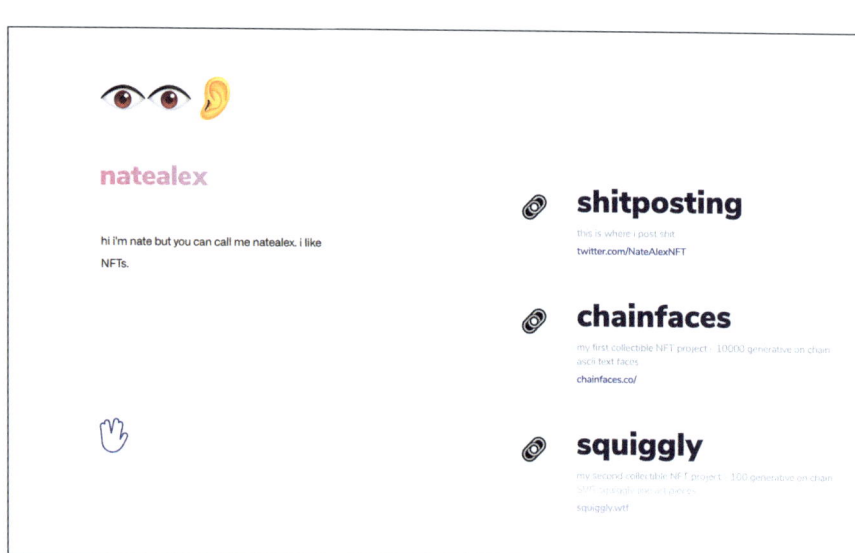

Nate Alex auf einen Blick[223]

Die 5 größten Fehler, die du begehen kannst

Vorsicht ist die Mutter der Porzellankiste, heißt es so schön. Wenn du dich im Krypto-Space sicher bewegen willst, kannst du gar nicht vorsichtig genug sein. Meine Mentoring-Gruppe »Future of Finance« zählt inzwischen fast 500 Teilnehmer, und mein Büro bekommt immer wieder verzweifelte Mails einzelner Mitglieder, die ständigen und sehr konkreten Warnungen zum Trotz Betrügern auf den Leim gegangen sind (siehe das nächste Kapitel »Die 5 fiesesten Scams«). Meine Mitarbeiter und ich haben schon Stunden damit verbracht, den Schaden zu begrenzen, aber nicht immer können wir helfen. Hier deshalb die schlimmsten Fehler, die du begehen kannst.

1. Deine Seed-Phrase preisgeben

Einfach gesagt: Die »Seed-Phrase« ist der Schlüssel zu deiner Wallet, zur digitalen Geldbörse, mit der du auf deine Assets auf der Blockchain zugreifst. Die Seed-Phrase wird auch als »Secret Recovery Phrase« oder »Backup-Schlüssel« bezeichnet, denn damit kannst du jederzeit den aktuellen Inhalt deiner Krypto-Wallet wieder herstellen. Dieser Fall kann eintreten, wenn beispielsweise der Computer, auf dem du deine digitalen Assets verwaltest, den Geist aufgibt. Das Problem: Zugriff auf deine Wallet hat jeder, der im Besitz deiner Seed-Phrase ist. Und wer sich die ergaunert, hat mit absoluter Sicherheit Böses im Sinn. Er oder sie wird deine Wallet ausräumen.

Konkret handelt es sich beim Seed um eine willkürliche Folge von 12 (bei der MetaMask) oder auch 24 Wörtern (beim Ledger), die dir vom Anbieter mitgeteilt wird, sobald du deine Wallet einrichtest. Dahinter verbirgt sich eine lange Zahlen- und Buchstabenfolge (der »Private Key«), die die gleiche Funktion erfüllt, aber bei der Eingabe natürlich fehleranfälliger ist als eine Reihe von Wörtern, die du in der richtigen Reihenfolge eingibst. Bei der Einrichtung der Wallet wirst du einmalig aufgefordert, die zuvor mitgeteilte Sicherungsphrase einzugeben. Danach geht es nur noch darum, die

Seed für den Notfall sicher aufzubewahren. Und da jede elektronische Form der Aufbewahrung – auch ein Handyfoto! – ein potenzielles Schlupfloch für Hacker ist, notierst du dir das Ganze am besten handschriftlich mit Bleistift auf einem Stück Papier, das du sicher aufbewahrst. Um es vor Wasser zu schützen, kannst du das Papier laminieren. Für den Fall, dass ein Feuer ausbricht, solltest du einen zweiten Ablageort wählen. Das könnte auch ein Bankschließfach sein.

Jeder, der dich um deine Seed-Phrase bittet, hat Böses im Sinn. Diese Regel gilt OHNE AUSNAHME. Dabei tarnen Betrüger sich sehr geschickt: Sie maskieren sich als »MetaMask«-Support, geben sich als Promis aus der NFT-Szene aus, sie kaufen den obersten Platz bei Google und tun so, als wären sie die MetaMask-Website. Sogar, wenn du schon ausgetrickst wurdest, findest du auf der Suche nach Hilfe Menschen, die dich freundlich bis zu deinem Private Key lotsen, um dir im wahrsten Sinne des Wortes auch noch das allerletzte Hemd auszuziehen. Lass dich nicht in Versuchung führen, NIEMALS. Es gibt keinen MetaMask-Support per Direct Message oder Telefon, der deine Seed-Phrase braucht, um dir weiterzuhelfen, nicht mal der echte MetaMask Support würde je nach ihr fragen. Idealerweise hast du selbst keinen schnellen Zugriff auf deine Seed-Phrase. Wenn es etwas dauert, weil du erst die Metallkiste unterm Apfelbaum im Schrebergarten am anderen Stadtende ausgraben musst, schaltet sich dein Großhirn hoffentlich noch rechtzeitig ein, bevor du in Versuchung gerätst.

PS: Dasselbe gilt natürlich für den Private Key, die Zahlen- und Buchstabenfolge, die sich hinter der Wortfolge verbirgt.

2. Auf Links klicken, ohne sie vorher zu checken

Eigentlich weiß man das als gemeiner Internet-Nutzer ja: Auf irgendwelche Links aus trüben Quellen zu klicken ist gefährlich. Dahinter lauern Trolle und Trojaner, fiese Hacker und findige Betrüger. Trotzdem passiert so etwas immer wieder. Die häufigsten Gründe:

- Nutzer klicken in der Liste von Google-Treffern auf Fake-Anzeigen und Fake-Accounts, die sich vom Original nur durch kleine Details unterscheiden, durch eine andere Endung beispielsweise oder einen Buchstabendreher. Und schon landest du statt auf der Originalseite von OpenSea bei einem nordkoreanischen Hacker-Kollektiv.
- Nutzer klicken in Discord-Channeln oder auf Twitter leichtsinnig in Links, die dort reinkopiert werden.
- Nutzer klicken auf ein Bild, hinter dem ein Link steckt.
- Nutzer klicken auf ein Google Doc (Online-Dokument), das ihnen ein potenzieller »Auftraggeber« schickt und in dem er angeblich weitere Infos aufgeschrieben hat. Das passiert oft Auftragskünstlern. Das Schlimme daran ist das sogenannte Social Engineering. Es wird teilweise über Wochen hinweg so ein starkes Vertrauen aufgebaut, dass das Opfer nicht mal mehr im Traum daran denkt, dass hinter einem Link Gefahr lauert.
- Nutzer klicken in renommierten Discord-Channeln oder Twitter-Accounts, denen sie schon lange folgen, auf einen Link, nicht wissend, dass die Accounts soeben gehackt und gekapert wurden. Bis das entdeckt wird, sind schon oft viele hunderttausend Dollar flöten gegangen.

Achte immer darauf, dass du den Original-Link einer Website eingibst. Versieh häufig genutzte Adressen mit einem Lesezeichen. Recherchiere angegebene Websites nach und gib deren Adresse ein, statt einfach auf einen geposteten Link zu klicken. Betrügerische Links in Textform werden darüber hinaus enttarnt, wenn du mit dem Curser über den Link gehst, OHNE zu klicken. Dann erscheint die www-Adresse, auf die du tatsächlich geleitet würdest. Du solltest bei fragwürdigen Links auch immer den Link checken, zum Beispiel mithilfe von Seiten wie virustotal.com, wo du auch URLs scannen lassen kannst.

3. Coins an jemanden senden, den du nicht kennst, falsche Mintseiten, falsche Tokens

Einmalige Angebote gegen Vorkasse? Die lange »ausgeminteten« Bored Apes kann man plötzlich für 0,25 ETH noch mal minten? Auch da ist Vorsicht geboten. Je verlockender das Ganze klingt, desto verdächtiger ist es. Faustregel: Was zu schön klingt, um wahr zu sein, ist meistens weder schön noch wahr. Transferiere daher niemals Krypto-Geld an eine unbekannte Quelle, minte oder kaufe deine NFTs auf den Websites seriöser Projekte und auf anerkannten Plattformen (siehe das Kapitel »Die 5 empfehlenswertesten Marktplätze«). Auch bei DEXes (Dezentralisierten Börsen) solltest du bei einem Swap-Vorgang (Tausch) immer den Contract des Tokens überprüfen, in den du swappen möchtest. Oft steckt hinter dem Namen des Tokens, den du eigentlich bekommen möchtest, ein anderer Contract. Benutze Seiten wie CoinGecko(https://www.coingecko.com) und versichere dich, dass du mit dem richtigen Token interagierst, der die korrekte Contract-Adresse hat.

4. Unter Zeitdruck handeln

Die Blockchain verzeiht keine Fehler. Ein Klickfehler bei einer Order mit der MetaMask und schon verschwindet dein Geld auf Nimmerwiedersehen im Cyperspace. Dasselbe gilt für den unbedachten Versuch, Coins einer Krypto-Währung an die Adresse einer anderen

Allein 1.500 Bitcoin verschwinden angeblich täglich im digitalen Orkus, weil Besitzer ihre Passwörter verlegen. Zum heutigen Kurs (09.09.2022) wären das 30 Millionen Euro täglich und damit rund 11 Milliarden pro Jahr. (Quelle: www.finanzen.at)

Währung zu transferieren (z. B. Ether an eine Bitcoin-Adresse oder umgekehrt). Das Geld ist weg, unwiederbringlich, denn im Krypto-Bereich gibt es keine Hotline, die du dann anrufen könntest. Auch Schusseligkeit kann man sich hier nicht leisten. Hunderte von Millionen Kryptowährung sind beispielsweise verloren, weil ihre Besitzer den Schlüssel zu ihrer Wallet verlegt haben.[224] Hektik vernebelt das Gehirn. Dazu zählt auch FOMO, die Angst, etwas zu verpassen. Nimm dir immer die Zeit, über ein Angebot nachzudenken und zusätzlich die Meinung verschiedener Experten zu recherchieren, bevor du unbedacht zuschlägst. Behalte im Hinterkopf, dass auch Experten irren können, und lass die Finger von einem Investment, wenn du kein gutes Gefühl hast – jedenfalls, wenn es um viel Geld geht. Im Krypto-Slang gibt es sogar einen eigenen Ausdruck für kopflose Investitionen: »to ape in«, frei übersetzt »handeln wie ein Affe«. Allerdings wird das nicht immer negativ benutzt und auch nicht immer negativ gesehen. Ich habe damals in meine zehn Bored Apes auch ziemlich reingeaped, ich wusste nichts über das Projekt. Mir haben einfach nur die Affen gefallen. Allerdings war der Mintpreis so niedrig, dass mein Risiko dabei gering war.

5. Geld investieren, dessen Verlust du dir nicht leisten kannst

Verzweifelte Spieler, die im Casino alles auf eine Karte setzen – im Spielfilm schon fast eine klassische Szene. Man grinst über solchen Wahnsinn. Zocken sollte man nur mit Geld, das man auch verlieren kann. Das gilt auch für NFTs, die ein hochspekulatives Investment sind und bleiben. Selbst Blue Chips können von heute auf morgen massiv an Wert verlieren, nicht anders als auf dem traditionellen Aktienmarkt. Ich sage nur Wirecard. Hinzu kommen die üblichen Kursschwankungen bei Kryptowährungen und bei NFTs, die man nur aussitzen kann, wenn man nicht von heute auf morgen Geld braucht. Wäre doch schade, wenn du ein interessantes Investment im »Dip« verkaufen müsstest, also wenn die Kurse gerade auf Talfahrt sind.

Den allergrößten Fehler in Bezug auf NFTs muss ich hier nicht mehr erwähnen, denn du machst ihn ganz offensichtlich nicht. Er lautet: sich nicht mit NFTs beschäftigen.

Die 5 fiesesten Betrugsmaschen

Im Krypto-Bereich geht es zu wie im Western-Klassiker: viele ehrbare und liebenswerte Menschen, aber auch ein paar Revolverhelden, die vor nichts zurückschrecken. Überall dort, wo viel Geld im Spiel ist, gibt es Betrüger. Hier die gängigsten Tricks, mit denen allzu arglose NFT-Fans abgezockt werden.

1. Gefälschte Websites

Aus dem Bankenbereich kennt man das schon länger: Betrüger bauen Websites täuschend echt nach und verleiten Nutzer zur Eingabe sensibler Daten. Beispiel: Durch den Klick auf eine Google-Anzeige gelangt der Nutzer auf eine OpenSea-Fake-Seite. Wenn er dort etwas kauft und Geld verschickt, landet es auf dem Konto der Betrüger und ist für immer verloren.

Wie du dich schützen kannst: Immer die Adresse der Originalseite verwenden und niemals auf dubiose Google-Treffer oder -Anzeigen vertrauen.

2. Werbung mit Airdrops in die Wallets von Prominenten

Gary Vaynerchuk war diese Masche einen eigenen Blog-Beitrag wert: Unbekannte droppen NFTs in seine Wallet und verwenden dies in Fake-Anzeigen als Werbeargument dafür, dass es sich um ein tolles Investment handelt. Arglose Käufer werden so verleitet, Geld für »garbage« (Müll) auszugeben, wie Gary es nennt.[225] Solche Airdrops sind wie lästige Wurfsendungen im Briefkasten, nur kann man sich als Wallet-Inhaber nicht mit einem Aufkleber dagegen wehren. Das passiert nicht nur Gary, sondern auch mir, und erklärt manchen merkwürdigen Inhalt meiner Wallet. Das habe ich nie gekauft! Meine eigenen Investments erkennst du ganz sicher nur, wenn du bei mir im Mentoring bist, weil ich dort jeden Kauf mitteile, oder indem du Apps wie nftfolio.io nutzt.

Wie du dich schützen kannst: (1) Keinen Anzeigen vertrauen, sondern nur expliziten Empfehlungen (siehe jedoch nächste Masche). (2) Nichts kaufen, worüber du nichts weißt – gründliche eigene Recherche zu jedem Projekt. DYOR! (3) Nur kaufen, was dir wirklich auch selbst gefällt. Wenn du unsicher bist oder indifferent: Lass es! So machen es auch erfolgreiche Sammler und Influencer. (4) Immer im Hinterkopf haben: Auch Experten können sich irren und tun das auch ständig. Ein Großteil der vielen NFTs, die täglich lanciert werden, sind wertlos und werden es bleiben.

PS: Wenn dir selbst ungefragt NFTs in deine Wallet gedroppt werden, ignoriere sie am besten komplett. Versuch nicht, sie zu verschieben, klicke nicht einmal darauf. Schon das kann verheerende Folgen haben. Und fall bitte erst recht nicht auf »geschenkte« NFTs herein, für die angeblich schon Kaufangebote vorliegen. Wenn du versuchst, sie weiterzuverkaufen, passiert nur eins: Du wirst abgezockt.

3. Gefälschte und gehackte Videos

Videos von bekannten Influencern werden kopiert, stummgeschaltet und mit falschen Untertiteln versehen. In der Regel geht es dabei um Projektempfehlungen, die mit der Aufforderung enden, auf einen bestimmten Link zu klicken. Wer das tut (und seine Wallet verbindet), öffnet Betrügern Tür und Tor und verliert seine Investments schneller, als er gucken kann. Besonders raffinierte Hacker begnügen sich dabei nicht mit Untertiteln, sondern unterlegen die Videos glaubwürdig mit einer falschen Tonspur. Ergebnis: siehe oben – eine leergeräumte Wallet.

Wie du dich schützen kannst: Misstraue grundsätzlich Videos, die »irgendwo« gepostet werden. Akzeptiere als Quelle ausschließlich Original-Blogs, -Websites oder -Podcasts. Und selbst die könnten zeitweise gehackt sein (wie kürzlich der YouTube-Kanal der südkoreanischen Regierung, der für vier Stunden in »SpaceX Invest« umbenannt wurde und auf dem angeblich Elon Musk für Kryptowährungen warb[226]). Checke immer gegen, ob der vermeintliche Supertipp auch in anderen (seriösen) Quellen verbreitet wurde.

4. Gefälschte oder gehackte Social-Media-Kanäle

Auch mir ist das schon passiert: Jemand gibt sich bei Telegram als »Mike Hager« aus, nutzt dabei ein Foto von mir, das er aus dem Netz gezogen hat, und verspricht tolle Gewinnmöglichkeiten durch Teilhabe an einmaligen Vorzugsangeboten (siehe Abbildung rechts). Das ist ein Fake. Ich habe zwar einen Telegram-Kanal, aber unter einem geheimen Namen. Zugänglich ist er ausschließlich Mitgliedern meiner Mentoring-Gruppe »Future of Finance«, die dort zeitnah erfahren, welche Projekte ich für interessant halte und welche NFTs ich kaufe.[227] Auch Hacks sind verbreitet, beispielsweise von Twitter-Accounts und Discord-Servern (s. o.). Eins der Opfer war Beeple mit einer gefakten Twitter-Meldung, derzufolge er

nach 2019 erneut mit Louis Vuitton kooperieren würde. Mit dazu gab es auch gleich die Links zu angeblichen NFTs. Der Schaden für arglose Klicker soll eine halbe Million Dollar betragen haben. Auch der Instagram-Account des BAYC wurde schon gehackt, der BAYC-Discord-Server mehrfach attackiert. Hackern gelang es schließlich, den Kanal von Boris Vagner, Social Manager von Yuga, zu kompromittieren und dort ein gefälschtes Lockangebot zu platzieren: Wer kostenlose NFTs abgreifen wolle, müsse nur seine Wallet verbinden, hieß es dort, mit den bekannten Folgen.[228]

Wie du dich schützen kannst: Klicke grundsätzlich nicht auf Links bei Twitter, Discord, Telegram, Instagram – NIEMALS. Es handelt sich dabei ziemlich sicher um Betrug. Reagiere auch nicht auf private Nachrichten bei Discord. Schlag allenfalls einen Austausch über Twitter vor, wenn dir eine Nachricht glaubwürdig erscheint, und bleibe auch da wachsam. Und werde grundsätzlich misstrauisch, wenn dir märchenhafte Angebote gemacht werden oder wenn man dich in hektische FOMO-Stimmung versetzen will (»Nur noch x Token ...«). Denn märchenhafte Angebote sind in der Regel genau das: Märchen.

Die Hacker greifen also vielfach dort an, wo sich die NFT-Community zusammenfindet. Sie setzen auf bekannte Namen und auf einen Vertrauensvorschuss, der durch die Zugehörigkeit zu einer Gruppe entstehen kann. Niemand ist völlig gefeit gegen ihre Tricks. So überwies der bekannte Sammler Pranksy Ende August 2021 100 Ether für ein angebliches Banksy-NFT, dessen Versteigerung bei OpenSea auf der gehackten Website der Streetart-Ikone angekündigt wurde. Er bekam sein Geld zwar später wieder zurück, weil er den Hacker identifizieren konnte. Doch so viel Schwein haben 99,99999 Prozent der anderen Betrugsopfer nicht.[229] Wenn du dich also fragst, ob ein bestimmtes Angebot im Netz koscher ist, sollte deine Antwort vorsichtshalber immer lauten: nein.

5. Angriffe auf Plattformen, Marktplätze, Games usw.

Während du dich gegen die beschriebenen Scams durch besondere Vorsicht wappnest, ist das schwierig, wenn nicht du selbst, sondern ein Anbieter gehackt wird. In solchen Fällen kannst du indirekt zum Opfer werden. Ein bekanntes Beispiel ist der Angriff auf Micah Johnsons Akutar-Launch im April 2022. Ein Programmierfehler im Smart Contract der PFP-Serie endete damit, dass umgerechnet 34 Millionen Dollar von Käufern auf der Blockchain eingeschlossen (nicht mehr zugänglich) waren.[230] Für Aufsehen sorgte auch der schon erwähnte Hacker-Angriff auf Axie Infinity im Frühjahr 2022, bei dem Ethereum und Stable Coins im Wert von 600 Millionen Dollar erbeutet wurden. Möglich war dies angeblich durch eine Vereinfachung von Transaktionen auf der Ronin-Blockchain, die Sky Mavis (die Firma hinter Axie Infinity) initiiert hatte, um den Andrang auf das Spiel besser bewältigen zu können.[231] Doch geöffnet wurde das Schlupfloch, wie im Kapitel über Games geschildert, durch einen allzu arglosen Axie-Mitarbeiter, der auf ein fingiertes Stellenangebot hereinfiel und sich ein verseuchtes PDF auf seinen Firmenaccount schicken ließ. Der Hack beschleunigte den Wertverlust der Axies und traf damit alle Spieler.

Wie du dich schützen kannst: Im Grunde genommen nur dadurch, dass du dein Risiko streust und nicht alle Eier in einen Korb legst, wie klassische Anleger sagen.

STRATEGIEN

Das Wissen der Insider

Nur wer sich auskennt,
investiert mit Erfolg!

—————————— *Wenn ich mich gedanklich für einen Moment ins Frühjahr 2021 zurückbeame, scheint mir das eine Ewigkeit her zu sein, so viel ist seitdem passiert. Ein NFT-Jahr sind sieben Normie-Jahre 😊! Unzählige Fragen, die mich damals schlaflose Nächte kosteten, sind gelöst – dank beharrlicher Nachforschung, Tipps aus der Community oder schlicht durch tägliche praktische Erfahrung. Ich schlafe zwar immer noch wenig. Aber das hat jetzt damit zu tun, dass ich inzwischen die nächste Stufe der Rakete gezündet habe und NFTs mich nicht nur als Investor beschäftigen, sondern auch als Berater, Mentor und Unternehmer. In diesem Kapitel geht es darum, dich mit dem Wissen auszurüsten, mit dem du dich meiner Erfahrung nach im NFT-Space sicher bewegst. Wo kaufst du am besten? Welche Communitys solltest du nicht versäumen? Wie schätzt du den Wert eines NFTs am besten ein? Wie investierst du am klügsten? Wo im Netz findest du zuverlässige Infos? Und welche technischen Hacks solltest du beherrschen? All das findest du hier übersichtlich aufbereitet.*

Die 6 empfehlenswertesten Marktplätze

Mit dem Interesse an NFTs wächst auch die Zahl der Marktplätze – ständig kommen neue hinzu. Dabei behauptet sich OpenSea bislang als Platzhirsch, dem immer mehr Neugründungen den Rang ablaufen wollen. Ein solcher Newcomer ist zum Beispiel crypto.com mit einer Fülle von NFT-Angeboten, auch im Gaming-, Musik- und Sportbereich und einem Multi-Channel-Angebot (Crypto.org chain, Cronos, Ethereum, Polygon, Solana). Gegründet wurde der Marktplatz 2021. Ein bisschen auskennen sollte man sich allerdings schon, da man hier auch Nachahmer-Projekte wie den »Bored Ape Muscle Club« findet und nicht glauben sollte, dass es plötzlich echte Bored Apes für nur 5 Dollar zu kaufen gibt.

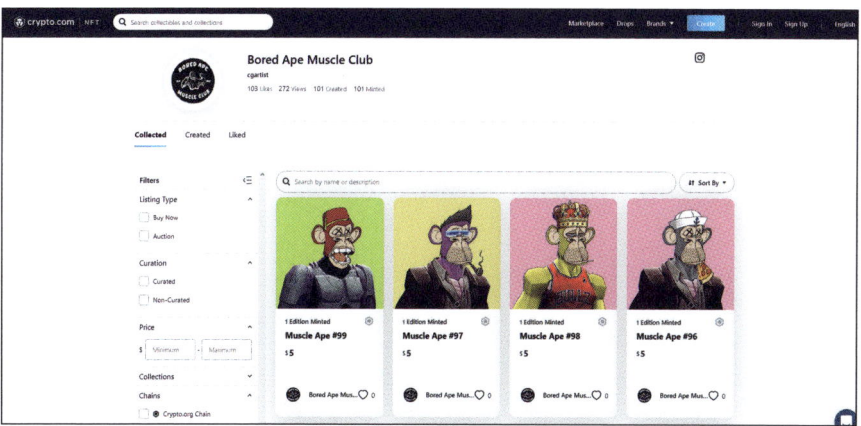

Bored Apes zum Schnäppchen-Preis? Nachahmer-Projekt auf crypto.com

Crypto.com ist insofern nutzerfreundlich, als es Krypto-Börse und NFT-Marktplatz vereint und überdies auch Zahlungen mit Kredit- und Debit-Karte ermöglicht (https://crypto.com). Auch die Krypto-Börse Binance hat 2021 einen eigenen NFT-Marktplatz gegründet, was den Zahlungsprozess etwas einfacher macht, weil es den Gang zu einer separaten Börse erspart. Neben Kunst spielen hier gaming- und sportbezogene NFTs eine Rolle (https://www.binance.com/en/nft/home). Das ist auch bei NFT LaunchPad der Fall, der jüngsten Gründung (2022), die gerade sehr gehypt wird und auf der in Ether, Binance Coin (BNB) und Wrapped Binance (WBNB) gehandelt wird (https://launchpad.xyz). Auch hier sollte man aufpassen, ob der offerierte CryptoPunk tatsächlich aus der Urspungskollektion stammt oder von einem Nachahmer.[232] Außer Marktplätzen mit einem breiten Angebot gibt es dann noch die mit einer Spezialisierung auf bestimmte Produkte, zum Beispiel Draftkings für Sport-NFTs (https://marketplace.draftkings.com) oder Rarible im Kunstbereich (https://rarible.com).[233]

In der folgenden Tabelle (ab S. 222) stelle ich dir sechs bewährte Marktplätze vor, die ich für empfehlenswert halte (Stand: September 2022). Ob du mit ambitioniertem Kunstinteresse unterwegs bist oder nur mal stöbern möchtest, hier ist für jede und jeden etwas dabei. Mit Ausnahme von LooksRare, das nur mit einem Seltenheitstool (»Rarity Sniper«) punktet, bieten alle Marktplätze eine ganze Reihe von Suchfunktionen, mit denen du das Angebot filtern kannst: nach NFT-Kategorien, Preisen (auf- und absteigend), Ausgabedatum, jüngsten Verkäufen beispielsweise. Zusätzlich kannst du gezielt nach bestimmten Künstlern oder Werken suchen oder auch einen Blick in die Wallets anderer werfen, wenn du deren Adresse hast, zum Beispiel in die der prominentesten Sammler, die du im Abschnitt »STARS« findest. OpenSea als größter und zweitältester Anbieter hat hier Vorbildfunktion für die allermeisten anderen Plattformen. Wenn du also ausgiebig dort gestöbert hast, wirst du dich auch anderswo schnell zurechtfinden. Falls du dir eine detailliertere Einführung in die Funktionsweise von OpenSea und ausgewählten anderen Marktplätzen wünschst, greifst du am besten zu meinem Bestseller *Reich mit NFTs*. In vielen Fragen helfen dir aber auch die »Help«-Abschnitte auf den jeweiligen Websites weiter. Den Link dazu findest du in der Regel unten auf der Eröffnungsseite des jeweiligen Marktplatzes.

Im Anschluss an die Übersicht findest du ein Porträt von Erick Snowfro, Gründer von Art Blocks – dem Marktplatz, der für Anhänger Generativer Kunst ein absolutes Muss ist!

Du fragst dich vielleicht, warum ich LooksRare hier aufgenommen habe, obwohl das NFT-Angebot dort nicht besonders gut sortiert ist und eher einem vollgestellten Kramladen gleicht. LooksRare ist ein spannendes Projekt für alle, die sich nicht nur für NFTs interessieren, sondern auch für den Grundgedanken des Web3 – die dezentrale Kooperation von Webnutzern zum Vorteil aller. Dies setzt Mitbestimmung per DAO und/oder ein Belohnungssystem für besonderes Engagement voraus, das in der Regel über einen eigenen Token organisiert ist. Bei LooksRare ist das der LOOKS-Token, der an Nutzer geht, die auf LooksRare handeln, und außerdem als Belohnung für das Staken von Token in Wrapped Ether (WETH) ausgezahlt wird. Ich habe gerade nachgeschaut: Aktuell beträgt die Rendite für meine »gestakten« LOOKS-Token 39 Prozent. Es waren in Spitzenzeiten schon mal 100 Prozent und es kann natürlich auch wieder sehr viel weniger werden. Interessant bleibt es allemal, denn die Plattform schüttet auf diesem Weg die eingenommenen Handelsgebühren an Token-Halter aus – und zwar in begehrtem WETH. LooksRare wird von einigen in der Szene dennoch skeptisch betrachtet, weil die Gründer anonym sind und weil es Hinweise auf »Wash-Trading« gab, bei dem Nutzer NFTs zwischen mehreren eigenen Wallets hin und her verkaufen und dafür Token kassierten.[234] Dennoch bleibt es ein interessanter Marktplatz, den ich vor allem erfahrenen Nutzern empfehlen würde, die sich des Verlustrisikos (bis hin zum Totalverlust eingesetzten Kapitals) bewusst sind. Außer LooksRare hat auch SuperRare einen eigenen Token herausgegeben, der hier $RARE heißt. Er hat mir als frühem und intensivem Nutzer dieses Marktplatzes eine super Rendite eingebracht, die zeitweise das Doppelte des Kapitals betrug, mit dem ich dort Kunstwerke gekauft habe. In der Branche warten eigentlich alle darauf, wann sich OpenSea endlich zu einem ähnlichen Schritt entschließen wird und einen Token für Langzeitnutzer ausgibt.

Die 6 empfehlenswertesten Marktplätze

Marktplatz	Grün-dung	Angebot (Zahl NFTs)	Fokus	Provision
KnownOrigin »Discover and collect rare NFT art.« https://knownorigin.io	2018	28.000	Unikate und kleine Serien (»Hall of Fame« be-kannter Künstler wie XCOPY, Trevor Jones, Hackatao – zu finden unter »Community«)	Verkäufer: Erstverkauf 15% Alle weiteren Ver-käufe 2,5%[235] Käufer: 2,5%
LooksRare »The community-first NFT marketplace that actively rewards tra-ders, collectors and creators for participa-ting.« https://looksrare.org	2022	?	Kein eindeutiger Fo-kus, breit gestreutes Angebot.	Verkäufer: 2% Käufer: 2%[236]
MakersPlace »Create, sell and collect truly rare digital art-works.« https://makersplace.com	2016	90.000[237]	Unikate mit hohem Qualitätsanspruch	Verkäufer: Erstverkauf 15% Alle weiteren Ver-käufe: 2,5%[238] Käufer: keine
Nifty Gateway »The Premiere Market-place for NFTs.« https://www.niftygateway.com/	2018 (2020 von Gemini LCC ge-kauft)	11.800	Unikate und Serien, teilweise von be-kannten Künstlern wie FEWOCiOUS, Beeple oder Refik. Viele Auktionen.	Verkäufer: 5% plus 30 Cent für Transaktions-gebühren Käufer: 15% (davon gehen 10 an den Künstler und 5% an die Pl form)[239]

s ... e	Kura- tiert	Bezah- lung	Erst- markt	Zweit- markt	Sonstiges	Besonders geeignet für ...
	Ja (Zurzeit keine Be- werbung mehr möglich)	ETH Kreditkar- te, Debitkarte	X (Drops)	X	Exklusiver Markt- platz für Kunst mit hochpreisigen NFTs bekannter Künstler und günstigeren New- comern.	Kunstinteres- sierte Samm- ler.
	Nein	ETH, WETH	--	X	Wirbt für sich als Web3-Market- place – Käufer und Verkäufer werden mit Looks-Token für Staking und Han- del belohnt.	Erfahrene Nut- zer, die den Web3-Gedan- ken schätzen und Looks-To- ken verdienen wollen.
	Ja	ETH Kredit- karte (via PayPal)	X (Drops)	X	Langjähriger Marktplatz, u. a. für renommierte Künstler wie Be- eple oder XCOPY. Kooperation mit Christie's.	Kunstinteres- sierte Samm- ler.
r m ns- von s)	Ja (außer- dem »verified« NFTs, deren Herkunft verbürgt ist)	ETH Kreditkar- te, Debitkarte Gemini Konto	X (Drops)	X	Zentralisierte Plattform, inte- griert in die Ge- mini-Börse, die von den Winkle- voss-Zwillingen betrieben wird. Kooperation mit Sotheby's.	Kunstinteres- sierte Sammler und NFT-Fans auf der Suche nach Neuem.

Marktplatz	Grün-dung	Angebot (Zahl NFTs)	Fokus	Provision
OpenSea »The world's first and largest digital market-place for crypto collec-tibles and non-fungible tokens (NFTs).« https://opensea.io	2017	49 Mio.	Alle Kategorien (Kunst, PFPs, Fotos, Sammelkarten, Sport, Musik usw.)	Verkäufer: 2,5% (zzgl. der vom Künstler festgeseten Royaltys, die zwischen 0 und 1 betragen können Käufer: keine
SuperRare »Buy and sell NFTs from the world's top artists.« https://superrare.com/	2018	42.000	Unikate und kleine Serien digitaler Kunst. Verkauf zu Festprei-sen und Auktionen.	Verkäufer: Erstverkauf 15% Alle weiteren Ver käufe 10% Käufer: 3%[240]

as ee	Kura- tiert	Bezah- lung	Erst- markt	Zweit- markt	Sonstiges	Besonders geeignet für …
	Nein	Primär ETH und WETH, dane- ben DAI, Solana, Polygon, Klaytn\n\nKredit- karte	(X)	X	Größter Markt- platz, vorwiegend Zweitmarkt\n\nKein eigener To- ken	jeden, der aus- giebig stöbern will.
	Ja	ETH	X	X	Versteht sich als Gemein- schaftsprojekt von Künstlern und Sammlern, das Inhabern des $RARE-To- kens Mitsprache ermöglicht. Di- gitale Galerien (»Spaces«) und in New York auch eine analoge.	kunstinte-res- sierte Sammler und Käufer, die den Web3- Gedanken/ Mitsprache schätzen.

Was solltest du sonst noch wissen? Ein wesentlicher Unterschied ist der zwischen kuratierten und nicht kuratierten Plattformen. Eine nicht kuratierte Plattform wie Open-Sea ist ein Handelsplatz, auf dem praktisch jeder verkaufen kann – du oder ich könnten dort unser peinlichstes Pubertätsfoto in ein NFT verwandeln und anbieten. Bei kuratierten Plattformen treffen Team (oder auch Token-Halter per Abstimmung) eine Vorauswahl, Künstler müssen sich um

Zum besseren Verständnis: »Auf« der Blockchain liegt in aller Regel nicht der NFT, sondern ein Link, der auf den Ort verweist, wo der eigentliche NFT-Inhalt (das Bild, Video usw.) aufbewahrt wird. Nur Werke der Generative Art (bzw. deren Codes) und ein paar ausgewählte Projekte wie die CryptoPunks sind komplett »on chain«. Hintergrund sind die hohen Kosten für Speicherplatz auf der Blockchain. Die meisten NFT-Inhalte werden dezentral (per Interplanetary File System IPFS) an verschiedenen Stellen gehostet, was relativ sicher ist.

Aufnahme bewerben. Bei SuperRare beispielsweise stimmt die Community darüber ab, wer eine der begehrten digitalen Galerien (»Spaces«) eröffnen darf. Über das genaue Procedere informiert der SuperRare Blog.[241] Durch Kuratierung wird die Aufnahme bei einem Marktplatz zum Qualitätsmerkmal. Es ist also kein Zufall, dass renommierte Auktionshäuser wie Christie's oder Sotheby's mit kuratierten Plattformen kooperieren und ambitionierte Künstler ihre Werke dort ins Rennen schicken. Doch auch wenn XCOPY, FEWOCiOUS oder Beeple eher auf den kleinen, feinen Marktplätzen wie Nifty Gateway »droppen«, werden viele Werke im Weiterverkauf (Zweitmarkt) parallel auf OpenSea und weiteren Marktplätzen angeboten. Es lohnt sich daher immer, Preise zu vergleichen und zu schauen, ob ein Werk hier oder da günstiger ist und ob es vorteilhafter ist, in Ether oder per Kreditkarte in Dollar zu ordern. Immer mehr Marktplätze lassen neben der Bezahlung mit Kryptowährungen auch Kredit- und sogar Debitkarten zu. Bei den Kosten schlagen außerdem noch unterschiedlich hohe Verkaufsprovisionen zu Buche und zusätzlich »Gas Fees«. Gemeint sind die Transaktionsgebühren für die Abwicklung von Käufen auf der Ethereum-Blockchain, die stark schwanken können und von der Auslastung des Netzes abhängen. Das schlägt zu Buche, weil die meisten NFTs in Ether gehandelt werden. Mittelfristig könnte sich die Höhe der Gas Fees mit der Umstellung des Ethers vom

Proof-of-Work auf das weniger energieintensive Proof-of-Stake-Verfahren reduzieren – Stichwort »Merge« im September 2022[242]. Wenn dich dies interessiert, findest du im Glossar am Ende des Buches Erläuterungen dazu. Keine Gas Fees zahlst du bislang nur auf Nifty Gateway, und das auch nur so lange, wie du deine NFTs auf der Gemini-Plattform (zu der Nifty Gateway seit 2020 gehört) liegen lässt und sie nicht in deine eigene Wallet transferierst. Genau das ist aber empfehlenswert, denn nur, wenn du deine NFTs (bzw. den digitalen Verweis darauf) in einer Wallet speicherst, zu der nur du den Schlüssel besitzt, gehören sie auch wirklich dir. Werden sie dagegen von einem zentralisierten Unternehmen wie OpenSea oder Nifty Gateway aufbewahrt, besteht die Gefahr, dass du bei deren Insolvenz nicht mehr auf deine NFTs zugreifen kannst.

Daneben gibt es je nach Marktplatz verschiedene Wege, einen NFT zu kaufen: Festpreise und Auktionen, bei den Auktionen wiederum die »Dutch Auction« (der Preis sinkt in regelmäßigen Abständen), die klassische Versteigerung (»English Auction«), bei der das höchste Gebot den Zuschlag erhält, und die »Silent Auction«, bei der die Bieter die anderen Gebote nicht kennen. Bei OpenSea kannst du zudem für jedes verkäufliche Werk ein individuelles Gebot abgeben. Akzeptiert der Adressat dein Gebot, wechselt der NFT sofort in deinen Besitz und das Geld wird transferiert. Du solltest also nur auf das bieten, was dich wirklich interessiert, zumal Gas Fees fällig werden, wenn du Gebote zurückziehst. Hinter vielen extrem niedrigen Geboten, die du bei OpenSea einsehen kannst, stecken übrigens Bots, deren Urheber auf Notverkäufe weit unter Marktwert setzen.

Eine weitere Besonderheit des NFT-Handels sind die so genannten Open Editions, bei denen innerhalb eines Zeitfensters beliebig viele NFTs einer Serie geminted werden können, übrigens eine Erfindung des anonymen Künstlers Pak. Der freigeschaltete Zeitraum kann extrem kurz sein und nur wenige Minuten betragen oder sich über mehrere Tage erstrecken. Von solchen Editionen erfährt man in der Regel über die sozialen Medien der Künstler und Marktplätze (vor allem Twitter und Discord). Auch Verlosungen werden manchmal in den Verkaufsprozess eingebaut, beispielsweise in Form von »Drawings«, wo begehrte Werke denjenigen zugelost werden, die zuvor einen festgesetzten Preis dafür geboten haben (Nifty Gateway). Da vielversprechende Werke beim Erstverkauf günstiger sind als später im Weiterverkauf, wird treuen Käufern auf dieser Plattform gelegentlich ein Platz auf einer Whitelist eingeräumt, mit dem man eine Art Vorkaufsrecht hat, bevor die Allgemeinheit kaufen oder bieten kann. Überhaupt lohnt es sich, Ankündigungen für interessante neue Projekte (»Drops«) zu verfolgen, um zum Zug zu kommen, bevor eine begehrte Serie ausverkauft ist. Als Mitglied einer Community oder langjähriger Unterstützer eines Künstlers wirst du hin und wieder sogar in den Genuss von Free Drops kommen, also NFTs geschenkt bekommen. Das bekannteste Beispiel dafür sind die Kennels (Hunde) und Seren zum Erzeugen eines Mutant Ape, die Bored-Ape-Besitzer claimen konnten (Kennels) beziehungsweise kostenlos in die Wallet gedroppt bekamen (Seren). Solche Airdrops gibt es inzwischen immer häufiger – als Marketingaktion und um die eigene Community zu pflegen. Und nun das versprochene Porträt des Art Blocks Gründers.

Porträt Erick Snowfro

»I'm not drawn by money. I was drawn by the technology, by the nerdiness«[243]

* 1981
Gründer von Art Blocks, Künstler, Technik-Enthusiast

https://twitter.com/ArtOnBlockchain
https://www.instagram.com/calderockandroll/
https://www.artblocks.io/
https://www.lanovatile.com

Foto: Peter Molick

Ein starkes Gespür für Ästhetik bewies Erick Calderon alias Snowfro bereits in seinem ersten Leben. Seit er Anfang 20 war, leitet er das gemeinsam mit seinem Vater gegründete Unternehmen La Nova Tile, das edle Fliesen mit zum Teil spektakulären Designs aus Spanien und Italien importiert und Innenräume gestaltet. Einem größeren Publikum bekannt wurde er allerdings als Gründer von Art Blocks, der führenden Plattform für Generative Kunst, und als Künstler, der die berühmten Chromie Squiggles erfand (mehr dazu unter »Die 15 wertvollsten Blue Chips im NFT-Bereich«). Heute zählt ihn die Zeitschrift *Fortune* zu den »NFTy 50«, den wichtigsten Persönlichkeiten im NFT-Space.[244] Nach frühem Interesse an Kryptowährungen wie Bitcoin war der CryptoPunks-Discord Ericks Initialzündung im Bereich NFTs. Er war begeistert von der Technologie. Beim Launch der Punks 2017 claimte er gleich »34 oder 35«, auch wenn er damals zögerte, weil das schließlich Gas-Gebühren kostete! Er muss selbst grinsen, als er das im Interview für das Future-of-Finance-Mentoring erzählt. Seine Sammelleidenschaft war damit erwacht. Heute besitzt er noch mehr CryptoPunks, dazu zahlreiche

Autoglyphs und Meebits. Er ist wohl der einzige Mensch, der von fast jedem sogenannten »trait« (Pilot Helmet, Tiara usw.) einen CryptoPunk besitzt. Sein Ehrgeiz sei es, jeweils ein »Full Set« sämtlicher von Larva Labs lancierter Projekte zu besitzen. Nur beim raren blauen »Alien Punk« habe das leider nicht geklappt. Kein Wunder, dass man mit Erick auch ausführlich über Sicherheitsfragen und den richtigen Umgang mit seinem Sicherheitscode (Seed-Phrase) diskutieren kann – darüber, dass es sinnvoll sein kann, mehrere Wallets zu haben und dass man sensible Daten auf keinen Fall zu Hause aufbewahren sollte.

Art Blocks: die erste Adresse für Generative Art[245]

Generative Kunst ist für Erick eine Möglichkeit, Künstlern die Produktion einer Vielzahl von Unikaten nach klaren, von ihnen definierten Gestaltungsregeln zu ermöglichen. Dadurch erhielten auch Menschen, die keine exorbitanten Summen ausgeben könnten, die Chance, einmalige Kunstwerke zu erwerben. Die Gründung einer kuratierten Plattform für Generative Kunst ist da nur folgerichtig. Vom Erfolg ist Erick selbst überrascht: »Art Blocks was a hobby, I never expected it to turn into what it is today«, sagte er einmal in einem Podcast-Interview.[246] Heute ist es sein Ziel, Art Blocks weiterhin als »home for the best generative art in the world« zu etablieren. Die Möglichkeit, über einen definierten Code unzählige einmalige Variationen eines

Grundmusters zu erzeugen, fasziniert ihn bis heute, und er prophezeit ihr eine große Zukunft auch außerhalb des Kunstbereichs. Wenn Menschen die Alternative hätten, ein Unikat oder ein tausendfach reproduziertes Exemplar einer Großserie zu erwerben, würden sie immer das Unikat vorziehen – Bezahlbarkeit vorausgesetzt. Und da Erick nicht nur Künstler, sondern auch Technik-Enthusiast und Unternehmer ist, geht Art Blocks mit »Art Blocks Engine« und »Art Blocks Flex« neue Wege und bietet Partnern aus den Bereichen Sport, Gaming, Mode und Medien eine Zusammenarbeit bei »on-chain-« und »off-chain-storage« generativ erzeugter Vermögenswerte an.[247]

3 Fragen an Erick Snowfro

NFTs sind für mich
... *eine Evolution der Art und Weise, wie digitale Kunst und andere Dateitypen kreiert, authentifiziert und ausgetauscht werden.*

Die Zukunft der Generative Art besteht
... *im Ausloten des Potenzials dieser wunderbaren Distributionsform individueller Kreativität, unsere Gesellschaft weiter zu durchdringen.*

Was mich im NFT-Space am meisten überrascht hat
... *ist der kollaborative Charakter und die gegenseitige Unterstützung von Projekten untereinander.*

Die 5 exklusivsten Communitys

»Your network is your net worth«, lautet einer meiner wichtigsten Lebenssätze. (Über 70 weitere bewährte Erfolgsmaximen kannst du in meinem jüngsten Buch *Mikes Mindset Minuten* nachlesen.) Gute Kontakte spielen überall eine Rolle. Im NFT-Space sind sie überlebenswichtig – um Wissen auszutauschen, interessante Projekte und Investments kennenzulernen, eigene Projekte voranzutreiben, im Web3 selbst mitzubestimmen und von exklusiven Vorteilen (Tipps, Airdrops, Whitelists usw.) für Mitglieder einer bestimmten Community zu profitieren. Der NFT-Markt ist so schnelllebig, unübersichtlich und volatil, dass niemand den gesamten Bereich im Blick behalten kann: Dafür brauchst du Verbündete. Der Begriff der Community wird dabei unterschiedlich verwendet. Es gibt Gruppen, zu denen jeder problemlos Zugang hat, und solche mit hohen Zugangshürden. Den PROOF-Podcast mit wertvollem Expertenwissen beispielsweise kann jeder hören, Inhaber eines PROOF-Passes allerdings mit einem Tag Zeitvorsprung (»early access«). Viele Twitter-Accounts oder Discord-Channel sind offen, andere sind exklusiv oder teilweise (nur in einem inneren Bereich) mit Zugangsbeschränkungen versehen. Für den Punks-Discord musst du beispielsweise einen CryptoPunk besitzen. Die folgende Abbildung (siehe S. 233) gibt dir einen Überblick der verschiedenen Arten von Communitys, die ich kurz erläutere, bevor ich auf die fünf exklusivsten näher eingehe.

Die verschiedenen Arten von Communitys schließen sich nicht aus, im Gegenteil, sie ergänzen und befruchten einander. Ein gutes Beispiel für die Bildung und Pflege einer stabilen und stetig wachsenden Gemeinschaft von Unterstützern ist Justin Aversano, einer der bekanntesten Fotokünstler nicht nur im NFT-Space. Über den Austausch im CryptoPunks-Discord wurde er an die NFT-Szene herangeführt, bald war er selbst auf Twitter und Discord aktiv. »Talk to people«, das sei das Wichtigste, wenn man als Künstler eine Community aufbauen wolle, sagt er. Justin, den ich als extrem freundlich und hilfsbereit kennengelernt habe, verrät ein weiteres Erfolgsrezept beim Networking: »connecting people to other people«. Das festigt die eigene Position im Netzwerk. Beispielsweise habe er zwei Promis, gmoney und Gary Vee, einander vorgestellt, erzählte er im Interview für meine Future-of-Finance-Mentoring-Gruppe. Das Porträt von Justin findest du weiter unten in diesem Kapitel. Seine Maximen lassen sich eins zu eins auch auf Sammler, Investoren und NFT-Fans übertragen: Kontakte suchen und pflegen, freundlich sein, anderen helfen. Es ist wie im echten Leben: Man sollte geben, bevor man nehmen will. Das offensive Vertreten eigener Interessen, ob es um das »Shillen« eigener Projekte oder um das Einfordern von Investment-Tipps geht, ist eine schlechte Eintrittskarte in eine Community. Apropos »shillen«: Eine Übersicht der Insider-Begriffe, die du kennen solltest, wenn du in NFT-Communitys unfallfrei kommunizieren willst, findest du am Ende dieses Buchabschnitts.

Formen von NFT-Communitys

Justin pflegt seine Community nicht nur in den sozialen Medien: Er hat darüber hinaus mit Quantum Art einen Marktplatz für Fotokunst gegründet und plant mit Quantum Spaces eine Reihe von Ausstellungsräumen und Lounges,

Aktienkäufer verfolgen die Wirtschaftspresse, NFT-Fans, Investoren und Sammler folgen Künstlern und Influencern auf Discord und Twitter. Dies sind mit Abstand die wichtigsten sozialen Medien im NFT-Space.

in denen sich NFT-Fans auch »IRL« (in real life) begegnen können. Der »Quantum Space« in L. A. existiert bereits. Zugang haben Inhaber eines Quantum-Key-Passes, den man minten konnte und der auf dem Zweitmarkt bei OpenSea erhältlich ist. Der Quantum-Pass ermöglicht außerdem »Priority Minting« für bestimmte Quantum-Kollektionen und dient als Eintrittskarte für einen exklusiven Discord-Channel und persönliche »Meet-ups« und Events. [248] Die wiederum werden natürlich in den sozialen Medien angekündigt, sodass eins ins andere greift. Justin nutzt auf diese Weise eine Vielzahl der oben abgebildeten Community-Formen. Eigene Posts von Community-Mitgliedern vor und nach bestimmten IRL-Events tragen den Ruf des Künstlers weiter. Auf diese Weise bleibt er im Gespräch, was den Wert seiner Werke stabilisiert, und seine Anhänger genießen Vorteile durch Vorzugsangebote und exklusive Infoquellen. Damit wir uns nicht missverstehen: Ich finde, Justin ist ein großartiger Fotograf. Aber wenn niemand davon wüsste, würden seine Werke nicht die hohen Preise erzielen, die inzwischen dafür gezahlt werden. Justin ist ein großer Menschenfreund und ein Naturtalent in Sachen Networking. Man kann sich in der Community-Bildung natürlich auch von Profis unterstützen lassen, wie beispielsweise Rainer Hosch von meinem Partner Alexander Sachs und mir. Wichtig ist, als NFT-Herausgeber seine Community in verschiedenen, miteinander vernetzten Foren zu pflegen und dafür eine Auswahl der oben abgebildeten Community-Formen zu treffen. Auf diese Weise bleibt man im Gespräch und vergrößert seine Anhängerschaft. Die Königsklasse der Community-Bildung sind exklusive »Clubs«, zu denen der Besitz bestimmter (häufig hochpreisiger) NFTs Zugang verschafft. Ein Beispiel sind neben dem Bored Ape Yacht Club die VeeFriends von Gary Vaynerchuck. Im Umkehrschluss bedeutet das für NFT-Fans, interessanten Künstlern zu folgen und dabei auf Dauer von offenen Kanälen in exklusivere Zirkel vorzudringen. Dazu gehört auch das Engagement als Käufer bzw. Sammler oder die Beteiligung an einem DAO, sobald man sich besser auskennt. Und übrigens: Die NFT-Community ist eine der freundlichsten, die ich kenne. Man unterstützt sich gegenseitig, weil man einen gemeinsamen Enthusiasmus teilt. Und man pflegt einen spielerischen Humor, der höchst unterhaltsam sein kann. Als Anfänger schaust du dich am besten erst einmal um, welche Communitys dir gefallen und um Themen kreisen, die dich interessieren. Der Austausch in den sozialen Medien läuft vielfach auf Englisch. Falls du an Infos und Tipps auf Deutsch interessiert bist, empfehle ich dir meinen YouTube-Kanal, auf dem du kostenfrei Videos mit wertvollem NFT-Input für Anfänger und Fortgeschrittene findest. Schau einfach

mal rein, mehr als 15.000 Abonnenten können nicht irrren! (https://www.youtube.com/c/MikeHagerGeld/videos) Eine weitere von mir gegründete Community ist das Future-of-Finance-Mentoring, eine Gruppe, in der wir sehr tief ins Thema einsteigen und gemeinsam reich werden. Mehr dazu in der folgenden Übersicht.

Zum Stöbern für den Anfang empfehle ich dir beispielsweise diese Discord-Channel:

- *OpenSea*
- *Art Blocks*
- *Nifty Gateway*
- *Adidas*
- *Decentraland*

Community	Gründer	Mitgliederzahl
Admit One https://g.money	gmoney (2022) Gültigkeit: 3 Jahre	1.000 (»Web3 enthusiasts, builders, and thought leaders«)
Bored Ape Yacht Club BAYC (Siehe auch ausführliche Darstellung im Abschnitt »STORYS«)	Yuga Labs (2021)	Alle Besitzer eines Bored Ape (potenziell. 10.000) – Celebritys (Sportler, Rapper), Influencer, Investoren.
CryptoPunks-Discord	Larva Labs (2017) (inzwischen von Yuga Labs übernommen)	Interner Bereich: Alle Besitzer eines CryptoPunks (potenziell 10.000) – Künstler, Celebritys, Investoren (Öffentlicher Bereich: 70.000)
Future-of-Finance-Mentoring	Mike Hager (2021) Gültigkeit: ohne zeitl. Begrenzung	500 Ausgewählte Teilnehmer mit Grundlagenwissen im NFT-Bereich, vom Künstler bis zum millionenschweren Unternehmer
PROOF Collective (Siehe auch ausführliche Darstellung im Abschnitt »STORYS«) https://collective.proof.xyz	Kevin Rose (2021) Gültigkeit: ohne zeitl. Begrenzung	1.000 Erfahrene Sammler u. Investoren, namhafte Künstler (»OGs«) – vorwiegend Kunstinteressierte

Inhalt	Benefits	Zugang (Investment)
Austausch, digitale und IRL-Events mit gmoney	Zugang zum »gmoney-Ökosystem« (Alpha-Wissen, Netzwerk). Über Kontakte Platz auf interessanten Whitelists. Exklusiver Discord-Channel.	Admit One Pass, der an frühe Unterstützer (»POAP«-Inhaber) verschenkt wurde. Zweitmarkt-Preis: ca. 4 bis 5 ETH.
Zugehörigkeit zur coolsten Community im NFT-Space, die gemeinsam die Möglichkeiten des Metaverse (»Otherside«) erkundet.	Prestigegewinn. Wertvolle Airdrops (Kennels, Seren, Land im Metaverse Otherside) und weitere Vorteile, z. B. bei der Zuteilung von ApeCoins und bei Aktionen oder Games in Otherside. Sämtliche Verwertungsrechte am eigenen Bored Ape (Merchandising). Stabiles Investment. Starkes Gemeinschafts-gefühl.	Bored Ape (Mint-Preis ursprünglich 0,08 ETH, derzeitiger Floor-Preis um die 80 ETH).
Austausch mit dem Who is Who der Web3-Szene	Prestigegewinn. Vernetzung mit OGs der Szene, Alpha-Wissen. Weitere Vorteile wie Einladung zu exklusiven Whitelists	CryptoPunk (ursprünglich »free mint«, aktueller Mindestpreis 69,3 ETH oder knapp 83.000 Dollar).[249]
NFTs, Krypto-Währungen, DeFi. Erfolgreicher Investor teilt sein Wissen und seine Anlage-Strategien. Engagierte Community, die sich gegenseitig unterstützt.	Regelmäßige Webinare zu NFT-Themen mit Mike u. Experten aus seinem Team. Wöchentliche Zoom-Meetings. Einblick in aktuelle Investments. Interviews mit OGs (Künstler, Sammler, Influencer). Zugang zum exklusiven Telegram-Kanal mit geldwertem Alpha-Wissen. Gemeinsame Reisen (z. B. VeeCon) und IRL-Treffen.	Bewerbung unter https://mikehager.de/nft-mentoring Preis auf Anfrage
PROOF-Podcast (mit »early access« für PROOF-Pass-Inhaber), exklusiver Zugang zu Kunstwerken (»Grails«)	Alpha-Wissen, 3 x jährlich Mint eines »Grail« (0,05 ETH), Free Drops (2 Moonbirds, 2 Oddities) und weitere Aktionen	PROOF-Pass (50 bis 70 ETH)

Nur mit einem guten Netzwerk kommst du im NFT-Space wirklich weiter. Auf viele lukrative Projekte wurde ich von anderen NFT-Fans und Influencern aufmerksam gemacht. Ohne gmoney wäre ich nicht so früh mit Justin Aversano in Kontakt gekommen. Und hätte ich rechtzeitig auf Kevin Rose gehört, wäre ich heute stolzer Besitzer eines »Fidenza« von Tyler Hobbs, weil ich zugeschlagen hätte, bevor die Preise völlig durch die Decke gingen. Gleichzeitig habe ich selbst viele Menschen in meinem Netzwerk auf die Bored Apes aufmerksam gemacht, von denen ich sofort begeistert war. Manche haben so mit geringem Einsatz ein Vermögen gemacht, weil sie ebenfalls früh eingestiegen sind. Sie sind mir bis heute dankbar.

Wie Communitys funktionieren, zeigt auch die folgende Story: Im Mai 2022 war ich mit 15 Mitgliedern meiner Future-of-Finance-Mentoring-Gruppe auf der VeeCon in Minneapolis. In der Hotelbar traf ich abends gmoney, der ein auffälliges Prada-Täschchen am Gürtel trug. Als ich ihn darauf ansprach, sagte er nur: »Halt mal dein Handy dran. Du wirst schon sehen!« Gesagt, getan. Per Scan bekam ich einen POAP (PROOF-of-Attendance-Pass) auf mein Smartphone gespielt. Weil diese Teilnahme-Nachweise in NFT-Form erfahrungsgemäß wertvoll sein können, fragte ich gmoney, ob die FoF-Teilnehmer, die in der Bar saßen, auch so einen POAP bekommen könnten. »Kein Problem!« Und so hielt jeder aus der Gruppe kurz sein Smartphone an die ominöse Tasche. Zwei Wochen später bekam jeder POAP-Besitzer kostenlos einen der begehrten Admit-One-Pässe von gmoney, die zwischenzeitlich zu Preisen von bis zu 32.000 Euro gehandelt wurde.

Solche Benefits und die Vernetzung mit OGs der NFT-Szene machen die FoF-Gruppe zur führenden deutschsprachigen Community im NFT-Bereich. Webinare, Videos und Podcasts zum Thema gibt es mittlerweile viele. Doch es ist ein wesentlicher Unterschied, ob jemand sich Wissen nur angelesen hat oder ob er selbst als Investor erfolgreich war und über Kontakte zu internationalen NFT-Größen verfügt, die wertvolle Insider-Informationen mit ihm teilen. Wer sonst schafft es beispielsweise, einen Erick Snowfro, Miles Anthony oder gmoney für ein exklusives Gespräch zu gewinnen? Auch Kris Kay, Justin Aversano oder Nate Alex standen uns schon Rede und Antwort. Sorry, liebe Leserinnen: Dafür, dass die NFT-Szene bisher eindeutig männlich dominiert ist, kann ich nichts. Vielleicht ändert sich das ja mit diesem Buch und mit meiner Mentoring-Gruppe, in der auch viele Frauen dabei sind. Daneben verdeutlicht die tabellarische Übersicht, dass exklusive Communitys nicht zum Nulltarif die Türen öffnen. Manche Eintrittskarte ist hochpreisig. In anderen Fällen zahlt sich frühes Engagement und treue Unterstützung aus. In jedem Fall jedoch solltest du nicht nur danach schauen, wie viel etwas kostet, sondern auch, welchen Benefit es dir bringt. Der Beitritt zum richtigen Club ist keine Ausgabe, sondern eine Investition, die sich mehrfach auszahlt. Millionen Mitglieder exklusiver Zirkel von den Rotariern über Golfclubs mit stattlicher Mitgliedsgebühr bis zu den VIP-Lounges der Fußball-Bundesliga können nicht irren. In diesem Punkt funktioniert die NFT-Szene ganz genauso wie alle menschlichen Gemeinschaften, und wahrscheinlich scharte sich schon im Neandertal die Hautevolee um ein extra Lagerfeuer, um nützliche Kontakte für die nächste Mammut-Jagd zu knüpfen.

Alle, die sich für »Future of Finance« interessieren, sollten nicht zögern, unter https://mikehager.de/nft-mentoring ein kostenfreies Bewerbungstelefonat zu vereinbaren. Dann schauen wir gemeinsam, ob das Mentoring etwas für dich wäre und dich zum momentanen Zeitpunkt weiterbringt. So viel vorweg: Wenn du noch »gar keine Ahnung von NFTs« hast, empfehlen wir dir, erst einmal mein Grundlagenbuch *Reich mit NFTs* zu lesen und zu entscheiden, ob dieser Bereich etwas für dich ist. Das einzige weitere Kriterium ist, dass du menschlich zu uns passt: Wir sind eine freundliche und wertschätzende Gruppe und achten darauf, dass das so bleibt! Alles weitere dann am Telefon.

Porträt Justin Aversano

»Start low and build up slowly, build community around your works«

* 1992
Künstler (Fotograf), Mitgründer und CEO von Quantum Art, Mitgründer und Kreativdirektor der Nonprofit-Organisation SaveArtSpace

https://www.justinaversano.com/ https://twitter.com/justinaversano https://www.instagram.com/justinaversano/

Foto: Justin Aversano

Das Jahr 2021 katapultierte Justin Aversano auf die große Bühne der Kunstwelt. Seine Foto-Serie »Twin Flames«, 100 Porträts von Zwillingspaaren, sorgte nicht nur in Krypto-Kreisen für Aufmerksamkeit. Justin inszeniert darin Zwillinge aller Altersgruppen und Hautfarben in den unterschiedlichsten Situationen. Er verarbeitet damit auch die Beziehung zu seiner verstorbenen Zwillingsschwester, die er nie kennenlernen durfte.

Die Foto-NFTs erzielten schnell hohe Preise. Im Mai 2021 wurde eins der NFTs (Twin Flames #49) für rund 35.000 US-Dollar bei Sotheby's versteigert. Das Auktionshaus Christie's wurde ebenfalls aufmerksam und stellte die Serie in Print-Form aus. Ein Twin-Flame-NFT in Kombination mit einem Set aller 100 Fotos wurde im Oktober 2021 für 1,11 Millionen Dollar versteigert.

Bei seiner Fotokunst setzt Justin auf langsames, kontinuierliches Wachstum. An den Twin Flames arbeitete er ab Mai 2017 für 14 Monate. Anschließend machte er das Werk in der NFT-Szene bekannt. Wichtiger Ausgangspunkt für seine hervorragende Vernetzung war dabei der CryptoPunks-Discord, wie er mir in einem Interview für die Future-of-Finance-

Mentoring-Gruppe im Februar 2022 erzählte. Im Herbst 2021 nutzte er den Erfolg der Twin Flames, um Quantum Art, einen NFT-Marktplatz für Fotokunst zu gründen. Namhafte Investoren stiegen ins Unternehmen ein, das inzwischen auch andere Kunstformen präsentiert. Wie auch mit seinem Nonprofit-Projekt SaveArtSpace verfolgt Justin mit Quantum nicht nur wirtschaftliche Ziele. Es sei ihm ein Anliegen, Künstler zu fördern, sagt er, darunter auch und gerade People of Color. Freimütig teilte er im Interview sein Erfahrungswissen, wie ein Fotograf sich in der Kunstwelt etablieren kann. Vor allem empfiehlt er, den Markt nicht zu überschwemmen und sich die nötige Zeit für gute Kunst zu nehmen. Auch deshalb mussten Aversano-Fans einige Jahre auf die neue Serie »Smoke and Mirrors« warten. Justin veröffentlicht nach wie vor auch klassische (analoge) Fotos und arbeitet mit »Quantum Spaces« daran, der großen Community, die er dank seiner hilfsbereiten und freundlichen Art hat, Treffpunkte im echten Leben zu bieten.

Justin Aversano: Twin Flames #66. Kleaver & Walter Cruz

3 Fragen an Justin Aversano

NFTs sind für mich
… Nachhaltigkeit und Sicherheit für Künstler.

Ein gutes Foto erkenne ich daran, dass
… es das Gefühl anspricht.

Wer eine Community aufbauen will, sollte vor allem
… sich zeigen!

Die 11 wichtigsten Bewertungskriterien für NFTs

Es kann nicht oft genug betont werden: NFTs sind ein Hochrisiko-Investment. Du kannst damit reich werden, du kannst dich damit ruinieren. Es ist wie beim Kauf von Einzelaktien: Manche Menschen machen ein Vermögen, andere verlieren alles und springen von der nächsten Brücke. Interessant ist in beiden Fällen – NFTs wie Aktien –, dass einige Investoren dauerhaft und immer wieder Gewinne erzielen. Ein bekanntes Beispiel ist Investment-Legende Warren Buffett, der es mit Aktien zum Multi-Milliardär brachte[250]. Er ist ein großes Vorbild für mich und hat mich zu meinen Wallet-Namen bei OpenSea (Warrenvault und Warrenhimself) inspiriert. Auch ich stehe mit meinen NFT-Investments millionenfach im Plus, aber im Vergleich zu Mr Buffett ist noch Luft nach oben 😊. Was ich dir sagen will: Risiko hin, Risiko her – offenbar gibt es einige Dinge, die man richtig machen kann. Genau darum geht es in diesem Kapitel: Wie begrenzt du das Risiko und sorgst dafür, dass deine NFT-Investments sich unterm Strich lohnen?

Beginnen möchte ich mit der Psychologie der NFT-Kurse. Auch das ist eine Parallele zum Aktienmarkt, wo bei steigenden Kursen viele auf den Zug aufspringen und dann in Panik verkaufen, sobald die Kurse eine Zeit lang bröckeln. Um dann wieder einzusteigen, wenn sich das Blatt wendet (mehr dazu in meinem Buch *Geld allein ist auch eine Lösung*). Auch bei NFTs gibt es lemmingartige Verhaltenstendenzen, die du kennen solltest, um dagegen gefeit zu sein.

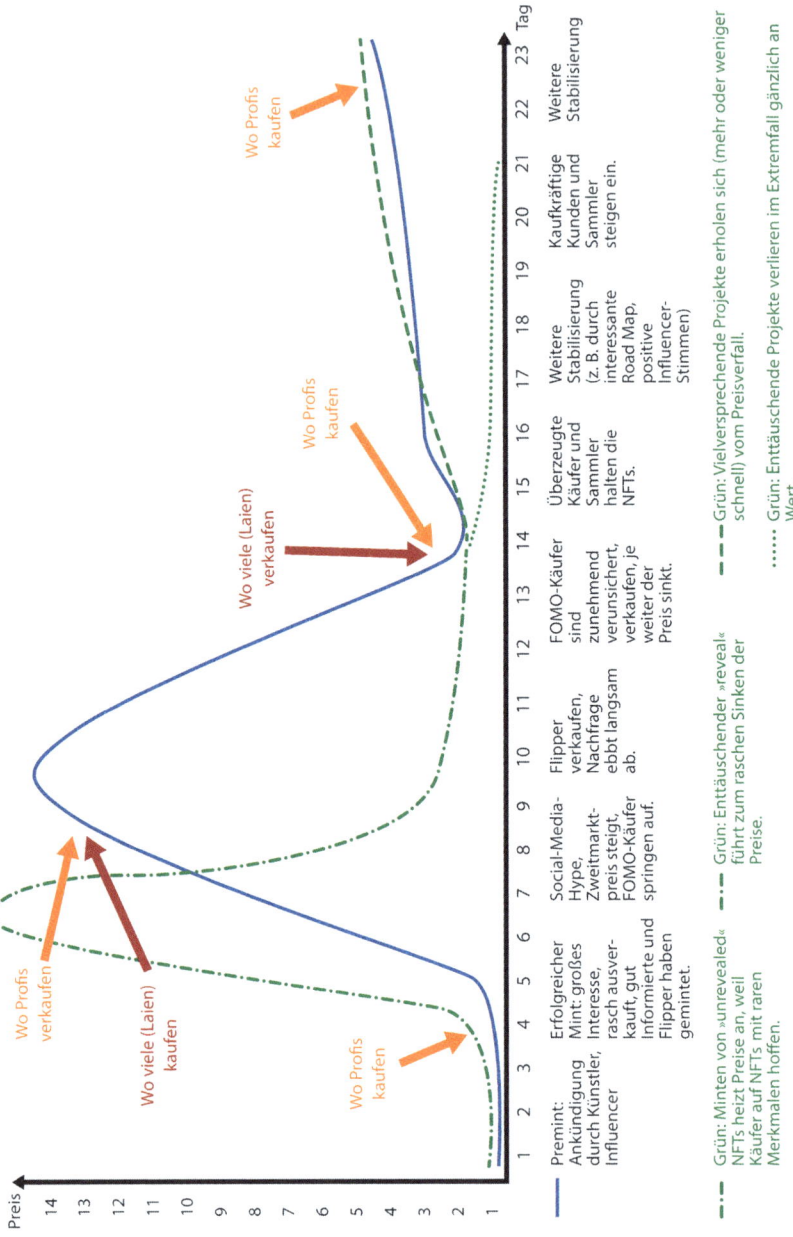

Typische Preiskurve zum Start eines NFT-Projekts (Psychologie der Preisentwicklung) (blau).

Grün: Mögliche Variante bei »unrevealed« NFTs

Premint: Ankündigung durch Künstler, Influencer

Erfolgreicher Mint: großes Interesse, rasch ausverkauft, gut Informierte und Flipper haben gemintet.

Social-Media-Hype, Zweitmarktpreis steigt, FOMO-Käufer springen auf.

Flipper verkaufen, Nachfrage ebbt langsam ab.

FOMO-Käufer sind zunehmend verunsichert, verkaufen, je weiter der Preis sinkt.

Überzeugte Käufer und Sammler halten die NFTs.

Weitere Stabilisierung (z. B. durch interessante Road Map, positive Influencer-Stimmen)

Kaufkräftige Kunden und Sammler steigen ein.

Weitere Stabilisierung

Wo Profs kaufen

Wo Profs verkaufen

Wo viele (Laien) kaufen

Wo viele (Laien) verkaufen

Wo Profs kaufen

Wo Profs kaufen

Preis

Tag

— — Grün: Minten von »unrevealed« NFTs heizt Preise an, weil Käufer auf NFTs mit raren Merkmalen hoffen.

—·—·— Grün: Enttäuschender »reveal« führt zum raschen Sinken der Preise.

— — — Grün: Vielversprechende Projekte erholen sich (mehr oder weniger schnell) vom Preisverfall.

········· Grün: Enttäuschende Projekte verlieren im Extremfall gänzlich an Wert.

Die Abbildung auf S. 244 zeigt dir einen idealtypischen Verlauf der Käufer-reaktionen beim Projektstart. Die beiden Skalen (Preis, Anzahl der Tage) sind dabei nur eine grobe Annäherung – Dauer und Ausschläge können stark variieren. Dennoch wirst du bei vielen Projekten eine ähnliche Kurve erleben: Insider, die zum Start minten, sodass eine Serie rasch ausverkauft ist, dadurch sofortiger Preisanstieg auf dem Zweitmarkt. Auch wenn nach dem Mint die Bilder nicht gleich einsehbar (»unrevealed« sind), kann das die Preise anheizen, weil Käufer auf einen NFT mit raren Merkmalen hof-fen. Nach dem Reveal fallen die Preise oft rapide. Wie dem auch sei, stei-gende Preise rufen weitere Käufer auf den Plan, die in der Hoffnung auf eine Fortsetzung des Preisanstiegs immer höhere Preise zahlen, bis die Nachfrage abebbt und die ersten Flipper in größerer Zahl verkaufen. Sinkende Preise verunsichern dann immer mehr Käufer, die ihre NFTs schließlich abstoßen, um Verluste zu begrenzen, und so für weiteren Preisverfall sorgen. Käufer, die hinter dem Projekt stehen, halten in dieser Situation ihre NFTs. An die-sem Punkt entscheidet sich dann, ob sich das Projekt mittelfristig stabilisiert oder der Abwärtstrend sich fortsetzt. Entscheidend dabei sind das Verhalten des Teams oder Künstlers und die Bewertung in der Community. Gibt es eine interessante Roadmap, werden vielversprechende Utilitys angekündigt? Bewerten Influencer das Projekt weiterhin positiv? Steigen namhafte Samm-ler ein? Dann erholt sich die Preiskurve wieder. Oder schweigt das Team sich aus und verschwindet von der Bildfläche, was einen klassischen »Rug Pull« befürchten lässt? Verheerend ist auch, wenn Negativnachrichten die Runde machen, zum Beispiel über fragwürdige frühere Projekte des Teams/Künst-lers oder das Abkupfern bei anderen Projekten. Dann kann die Kurve dauer-haft steil nach unten gehen und dein investiertes Geld wäre womöglich ver-loren, zumindest, wenn du jetzt verkaufst.

Was dir diese Kurve verdeutlichen soll: Der Preis eines NFTs ist das Resul-tat zahlreicher Faktoren, die in seine Bewertung einfließen: Wie zuverlässig und kreativ ist das Team? Wie groß und stabil die Community? Wie reagie-ren Influencer und Sammler? Und nicht zuletzt: An welchem Punkt der Zeit-achse befindest du dich gerade: mitten im anfänglichen Hype oder mitten im ersten großen Katzenjammer, weil die Kurse scheinbar unerklärlich bröckeln – wo sich in Wahrheit vielleicht nur viele Flipper wieder von diesen NFTs trennen. Flipper sind übrigens Anleger, die durch den schnellen Umschlag günstig eingekaufter und teurer verkaufter NFTs Geld verdienen wollen. Mehr dazu im Abschnitt Anlagestrategien.

Was auffällig ist: Profis *verkaufen* exakt zu dem Zeitpunkt, wenn viele Laien FOMO-getrieben erst *kaufen* – also wenn die Preise schon einige Zeit steil angestiegen sind. Und Profis *kaufen* zu dem Zeitpunkt, wenn viele Laien sich von ihren NFTs trennen, weil der Kurs schon einige Zeit fällt und sie endgültig kalte Füße bekommen. Der Profi steigt dann ein, falls er das Projekt zu diesem Zeitpunkt für unterbewertet (oder zumindest angemessen bewertet) hält. »Sei vorsichtig, wenn andere gierig sind, und sei gierig, wenn andere vorsichtig sind«, lautet eine Börsenregel. Die Abbildung hilft dir hoffentlich dabei, dich weder von einem Hype in den sozialen Medien kritiklos anstecken noch von einem plötzlichen Umschlag der Preisentwicklung in Panik versetzen zu lassen. Die allermeisten Preiskurven im NFT-Bereich verlaufen auch nach dem oben skizzierten Projektstart in wilden Zacken. Damit muss man leben. Lass dich nicht von FOMO dazu verführen, Geld auszugeben, das du nicht hast. Erick Snowfro, einer der prominentesten OGs im NFT-Space, nannte im Interview für meine Future-of-Finance-Mentoring-Gruppe als seine hauptsächlichen Bewertungskriterien für NFTs die folgenden Punkte: 1) Kann ich mir das leisten? 2) Will ich mir das leisten? 3) Kann ich auch dann noch gut schlafen, wenn der Preis des NFTs gegen Null geht? Wenn du das beherzigst, bist du eigentlich immer auf der sicheren Seite.

Schauen wir uns nun die Bewertungskriterien für NFTs noch etwas genauer an. Die folgende Übersicht differenziert dabei nach den verschiedenen Kategorien, die in diesem Buch vorgestellt wurden.

Krite-rium	Kunst (Unikate und Serien)	Profile Pictures (PFPs)	Play to Earn (Spiele)
1.	Gefällt mir das? (Würde ich mich auch darüber freuen, wenn es kein Geld brächte?)	Gefällt mir das? (Würde ich mich auch darüber freuen, wenn es kein Geld brächte?)	Gefällt mir das? (Würde ich mich auch darüber freuen, wenn es kein Geld brächte?)
2.	Ist daran etwas neu und einzigartig? Beispiel: Justin Aversano, Twin Flames mit Zwillingsporträts	Ist daran etwas neu und einzigartig? Beispiel: CoolCats mit Spiele-Universum und eigenem Token $Milk	Ist daran etwas neu und einzigartig? Beispiel: ICE-Poker mit Wearables, delegated players
3.	Die Snowfro-Fragen: (1) Kann ich mir das leisten? (2) Will ich mir das leisten? (3) Kann ich auch noch ruhig schlafen, wenn der Wert auf null fällt?	Die Snowfro-Fragen: (1) Kann ich mir das leisten? (2) Will ich mir das leisten? (3) Kann ich auch noch ruhig schlafen, wenn der Wert auf null fällt?	Die Snowfro-Fragen: (1) Kann ich mir das leisten? (2) Will ich mir das leisten? (3) Kann ich auch noch ruhig schlafen, wenn der Wert auf null fällt?
4.	Track record: Was hat der Künstler bisher gemacht? Ansehen? Erfolge?	Track record: Was hat das Team bisher gemacht? Ansehen? Erfolge? Nachhaltiges Engagement für Projekte?	Track record: Was hat das Team bisher gemacht? Erfahrung im Spiele-Bereich? Ansehen? Populäre Spiele?
5.	Community: Followerzahl in den sozialen Medien. Wie aktiv? Kunstinteressierte Gemeinschaft oder geht es nur um Geld? Sind Celebritys dabei?	Community: Followerzahl in den sozialen Medien. Wie aktiv? Sind die Follower echt oder gekauft? Echte Fan-Base oder geht es nur um Geld? Gefällt dir die Community? Sind Celebritys dabei?	Community: Followerzahl in den sozialen Medien. Wie aktiv? Sind die Follower echt oder gekauft? Echte Fan-Base mit Begeisterung für das Spiel, oder geht es nur um Geld? Sind Celebritys dabei?
6.	Experten: Äußern sich einschlägige Experten (Influencer, Sammler, Kunsthistoriker) positiv? Wird das Werk auf renommierten (kuratierten) Marktplätzen gelauncht?	Experten: Äußern sich einschlägige Experten (Influencer, Flipper, Investoren) positiv? Wird die Kollektion in einer attraktiven Aktion gemintet?	Experten: Äußern sich einschlägige Experten (Influencer, Gamer) positiv? Wird der Launch von einer überzeugenden Werbekampagne begleitet?

Krite-rium	Kunst (Unikate und Se-rien)	Profile Pictures (PFPs)	Play to Earn (Spiele)
7.	Story: Gibt es eine Geschichte zum Projekt, die fesselt? Beispiele: Rainer Hosch, 52icons, Damien Hirst, The Currency	Story: Gibt es eine Geschichte zum Projekt, die fesselt? Beispiele: Bored Ape Yacht Club, World of Women	Story: Überzeugt das Spiel selbst? Basiert es auf einer guten Geschichte? Macht es Spaß? Beispiele: Farmers' World, Wolf Game
8.	Bisherige Preisentwick-lung: Gerade gehypt? Gewisse Stabilität? Aufwärts-trend?	Bisherige Preisentwick-lung: Gerade gehypt? Gewisse Stabilität? Aufwärts-trend?	Bisherige Preisentwick-lung: Höhe der Eingangsin-vestition? Erwartbarer Return on Investment (ROI)?
9.	Ansehen: Ist der Künstler auf dem traditionellen Kunst-markt (Galerien, Museen, Auktionshäuser) bereits bekannt? Wertet das Projekt meine Wallet auf?	Flex-Faktor: Wie viel Renommee ver-schafft mir das PFP? (Wie gut kann man damit in den sozialen Medien an-geben? 😊)	Tokenomics: Wie entwickelt sich der Utility-Token? Was tut das Projekt dafür, dass es sich lohnt, ihn zu hal-ten vs. ihn zu verkaufen?
10.	Web3-Versiertheit: Kennt der Künstler die Spielregeln des NFT-Spa-ce und geht er souverän damit um? Beispiele: Pak, Damien Hirst	Utilitys: Welche Rewards werden in Aussicht gestellt? Gibt es eine interessante Roadmap?	Zeitaufwand: Muss (will) ich selbst spielen? Kann ich auch delegieren? Wenn nein: Habe ich genügend Zeit, um erfolgreich einzu-steigen?
11.	Zielgruppe: Wer fühlt sich ange-sprochen? Wächst diese Gruppe voraussichtlich? (z. B. Investoren, traditio-nelle Sammler, Anhänger bestimmter Kunstfor-men und Künstler)	Zielgruppe: Wer fühlt sich ange-sprochen? Wächst diese Gruppe voraussichtlich? (z. B. Nutzer und An-hänger von Twitter und Discord)	Zielgruppe: Wer fühlt sich ange-sprochen? Wächst diese Gruppe voraussichtlich? (z. B. Anhänger bestimm-ter Spielformen, digital und IRL, Gruppe der »delegated player«, die im Auftrag spielen)

Bewertungskriterien, die in einen NFT-Kauf einfließen sollten

Beim Studium der Tabelle wirst du feststellen, dass sich einige der Kriterien unterscheiden, während andere auf alle NFT-Kategorien zutreffen. Damit, welche Maßstäbe man an digitales künstlerisches Schaffen anlegen sollte, beschäftigt sich übrigens auch eine aufregende Newcomerin, die ich dir im Porträt am Ende dieses Kapitels vorstelle: Claire Silver. Ergänzend zu den elf oben genannten Kriterien möchte ich als zwölftes Kriterium für die Bewertung von NFTs noch das Bauchgefühl hinzufügen, das mich nur sehr selten getäuscht hat. Es gibt Projekte, bei denen scheinbar alles stimmt, und trotzdem bleibt ein »ungutes Gefühl«. Und andere, bei denen objektiv Fragezeichen bleiben, und trotzdem glaubt man daran, dass dies eine große Sache werden könnte. Als ich meine zehn Bored Apes mintete, konnte ich nicht ahnen, dass der BAYC einmal zur stärksten Marke im NFT-Space werden würde. Es gab keine Erfahrungswerte zu bisherigen Projekten von Yuga Labs. Trotzdem war ich überzeugt, dass dies ein cooles Projekt ist.

Um ein zuverlässiges Bauchgefühl zu entwickeln, brauchst du Praxis. Intuition ist kondensierte Erfahrung. In einem Bereich, in dem du keine Ahnung hast, kannst du kein Bauchgefühl entwickeln. Doch je mehr du erlebt hast und weißt, desto schneller und zuverlässiger wird dein intuitives Urteil. Deshalb weißt du als alter Hase (oder als erfahrene Häsin) im Job auch schon, wenn ein Projekt vermutlich den Bach heruntergehen wird, während ein Anfänger noch fröhlich pfeifend durch die Firma läuft. Ich empfehle dir deshalb, dich intensiv mit dem NFT-Markt zu beschäftigen und interessante Projekte auch dann zu verfolgen, wenn du nicht die Absicht hast zu kaufen. Lohnend ist außerdem das so genannte Whale Watching. Dafür musst du nicht nach Kanada reisen, denn gemeint ist schlicht das Beobachten der Großen in der Szene. Dazu zählen die Influencer und Sammler, die in diesem Buch vorgestellt werden, aber auch neue Akteure, die auf sich aufmerksam gemacht haben werden, bis du dieses Buch in den Händen hältst. Du lernst so nicht nur, wie Profis den Markt einschätzen und Projekte beurteilen. Du kannst dir überdies ein Urteil bilden, wer seriös und vertrauenswürdig agiert und wer dagegen eigene Interessen verfolgt und Projekte »pumpt«, an denen er mitverdient.

Das Netz bietet dir eine Fülle von Recherche-Möglichkeiten, sodass du deine NFT-Käufe auf eine breite Info-Basis stellen kannst, statt halbblind

Mint (zum Projektstart)	OpenSea-Kauf (Zweitmarkt)
Steht jemand Prominentes dahinter?	Volume: Wie viel wurde bisher gehandelt? Wie lange und mit welcher Preisentwicklung?
Ist der Promi bisher schon im Web3 präsent? (Wenn nicht, besteht die Gefahr eines Cash Grabs, sozusagen einer NFT-Eintagsfliege.)	Wie sehen die aktuellen Sales der letzten Tage und Wochen aus?
Hat der Künstler einen guten Namen?	Wie hoch ist der Floor Preis und wie hoch sind vor allem die letzten wirklich gezahlten Preise?
Ist das Projekt verknüpft mit anderen, nachweislich erfolgreichen Projekten? Beispiel: »Otherside« des BAYC, das mit den Bored Apes verbunden ist.	Wie hat sich der Durchschnittspreis entwickelt? Wer hat bisher gekauft und in welchen Communitys sind die Käufer? (Renommierte Communitys wie CryptoPunks, PROOF oder Admit One?)
Kann ich mir vorstellen, dass das Projekt auch in fünf oder zehn Jahren noch relevant sein wird?	Wie sieht die Wallet des Verkäufers aus? Was ist sonst noch drin, mit welchem Wert? Handelt es sich augenscheinlich um jemanden mit Expertise?
Selbst wenn das Projekt auf dem Zweitmarkt schon während der Mintphase etwas günstiger angeboten wird, kann es vorteilhaft sein zu minten, wegen der damit verbundenen Benefits für frühe Unterstützer. Zu diesem frühen Zeitpunkt verkaufen auf dem Zweitmarkt oft Anfänger, die Angst vor der eigenen Courage bekommen haben.	Für wie viel hat er diesen NFT gekauft? Verkauft er jetzt unter seinem Einkaufspreis? Manche Verkäufer setzen auf FOMO-Käufer und versuchen es mit überhöhten Preisen. Andere brauchen Geld und müssen kurzfristig verkaufen, auch unter Wert. Wenn viele Indizien für den zweiten Fall sprechen, solltest du zugreifen. Du kannst das übrigens auch daran ablesen, was der Käufer selbst gezahlt hat.

Erstkauf versus Zweitkauf: verschiedene Fragestellungen

zuzuschlagen (zu »apen«). Sieh dich dabei nicht nur in einer (bzw. deiner eigenen) Community um, sondern schau auch rechts und links. Es besteht immer die Gefahr, dass eine Gruppe, die mit einem Projekt eng verbunden ist, dessen Chancen überbewertet. Dann wird die Community zur Echo-Kammer, in der sich uniforme Meinungen gegenseitig verstärken und hochschaukeln. Dieses »Bubble-Risiko« vermeidest du, indem du schaust, ob außerhalb der Blase die Begeisterung ähnlich hoch ist wie drinnen. Und noch ein Recherche-Tipp: In Discord-Servern kannst du nach verschiedenen Stichworten suchen. Du siehst auf diese Weise nicht nur, wer wie oft und wie fundiert in welchen Channeln schreibt, sondern auch, welche Projekte gerade heiß diskutiert werden. Empfehlenswerte Discord-Server für Hintergrundrecherche sind der der CryptoPunks, Pixel Vault, Art Blocks, VeeFriends, Quantum Art, Nouns, BAYC und natürlich auch immer die Discords der jeweiligen Projekte selbst. Und, falls du Mitglied meiner Mentoring-Gruppe bist, natürlich der Future-of-Finance-Discord. Um auf Discord recherchieren und mitreden zu können, meldest du dich dort mit einer Mailadresse und einem Usernamen an. Dann kannst du im öffentlichen Bereich mitlesen, auch wenn du noch keine NFTs besitzt. Eine detaillierte Einführung zu Discord gibt es in meinem Bestseller *Reich mit NFTs* und in einem kostenlosen Video auf meinem YouTube-Kanal unter dem Titel »Mehr Erfolg mit NFTs durch Discord – Discord Tutorial Deutsch«.[251] Und auch hier sicherheitshalber noch mal die Warnung: Fast alle Direct Messages, die du über Discord erhältst, sind Spam oder sogar Scam (Betrugsversuche). Ignoriere sie am besten völlig und vor allem: Klicke niemals auf Links, die dir dort angeboten werden! Du würdest es wahrscheinlich bitter bereuen.

Abschließend noch einige Hinweise für zwei häufige Kauf-Situationen, den Kauf auf OpenSea und das Minten auf der Projektseite.

Damit bist du gut ausgerüstet, um in die Welt der NFTs zu starten und gezielt einzelne Werke zu erwerben. Folge Profis, tritt interessanten Communitys bei und taste dich Schritt für Schritt vor. Triff keine überhasteten Entscheidungen, recherchiere gründlich und lass die Finger von einem Investment, wenn du Zweifel hast. Gib kein Geld aus, das du nicht hast. Dann kann kaum noch etwas schiefgehen!

Porträt Claire Silver

»Taste is the new skill«

* 1987
Künstlerin (AI collaborative artist)

https://twitter.com/clairesilver12
https://www.instagram.com/
clairesilveraiart/?hl=de
https://www.clairesilver.com/

Foto: Courtesy of Claire Silver

Claire Silver ist eine der Frauen, die in der männlich dominierten NFT-Szene rasch für Aufmerksamkeit sorgte. Mit einem Background in Kunstgeschichte und Marketing beschäftigt sie sich seit 2017 mit NFTs. Ihre digitalen Werke entstehen unter Einsatz von künstlicher Intelligenz (engl. Artificial Intelligence/AI).[252] Dabei arbeitet sie mit GAN, einem Generative Adversarial Network, in dem zwei selbstlernende Systeme miteinander konkurrieren: ein generatives Netzwerk, das Inhalte erzeugt, und ein diskriminierendes Netzwerk, das die Ergebnisse auf ihre Plausibilität hin überprüft.[253] Daneben setzt sie auch analoge Techniken wie Öl, Acryl, Collage oder Fotografie ein. Das Ergebnis sind surreal anmutende Bildwelten, in denen Claire, wie sie selbst sagt, »Verletzlichkeit, Trauma, körperliche Beeinträchtigung, soziale Hierarchien, Unschuld und Göttlichkeit« thematisiert, sowie »die Rolle, die wir in einer transhumanistischen Zukunft spielen«.[254] Bei Twitter folgen Claire nach nur 20 Monaten auf der Plattform 60.000 Menschen, womit sie im Schnitt jeden Tag 100 Follower gewonnen hat. Ihre Selbstvorstellung dort bringt vieles auf den Punkt, was man über Claire wissen sollte: »*AI art. Prompt Engineer. #1629. Co-founder @accelerateart | Taste is the new skill |*«

CryptoPunk 1629 – Ihr Profilbild – zeigt sie als frühe Anhängerin der Punks. Hinter Accelerate Art verbirgt sich eine digitale Galerie im Metaversum CryptoVoxels, die sich die Förderung junger Künstler zum Ziel gesetzt hat und die von Clair mitgegründet wurde. Und das Motto »Taste is the new skill« spielt vermutlich auf einen Vorwurf an, der Werken häufig gemacht wird, die unter Einsatz von Computerprogrammen entstehen: Worin besteht denn da die Kunstfertigkeit? Eben in der ordnenden Auswahl und Steuerung des Künstlers, kurz: im Geschmack (taste).

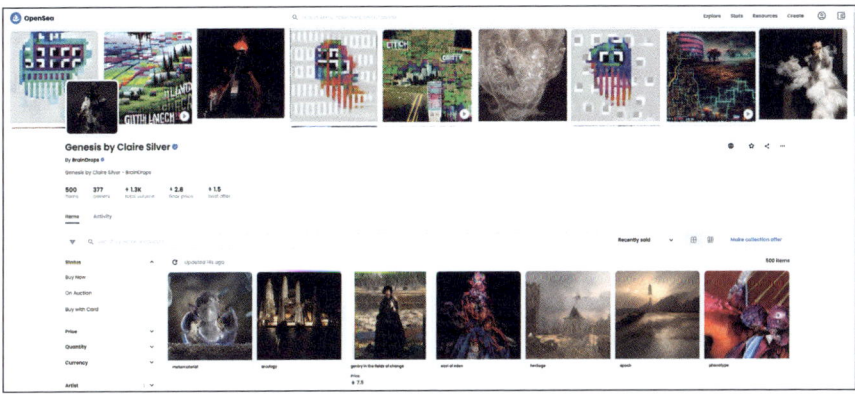

Claire Silvers »Genesis«-Projekt auf OpenSea[255]

Claire ist auf vielen wichtigen Marktplätzen vertreten (Nifty Gateway, Rarible, Foundation, OpenSea und BrainDrops, einer speziellen Plattform für AI-generierte Kunst).[256] Im August 2022 wurde eins ihrer Werke – Thixotropy – für 33.000 Dollar versteigert, worüber Claire sich auf Twitter freute. Auch Sotheby's ist inzwischen aufmerksam geworden und versteigert ein physisches Werk mit dem Titel »Blood in the Streets, Late to the Ball«. Schätzpreis: 20.000 bis 30.000 britische Pfund.[257] Das NFT gibt es nach dem Kauf des Prints von Claire dazu. Ich bin überzeugt, von dieser Künstlerin werden wir noch viel hören!

3 Fragen an Claire Silver

NFTs sind für mich

... die Ökonomisierung der Millennial-Kultur des File-Sharing. Du kannst so viel speichern und teilen, wie du möchtest, und das steigert nur die Anerkennung für das Original und seinen Schöpfer. NFTs sind unter anderem ein Mechanismus, der Künstlern Autonomie verschafft und einen dauerhaften Herkunftsnachweis für ihre Arbeit ermöglicht. Sie repräsentieren die Werte einer heranwachsenden Generation – und diese Generation wertschätzt Kreative.

Mit AI arbeite ich

... weil sie die Hürde erworbener Skills beseitigt und es jedem ermöglicht, seine innere Welt auszudrücken. Wenn Menschen die Werkzeuge erhalten, um alles Mögliche zu erschaffen, was werden sie dann wählen? Wenn weniger Können im Spiel ist, was wertschätzen wir dann an der Kunst – und an uns selbst und anderen? Wie viele von uns teilen niemals ihr Innerstes aufgrund eines Mangels an Skills, und welche neuen Perspektiven eröffnen sich uns? Das fasziniert mich.

Gute Kunst erkennt man

... daran, dass sie die Seele berührt, wenn man sie erlebt. Geschmack ist nicht greifbar und sehr persönlich, aber da der Bedarf an Skills verschwindet, wird sein Erlernen und Entwickeln die wichtigste Entscheidung sein, die man treffen kann. Geschmack ist der neue Skill.

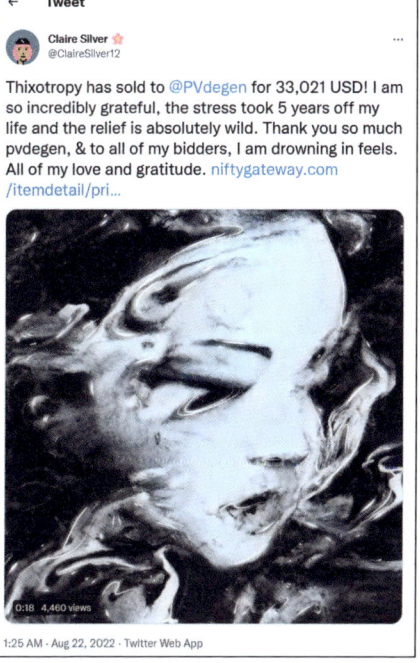

← **Tweet**

Claire Silver 🌸
@ClaireSilver12   ···

Thixotropy has sold to @PVdegen for 33,021 USD! I am
so incredibly grateful, the stress took 5 years off my
life and the relief is absolutely wild. Thank you so much
pvdegen, & to all of my bidders, I am drowning in feels.
All of my love and gratitude. niftygateway.com
/itemdetail/pri…

0:18   4,460 views

1:25 AM · Aug 22, 2022 · Twitter Web App

Claire feiert den Verkauf ihres Werks Thixotropy auf Twitter

3 plus 7 mögliche Anlagestrategien

Warum 3 plus 7? Ich möchte dir drei grundlegende Strategien vorstellen und anschließend noch eine Reihe interessanter Hacks, wie du im NFT-Space dein Geld vermehren kannst. Die grundsätzlichen Strategien sind Lesern meines Buches *Reich mit NFTs* bereits bekannt: Du kannst Flippen, Sammeln oder Fraktionalisieren.

1. Flippen: Profit durch raschen Umschlag (und das Hauptziel)

Günstig einkaufen und teurer verkaufen, darum geht es beim Flippen. Ziel dieser Strategie ist also der schnelle Gewinn. Klingt super, ist in der Praxis aber ziemlich anspruchsvoll. Um beim Flippen nennenswert zu verdienen, brauchst du ein gutes Gespür dafür, welche NFTs aktuell eher unterbewertet sind und welche ihren Preiszenit schon erreicht oder sogar überschritten haben. Da keiner eine Glaskugel besitzt (nicht mal im Metaverse, und nein, auch nicht Snoop Dogg), ist dafür sehr viel Erfahrung erforderlich. Der NFT-Market-Report 2021 der Datenplattform Chainalysis errechnete, dass im betreffenden Jahr lediglich 28,5 Prozent aller geminteten und anschließend auf OpenSea verkauften NFTs mit Profit weiterverkauft wurden.[258] Rein statistisch gesehen ist das eine Chance von ungefähr drei zu eins, und da haben wir noch nicht darüber gesprochen, ob es sich im Einzelfall überhaupt um nennenswerte Profite handelt. Viele Flipper setzten daher außer auf die eigene Expertise ebenfalls auf die Gunst der Statistik und kaufen bzw. minten in möglichst vielen Projekten. So soll Pranksy, das Idol der Flipper-Community, in fast allen nennenswerten neuen Projekten die Finger haben. Beispielsweise mintete er 1.500 Bored Apes (zum Mintpreis von 180 Dollar) und erzielte damit im (frühen) Weiterverkauf natürlich eine märchenhafte Rendite. Wenn du das Risiko in einem volatilen Markt sehr breit streust, also viele Pferde ins Rennen schickst, wächst die Chance, dass ein Mega-Treffer darunter ist, der die Verluste der übrigen und die geringen Margen der überwiegenden Mehrheit mehr als wettmacht. Dafür brauchst du allerdings ein gewisses Grundkapital, mit dem du spekulieren kannst.

Der Chainalysis-Report ergab übrigens auch, dass die Gewinnchancen bei Projekten, die über eine Whitelist gemintet wurden, dramatisch steigen: 78 Prozent dieser NFTs konnten mit Gewinn weiterverkauft werden, bei etwa jedem zweiten (51 Prozent) zum doppelten Preis oder höher – in einigen wenigen Fällen bis zum Fünfzigfachen der Investition. Es lohnt sich also, vielversprechende Projekte früh zu unterstützen und Künstlern treu zu bleiben, die sich mit einer Whitelist revanchieren. Und dafür vielleicht ganz aufs Flippen zu verzichten.

2. Sammeln: Profit durch langen Atem (und nicht alles)

Im Abschnitt »STARS« habe ich einige der prominentesten Sammler der NFT-Szene ausführlich vorgestellt. Ihre Wallets sind millionenschwer und glänzen mit bekannten Namen wie Bored Apes, CryptoPunks oder Chromie Squiggles. Anders als Flipper geht es Sammlern nicht um den schnellen Profit. Sie möchten Werke besitzen und trennen sich nicht leichtfertig von ihren Lieblingen, auch wenn sie gelegentlich finanziell von deren Wertzuwachs profitieren. Du musst kein Multimillionär sein, um NFTs zu sammeln. »Der durchschnittliche Verkaufspreis von 75 Prozent der NFTs beträgt 15 Dollar«, stellt die Kunstexpertin Anika Meier fest.[259] Auch auf dem Markt für NFT-Unikate, auf dem traditionelle Kunstsammler mit Interesse an digitalen Werken eine größere Rolle spielen als im oben vorgestellten Bereich, wechseln knapp zwei Drittel der Werke für weniger als 1.000 Dollar den Besitzer. Im »Art + Tech Report 2022«, den vier Kunstexpertinnen erstellt haben, geben 85 Prozent dieser Sammler an, vorher schon andere Kunst gesammelt zu haben, und nur ein knappes Drittel legt Wert auf Profit beim Weiterverkauf.[260] Das sieht im Bereich der Generativen Kunst, Collectibles (Sammelobjekte) und Profile Pictures ein wenig anders aus, denn hier sind viele Krypto-Enthusiasten und Investoren unterwegs, wie die oben vorgestellten »Stars« beweisen. Man schätzt die Kunst, aber auch die potenziell lukrative Anlage.

Wenn du selbst eine Sammlung aufbauen willst, schaust du dich am besten intensiv in einem Bereich um, der dich besonders interessiert und mit dem du dich vielleicht schon unabhängig vom NFT-Bereich beschäftigt hast. Als Musikenthusiast könntest du verfolgen, welche Musiker NFTs einzelner Songs oder Alben herausgeben, dich als Fotografie-Anhänger auf Foto-Kunst spezialisieren, als Fan digitaler Techniken in die Tiefen der Generative Art eintauchen. Eine solche Strategie verfolgen Sammler, die eine homogene Kollektion aufbauen, die auch dadurch an Wert gewinnen könnte, dass du beispielsweise ein Exemplar aller NFTs einer Klein-Serie besitzt, die umfassendste Sammlung von NFTs von Künstlerinnen oder NFTs aus jedem Projekt eines bestimmten Künstlers oder Teams. Vorteil dieser Strategie ist, dass du zum Experten auf einem bestimmten Gebiet wirst und weniger Gefahr läufst, dich auf dem kaum noch überschaubaren NFT-Markt zu verzetteln. Mit etwas Glück entdeckst du vielleicht sogar einen Newcomer, dessen Preise durch die Decke gehen. Natürlich kannst du deine Sammlung auch breiter streuen, wie ich es beispielsweise getan habe. Aber auch in einer heterogenen Sammlung gibt es bestimmte Schwerpunkte, wie die Wallet-Übersichten im Kapitel »STARS« illustrieren. Breiter aufgestellte Sammler orientieren sich daran, was ihnen gefällt und/oder was weiteren Wertzuwachs verspricht. Sie konzentrieren sich damit zwangsläufig auch auf bestimmte Werke und Künstler, mit gelegentlichen Ausflügen auf neues Terrain.

Bei all dem solltest du nicht vergessen, dass Kunst ein extrem volatiles Investment ist, auch jenseits des NFT-Bereichs. Der Markt millionenteurer Werke konzentriert sich auf einen winzigen Bruchteil aller Künstlerinnen und Künstler – eine Auswahl, die durch ein verflochtenes und unvorhersehbares Zusammenspiel von Kunstexperten, Galeristen, Museen, Ausstellungskuratoren und Auktionshäusern gesteuert wird. Es gibt keine objektiven Bewertungskriterien. Ist ein Künstler unbekannt, lässt sich der zukünftige Wert seiner Werke kaum vorhersagen. Ist er erst weltberühmt, sind seine Werke dann im Nu unerschwinglich. Im NFT-Bereich kommt noch die Volatilität der Kryptowährung hinzu. In beiden Bereichen, traditioneller Kunst-Markt und NFT-Markt, gibt es aber Faktoren, die auf eine Wertsteigerung hoffen lassen – ein neues, unerwartetes Konzept beispielsweise und eine gute Vernetzung in der jeweiligen Community (siehe den vorigen Abschnitt zu

Bewertungskriterien). Am Ende ist Kunst immer auch ein hoch emotionales Asset. Oder wie der Sammler, Investor und PROOF-Gründer Kevin Rose es formuliert: »I want it to be something that even in the worst bear market, I'm not going to sell because I love it.«[261] Kunst, die man liebt, wird niemals wertlos sein.

3. Fraktionalisieren: Profit durch Anteile

Ob Aktien, Schiffsfonds oder Time Sharing einer Ferienimmobilie: In der realen Welt ist es schon lange möglich, Anteile an Gütern zu erwerben, die man sich allein (noch) nicht leisten kann oder will. Durch Fraktionalisierung funktioniert das auch bei NFTs. Dabei wird der nicht-fungible Token bildlich gesprochen in eine Vielzahl fungibler Einzeltoken »zerschlagen«, die du kaufen kannst. Du besitzt dann zwar keinen CryptoPunk oder Bored Ape, aber zumindest ein kleines Stück davon – das du idealerweise einmal mit Wertzuwachs verkaufen kannst. Das funktioniert auch für kleinste Anteile im Wert von wenigen hundert oder dutzend Euro. Abgewickelt wird ein solcher Anteilskauf über spezielle Plattformen. Die bekannteste davon ist https://fractional.art, die sich inzwischen in https://tessera.co (also nicht .com) umbenannt hat. Dort werden Punks, Apes, Fidenzas und viele weitere NFTs anteilsweise verkauft. Das klingt erst einmal gut, aber wie beim Aktienkauf solltest du darauf achten, ob der Preis, zu dem du einsteigen kannst, gerechtfertigt ist. Als beispielsweise das Meme des Doge-Hundes im September 2021 versteigert wurde, brachte dies dem Pleasr-DAO insgesamt 225 Millionen Dollar – für nur 20 Prozent der Anteile! Erstanden hatte Pleasr das Meme drei Monate zuvor für »nur« 4 Millionen Dollar.[262] Zwar werden Doge-Anteile immer noch extrem hoch gehandelt[263], aber ob das dauerhaft ein gutes Geschäft für Anleger ist? Ich habe trotzdem mal welche gekauft. Am bekanntesten Meme der Welt beteiligt zu sein halte ich langfristig für ganz interessant.

Welcher Anteil eines NFTs auf den Markt kommt und wie viele Token dafür ausgegeben werden, entscheidet der Besitzer. Der Ursprungs-NFT, der weiterhin einmalig bleibt, wird in einem digitalen Vault (Tresor) aufbewahrt, bis ein Interessent alle Anteile und damit den kompletten NFT kaufen will. Dann kommt es zur Versteigerung, an deren Erlös du proportional beteiligt wirst. Fraktionalisierung ist für Besitzer hochpreisiger NFTs interessant, weil sie sich dadurch Liquidität verschaffen, ohne sich von ihrem NFT trennen zu müssen. Für Käufer von Anteilen (»Shards« von englisch »Scherbe) ist Fraktionalisierung attraktiv, weil sie auf diese Weise sogar in sonst unerschwingliche Blue Chips investieren und ihr Portfolio breiter aufstellen (diversifizieren) können. Neben fractional.art ermöglicht das auch die Plattform Unic.ly (https://docs.unic.ly).

Bevor du zu einem bestimmten Preis Anteile an einem NFT erwirbst, empfiehlt sich eine gründliche Recherche entlang der Bewertungskriterien, die im vorigen Kapitel vorgestellt wurden. Existiert der Token, den du erwirbst, schon länger, solltest du dir auf jeden Fall seinen Kursverlauf ansehen (übers Internet recherchierbar, oftmals auch auf coingecko.com). Wird ein NFT aus einer größeren Serie fraktionalisiert, verschafft du dir am besten einen Überblick über deren Preisentwicklung. Interessant ist dabei auf OpenSea vor allem die Suchfunktion »recently sold«, die dir anzeigt, zu welchen Preisen NFTs dieser Serie in letzter Zeit verkauft wurden. Achte darauf, dass du nicht Äpfel mit Birnen, sondern NFTs mit vergleichbaren Merkmalen vergleichst – also beispielsweise einen seltenen CryptoPunk mit anderen mit vergleichbarer Merkmalskonfiguration. Wissen solltest du außerdem, dass du deine Anteile nicht unbedingt zu jeder Zeit spontan wieder zurückverkaufen kannst, sondern nur, wenn gerade genügend Ether im Liquiditätspool des Projekts sind. Ist das nicht der Fall, musst du warten. Und natürlich solltest du auch hier wie überall im NFT-Space aufpassen, dass du nicht auf Betrüger hereinfällst und nur Anteile »verifizierter« Projekte erwerben. Bei fractional.art sind diese mit einem grünen Haken gekennzeichnet.

7 weitere Strategien für Anleger

Ich hatte dir ja noch ein paar speziellere Strategien versprochen, die du je nach Expertise und Risikofreudigkeit anwenden kannst. Hier sind sie.

1. Die 3er-Strategie

Wenn dich eine neue Collection oder ein neues PFP-Projekt sehr überzeugt und du von einem baldigen Preisanstieg ausgehst, mintest du drei: zwei als langfristigeres Investment und eines zum baldigen Verkauf. Idealerweise holst du so deine Anfangsinvestition wieder herein.

Eine Variante, die 2er-Strategie, bietet sich an, wenn die Roadmap des Projekts für den weiteren Verlauf zwei Optionen in Aussicht stellt, zum Beispiel das Burnen, um ein anderes NFT oder ein reales Gut zu erhalten, alternativ dazu das Halten des Ausgangs-NFTs und die Spekulation auf dessen Wertzuwachs. Oder burnen und dafür das analoge Werk bekommen versus nicht burnen und Zerstörung des analogen Werkes. Beispiele sind das Adidas-Projekt »Into the metaverse«, Rainer Hoschs »52icons« oder Damien Hirsts »The Currency«.

2. Die »Picks and Shovel«-Strategie

Wörtlich übersetzt ist das die »Hacke und Schaufel«-Strategie. Statt direkt in ein Gut oder in einen Wirtschaftszweig zu investieren, fließt dein Geld in Grundvoraussetzungen für dieses Gut – wie im kalifornischen Goldrausch, bei dem nicht jeder Schürfer reich wurde, Hersteller von Spitzhacken und Spaten aber gute Gewinne einfuhren. Idealerweise verringert sich mit dieser Strategie das Investmentrisiko in einem volatilen Bereich. Beispiele aus dem NFT-Space: Du setzt nicht auf einzelne Werke der Foto-Kunst, die auf Quantum Art angeboten werden, sondern auf den Quantum Key. Du willst kein Land im »Otherside«-Metaversum kaufen und investierst stattdessen in den ApeCoin des BAYC, den du dauerhaft im Aufwind siehst. Du investierst in Ether als »Hauptwährung« für NFTs statt nur in NFTs. Oder du kaufst Open-Sea-Aktien, wenn der Handelsplatz eines Tages an die Börse gehen sollte, statt einzelne Werke auf OpenSea zu erwerben.

3. Die Venture-Capital-Strategie

Risikokapitalgeber investieren ihr Geld üblicherweise in eine Vielzahl von Start-ups und hoffen darauf, dass eines davon das nächste Google, Snapchat oder Uber werden könnte. Die übrigen Investments erzielen allenfalls magere Profite oder verschwinden ganz wieder vom Markt, wie übrigens die Mehrzahl aller Neugründungen. Das ist bei NFTs nicht anders: Die meisten der täglich auf den Markt geworfenen Projekte wird über kurz oder lang wertlos sein. Die NFT-Venture-Strategie bedeutet also: Du steigst (wohlüberlegt und nach gründlicher Recherche) in zehn oder mehr Projekte ein und setzt darauf, dass zumindest eines davon richtig abgeht und eventuelle Verluste bei deinen anderen Projekten mehr als ausgleicht.

4. Die »All in or Nothing«-Strategie

Ich könnte auch »Kamikaze«-Strategie sagen, denn hier setzt du alles auf eine Karte: Du bist so begeistert von einem Projekt, dass du dein ganzes Spielgeld hineinsteckst – nach dem Motto: Vielleicht wird's das nächste große Ding. Und wenn nicht, werde ich es überleben. Ich sage bewusst »Spielgeld«, denn hier geht es ums Zocken. Und zocken solltest du nur mit Geld, dessen Verlust du schmerzfrei verschmerzen kannst, um es mit einem Kalauer zu sagen. Bei einem Misserfolg bist du hinterher zumindest um eine Erfahrung reicher.

5. Die Spezialisten-Strategie

Du investierst in einen ganz bestimmten Bereich, in dem du durch intensive Einarbeitung zum Spezialisten wirst und dadurch lohnende Investments tätigen kannst. Du konzentrierst dich beispielsweise nur auf Play-to-Earn-Gaming und investierst in verschiedene Spiele, deren Regeln du virtuos beherrscht, sodass sich das Ganze für dich auszahlt. Oder du fokussierst dich auf den Handel mit In-Game-Ausrüstung in NFT-Form. Du wirst zum Experten für neue PFP-Serien oder sogar für eine bestimmte Serie wie der Sammler Franklinisbored, der sich fast ausschließlich auf Bored Apes konzentriert. Je enger dein Fokus ist, desto tiefer kannst du in die Materie eindringen und desto größer wird dein Wissensvorsprung. Größer wird allerdings auch die Gefahr, dass du bei unvorhergesehenen Ereignissen hohe Verlust erleidest. Beispiel: Eine staatliche Regulierung könnte P2E drastisch einschränken oder PFPs könnten plötzlich Schnee von gestern sein, weil im Metaverse neue Formen der Selbstdarstellung entwickelt werden. Nicht sehr wahrscheinlich, aber auch nicht unmöglich. Deshalb warnt die alte Börsen-Bauernregel ja auch davor, alle Eier in einen Korb zu legen.

6. Die Durchschnittskosten-Effekt-Strategie

Hier machst du dir eine Art Sparplan: Du investierst dein Geld nicht auf einen Schlag, sondern in regelmäßigen Abständen in kleineren Beträgen. Wenn du beispielsweise 5.000 Euro in Ether investieren möchtest, tust du das nicht auf einen Schlag, sondern über fünf Monate mit monatlich 1.000 Euro. Oder du willst in einer Woche 1.000 Euro investieren und stückelst das in 200-Euro-Investments an fünf verschiedenen Tagen. In einem Markt mit heftigen Kursausschlägen nach oben wie nach unten, wächst die Chance, dass du so einen guten Durchschnittspreis erzielst.

7. Die DeFi-Strategie

Für diese Strategie suchst du dir ein DeFi-Protokoll, das einigen Ansprüchen genügt: Es sollte schon lange laufen, ohne gehackt worden zu sein (mindestens über ein Jahr), es sollte eine schöne prozentuale Rendite bieten und du solltest verstehen, wie diese Rendite zustande kommt, also was dieses Protokoll überhaupt macht. Viele meiner Teammitglieder, Mentoring-Teilnehmer und auch ich nutzen zum Beispiel ein Liquidity-Mining-Protokoll. In einem solchen Protokoll, das nichts anderes ist als ein Programm auf der Blockchain, stellen wir ein Kryptowährungspaar als Liquidität für einen Liquiditätspool auf einer DEX (Decentralised Exchange) zur Verfügung. Mit dieser Liquidität können nun User diese beiden Währungen handeln, also swappen. Da die Rendite hier hoch ist, ziehen wir uns täglich, wöchentlich oder monatlich unsere »Zinsen« raus, tauschen diese in Ether und kaufen damit NFTs. Wir haben das lange Zeit sehr schön mit einem Währungspaar machen können, das hat vielen von uns einige tolle NFT-Käufe ermöglicht. Ein Porträt von Kris Kay, einem absoluten Experten auf diesem Gebiet, findest du gleich im Anschluss.

Wie alle riskanten Investments sollten NFTs immer nur einen Teil deiner Geldanlagen ausmachen. Wer langfristig ein Vermögen aufbauen will, investiert am besten auch in andere Anlageformen wie Immobilien, Aktienfonds, Wertpapiere und Sachwerte. In meinem Buch *Geld allein ist auch eine Lösung* findest du dazu einen Überblick und erfährst auch meine eigene Geschichte vom hochverschuldeten Studenten bis zum Multimillionär. Meine ersten Millionen habe ich nicht mit NFTs, sondern mit traditionellen Anlageformen gemacht. Und wenn NFTs dir überraschend viel Geld in die Kasse spülen, rate ich dir dazu, einen Teil davon auf klassische Weise anzulegen.

Porträt Kris Kay

»If you don't know where the yield[264] is coming from in the platform you're using, you are the yield«

* 1994
Influencer, DeFi-Spezialist, Investor

https://twitter.com/thekriskay
https://www.instagram.com/p/CfwgzScAn_l/
https://defi-university-kris-kay.teachable.com/
https://www.youtube.com/c/DefiDonut

Foto: Emil S.

Als sich das ehrwürdige *Wall Street Journal* im September 2021 dem Thema DeFi (Dezentralisierte Finanzdienstleistungen) widmete, prangte sein Foto groß über der Headline: Kris Kay, alias DeFi Donut, schaute im schwarzen T-Shirt mit unübersehbarem »ETHEREUM«-Schriftzug selbstbewusst in die Kamera.[265] Man kann das durchaus als Kriegserklärung interpretieren, denn DeFi sagt klassischen Bankgeschäften mit ihren Analysten, hochbezahlten Vorständen und repräsentativen Bürotürmen den Kampf an. Braucht man hier alles nicht, denn Transaktionen werden automatisiert von Protokollen (also Programmen) auf der Blockchain abgewickelt und damit natürlich in Kryptowährung. An Kris, ursprünglich Kris Kostadinov, kommt tatsächlich niemand vorbei, der sich ernsthaft mit DeFi beschäftigt. Er ist derjenige, der wichtige Ereignisse wie zum Beispiel den Ethereum-»Merge« (die Umstellung von Proof of Work auf das weniger energiefressende Proof of Stake im September 2022) auf Twitter kommentierte und prompt in sämtlichen Online-Publikationen zum Thema zitiert wird.

Kris Kays »DeFi-University«

Auch wenn er noch keine 30 ist, liegt seine erste Erfahrung im Kryptobereich schon zehn Jahre zurück. In seinem Wohnheimzimmer im College versuchte er Bitcoin zu schürfen, was damals aber an seinem langsamen Computer scheiterte. Weiter ging es erst 2016/17 als er das erste Mal Kryptowährung (Litecoin) kaufte und kurze Zeit später mit 30 Prozent Gewinn wieder verkaufte – um dann zuzusehen, wie der Kurs sich vervierfachte. So erzählte Kris es im Interview für die Future-of-Finance-Mentoringgruppe. Im Sommer 2020 schließlich erregten neue Möglichkeiten am DeFi-Markt allgemeine Aufmerksamkeit, insbesondere im Bereich Kreditvergabe und -annahme. Seitdem beschäftigt Kris sich »24/7«, also praktisch ununterbrochen, mit diesem Markt. Er bekomme nicht viel Schlaf, und ein bisschen sieht man ihm das tatsächlich an, so wie mir eben auch. Kris ist ein bekennendes Arbeitstier und investiert sehr viel Zeit in seinen YouTube-Kanal und andere soziale Medien. Dass seine Inhalte auf so breite Resonanz stoßen, habe er sich anfänglich nicht vorstellen können. Bei Twitter folgen ihm über 40.000 DeFi-Interessierte, sein YouTube-Kanal hat fast 30.000 Abonnenten. Inzwischen bietet er sein Wissen in erfolgreichen Online-Kursen an, in seiner »DeFi-University« und unter dem Motto »I learn DeFi«.[266] Wer sich für DeFi interessiert, ist bei ihm gut aufgehoben, wie ich aus eigener Erfahrung weiß. Seine Kommentare sind immer klar, auf den Punkt und von fundierter Sachkenntnis geprägt, getreu seinem Twitter-Motto »Onboarding the 🌍 to DeFi«.

3 Fragen an Kris Kay

NFTs sind für mich
... *eine bahnbrechende Utility-Technologie, derzeit getarnt als JPEG-Casino.*

Das nächste große Ding im DeFi-Bereich
... *könnten delegierte Kredite sein, das heißt unbesicherte Kredite für große Anschaffungen wie Hypotheken.*

Das größte Risiko, das ich für DeFi-Einsteiger sehe,
... *besteht darin, durch unrealistische Erträge geblendet zu werden (nicht nachhaltige Jahresrenditen).*

Porträt Kris Kay

12 nützliche Analyse- und Tracking-Tools

Der NFT-Markt ist in den letzten beiden Jahren förmlich explodiert. Im ersten Quartal 2022 hatte sich im Vergleich zum Vorjahresquartal die Zahl der Wallets mit mindestens einer »NFT-Interaktion« mehr als verzehnfacht, die Zahl der Käufer hatte sich fast versechzehnfacht und die Zahl der Verkäufer war rund 25,5-mal so groß. Und wenn deutsche Statistiker anfangen, die »Kennzahlen der NFT-Industrie« zu erheben, hat sich wirklich etwas verändert![267] Zwar ist der NFT-Hype im zweiten Quartal 2022 etwas abgekühlt, dennoch werden nach wie vor jede Woche Hunderte Projekte gelaunchet. Den Überblick zu behalten ist da nicht einfach. Was kommt demnächst? Wie rar und wertvoll sind einzelne NFTs einer größeren Kollektion? Was liegt derzeit im Trend? Wie verhält sich der Markt generell? Wo ist besonders viel Bewegung? Erleichtert wird eine Übersicht durch ein Dutzend Tools, die ich dir im Folgenden vorstelle. Dabei erhebe ich keinen Anspruch auf Vollständigkeit, denn auch das Angebot der Übersichtlichkeitsinstrumente wird allmählich unübersichtlich. Etliche dieser Services sind kostenlos, umfassendere Analysen erfordern zum Teil eine kostenpflichtige Anmeldung. Manche Tools betrachten den Markt vorwiegend aus der Vogelperspektive, andere gehen bei einzelnen NFTs in die Tiefe und errechnen dir beispielsweise seinen Seltenheitswert aufgrund der jeweiligen Merkmale (sogenannte Rarity Tools). Um ein Gespür für den Markt zu bekommen sind gerade am Anfang auch Überblicksinstrumente hilfreich. Außerdem kannst du dich von verschiedenen Tools auf zukünftige Drops aufmerksam machen lassen.

Tool	Inhalte	Komfort	Kosten	Anmer-kung
DappRadar https://dappradar.com	Analyse-Tool mit zahlreichen Verkaufs-daten und Statistiken – getreu dem Claim »*Discover, Track & Trade Everything DeFi, NFT and Gaming*«. Dazu gehören Rankings, ein »NFT Value Estimator«, ein »NFT Explorer«, der Hinweis auf Airdrops und ein Portfolio-Tracker, der den Wert von Wallets abschätzt.	Vielfältige Recherchemöglichkeiten, übersichtlich aufbereitet.	Kostenlos	Ursprünglich eine Verkaufs-Plattform für DApps (dezentralisierte Apps) und NFTs, die nach und nach zum Info-Tool ausgebaut wurde. Inzwischen eigener Token: RADAR.
Etherscan https://etherscan.io	Etherscan wird auch als »Brille auf die Blockchain« bezeichnet. Jede Transaktion, welche auf der Ethereum-Blockchain durchgeführt wird, kann man auf Etherscan nachverfolgen. Außerdem Marktdaten und Statistiken, Token Tracker für Kursentwicklung, Gas Tracker für aktuelle Transaktionskosten, Ethereum Name Lookup und vieles mehr.	Für Anfänger wegen der Fülle von Informationen und der nicht ganz so userfreundlichen Aufbereitung ohne Schulung nicht ganz einfach zu nutzen. Die wertvollsten Informationen für NFT und DeFi.	Kostenlos. Spenden sind willkommen.	Für die Krypto-Welt schon ein alt(bewährt)es Instrument (bereits 2015 gegründet).
NFT Drops Calendar https://nftcalendar.io	Informiert über zukünftige Mints und Drops (Kollektionen, Games) und Events auf verschiedensten Chains und Marktplätzen.	Übersichtlich, diverse Suchfunktionen, leicht zu handhaben.	Kostenlos. Spenden sind willkommen.	Jeder Künstler bzw. Urheber kann sein Projekt hier melden. Eine Alternative ist Upcoming NFT. https://upcomingnft.net/

Tool	Inhalte	Komfort	Kosten	Anmerkung
NFTfolio https://nftfolio.io	Analyse-Tool, mit dem man die eigene Wallet umfassend auswerten kann, z. B. ursprüngliche Kosten, Mintpreise (inkl. Gas Fees), Gewinn-/Verlustrechnung, aktueller Wert, sofort liquidierbarer Portfoliowert usw. Vor allem zeigt dieses Tool, welche NFTs Wale wirklich gekauft haben und welche ihnen nur in die Wallet gedropt wurden.	Nützliche Features wie Deaktivierung von Spam-NFTs, Verlinkung mit OpenSea, Galerieansicht der eigenen NFTs, verschiedene Sortierfunktionen. Zusätzlich kann man mit der »unbegrenzt«-Version andere Wallets »tracken«.	Kostenlose Probeversion (bis zu 15 NFTs), darüber hinaus Monatsgebühr, abhängig von der Menge der NFTs in der Wallet. Gratis für Besitzer eines CryptoPunks.	Von meinem Partner Alexander Sachs, Blockchain-Programmierer, und mir entwickelt, weil wir endlich tagesaktuell wissen wollten, was unsere Wallets wert sind.
NFT OnChained https://nft.onchained.com	»*NFT Analytics powered by AI*«. Das Versprechen: Mithilfe künstlicher Intelligenz aufgrund einer Reihe von Daten den aktuell fairen Preis eines NFTs zu ermitteln, für derzeit 198 Kollektionen. Diverse Statistiken (u. a. »Whale Activity«).	Sehr umfangreich, zahlreiche Daten und Auswertungen. Hilfreich, um unterbewertete NFTs herauszufiltern.	Kostenloser Zugang zu 30 Kollektionen. Vollständiger Zugriff gegen Quartalsgebühr je nach Service-Umfang (»Standard« oder »Premium« mit »Alert«-Funktion, also Echtzeit-Hinweisen).	Eher für fortgeschrittene Investoren.
NonFungible https://nonfungible.com	Marktanalysen. Nützlicher »Markettracker«, der Top-Verkäufe für verschiedene Projekte und Zeiträume anzeigt. Je Quartal ein »Market Report«.	Leicht zu handhaben. Einführende Infos (unter »Academy«).	Reports auf Anforderung (gegen Mail-Adresse).	Sozusagen die »Wirtschaftszeitung« für NFT-Fans.

Tool	Inhalte	Komfort	Kosten	Anmer-kung
Raritysniffer https://rari-tysniffer.com	Das erste Rarity-Tool für NFT-Sammlungen, d. h. NFT-Bewertung nach Seltenheit ihrer Merkmale. Rankings und Infos über »Up-coming collections«.	Sehr einfache, be-nutzerfreundliche Oberfläche.	Kostenlos. Das gilt auch für die Aufnahme eigener Kol-lektionen, die beantragt werden kann.	Nur gelistete Kollektionen werden ausge-wertet. Aktuell (Okt. 2022) sol-len das 10.000 sein.
rarity.tools https://rarity.tools	Wertet Generative Art und andere NFT-Se-rien (Collectibles) aus. Ausgefeilter Bewer-tungsmechanismus, der auch Community-Vorlieben einbezieht (»derived traits«). Infos über bevorste-hende NFT-Verkäufe und News über aktu-elle Trends.	Vor der Nutzung muss man sich anmelden. Ein-fache Benutzer-oberfläche, aber etwas unüber-sichtlich, da keine Navigations-Regis-terkarten.	Kostenlos. Wer eine eigene Kol-lektion listen lassen will, zahlt dafür 2 ETH für Ethereum und Polygon, 20 Sol für Solana.	Nur gelistete Kollektionen werden ausge-wertet.
Rarity Sni-per https://rari-tysniper.com	Rarity Tool, das über 1.800 Kollektionen auswertet und zu-sätzlich einen Drop Calendar, Verkaufs-statistiken und News bietet.	Nutzerfreundlich, auch durch Ver-linkung zu Markt-plätzen wie Open-Sea, Looksrare, Rarible, X2Y2.	Kostenlos für Nutzer. Listing Fee unklarer Höhe für Urheber.	Nur Kollek-tionen, die aufgenommen wurden. Große Community: 475.000 Follo-wer bei Twit-ter, Discord mit 318.000 Mitgliedern.
TraitSniper https://www.traitsniper.com	Rarity-Tool. Merk-mals-Suchfunktion, »Bot Alerts« für Reve-als, direktes Ranking während eines Reve-al-Prozesses, Berech-nung des Seltenheits-werts neuer NFTs.	Für neue Nutzer ist die Navigation nicht ganz ein-fach.	Kostenlose Startversion. Für umfassen-den Zugriff ist »Trait Sni-per Lifetime Access« er-forderlich, der auf OpenSea gehandelt wird. Floor-Preis zurzeit 0,07 ETH.	Website ist oft überlastet.

Tool	Inhalte	Komfort	Kosten	Anmer-kung
Upcoming NFT https://upco-mingnft.net	Informiert über zu-künftige Drops und Launches, Events und Auktionen im Bereich Generative Art und Collectibles.	Einfach und über-sichtlich, mit hilfreichen Such-funktionen wie »Most Popular« und »Recently Added«.	Kostenlos, sowohl für Nutzer als auch für Urheber, die ihr Projekt listen lassen. »Projekt-Promotion« kann zuge-kauft wer-den. Kosten-pflichtiger NFT-»Pri-vilege Pass« für »Early Access«-Vor-teile von Nutzern.	Alternative zum NFT Drops Calendar.

Für Fans von PFP und anderen Serien (Collectibles) sind die Rarity-Tools besonders interessant, da sie die Seltenheit eines bestimmten NFTs und damit das mögliche Preisniveau bestimmen. In die Berechnung fließen dabei das rarste Merkmal, der Durchschnitt der Seltenheit sämtlicher Merkmale oder auch die Gewichtung bestimmter Merkmale ein. Wie beispielsweise Rarity Sniper sein Ranking berechnet, kannst du auf deren Website unter »Learn more about Rarity Sniper and NFT Rarity« nachlesen. Rarity Tools bezieht daneben auch versteckte Merkmale mit ein, die auf Vorlieben einzel-ner Communitys basieren. Für Besitzer von CryptoPunks oder Bored Apes[268] spielt beispielsweise die Zahl der Merkmale eine Rolle (sehr wenig Merk-male = wertvoll), während Fans bei einer anderen Kollektion (»Waifusion«) es als hoch gewichten, wenn Oberteil und Unterteil der Kleidung der Person zusammengehören – ohne dass dies in der »offiziellen« Merkmalsliste auf-taucht.[269] Die jeweilige Community bestimmt also oft selber, welche Traits als besonders wertvoll gelten. Was bei einer Gewichtung herauskommt, ist also eine Folge des Algorithmus, der dahintersteht. Aus diesem Grund solltest du ruhig die Rarity-Einstufung verschiedener Tools vergleichen. Außerdem ist Seltenheit nicht das einzige Bewertungskriterium – auch eine Kombination bestimmter Merkmale kann den Wert eines NFT in den Augen der Käufer erhöhen. Es bleibt also spannend, denn der (emotional mitbeeinflusste) Wert eines NFT ist niemals reine Mathematik!

Das ist erst der Anfang! NFT-Anwendungsbeispiele von A bis Z

NFTs werden die Welt erobern. Davon bin ich genauso überzeugt wie Gary Vaynerchuk, Erick Snowfro, gmoney und andere, die die Möglichkeiten dieser Technologie erkannt und in die Praxis umgesetzt haben. Jede Technik, die spürbaren Nutzen bringt, setzt sich früher oder später durch. Die Preise für einzelne NFTs im Kunst- oder PFP-Bereich mögen fallen oder steigen, am Siegeszug der NFTs insgesamt wird das nichts ändern. Vielen Menschen fehlt bislang aber noch die Fantasie, was NFTs alles können. Abschließend daher Anwendungsbeispiele für verschiedene Branchen von A wie Automobilindustrie bis Z wie Zahntechnik.

A wie Automobilindustrie

Heute werden Gebrauchtwagen gern »scheckheftgepflegt« verkauft – was niemanden daran hindert, Unterlagen zu fälschen. Wird jede Wartung, nebst Kilometerstand in einem NFT verewigt, ist das nicht mehr möglich. Irgendwann wird es heißen: »Ist der Wagen auch NFT-gepflegt?«

B wie Buchbranche

Findige Autoren werden über das »NFT zum Buch« Kontakt zu ihrer Leserschaft aufbauen und pflegen, auf diese Weise eine Community bilden, ihr nächstes Buch bewerben und den »inner circle« ihrer treuen Leser mit speziellen Benefits an sich binden. Statt Pflege diverser sozialer Medien stellt sich nur noch die Frage: »Wer hat meine(n) NFT(s) in seiner Wallet?« Keine Frage, dass ich selbst damit anfange – und das Buch *Inside NFT* mit einem NFT inside für dich geliefert wird. Hol ihn dir doch am besten gleich jetzt, du findest ihn am Ende des Buches.

C wie Chemieindustrie

Ob Medikamente oder andere Stoffe: Mit NFTs lassen sich Lieferketten sicher dokumentieren. Wo, wann und sogar in welcher Früh-, Spät- oder Nachtschicht etwas produziert wurde, ist fälschungssicher über die Blockchain dokumentiert.

D wie Damenmode

Begehrte Designermodelle (Taschen, Textilien usw.) lassen sich als NFTs in virtuelle Welten integrieren – das perfekte Marketingtool für alle von Armani bis Versace! Darüber hinaus können IRL-Luxusgegenstände natürlich mit Kleinstchips ausgerüstet werden, über die der zugehörige NFT abgerufen werden kann. So wird die Echtheit bewiesen.

E wie Einzelhandel

Die Payback-Punkte von heute sind die NFTs von morgen. Kundentreue wird mit NFTs belohnt. Unternehmen gewinnen über die Auswertung der Wallets Kundeninformationen: Wer hat besonders viele Nutella-NFTs? Und auch Kunden haben bisher unbekannte Vorteile davon: Wer seine Treue-NFTs nicht selbst einlösen will, verkauft sie einfach – und die Herausgeber verdienen über die Royaltys wieder mit.

F wie Finanzdienstleistung

Ob Kreditvergabe oder Kreditnahme – dazu braucht es nicht unbedingt Banken mit hochbezahlten Vorständen und teuren Bürotürmen. Das Stichwort ist DeFi (dezentralisierte Finanzdienstleistungen über die Blockchain). Die gibt es schon und NFTs werden dabei unverzichtbar werden: zur Dokumentation, als Sicherheit bei Krediten, für einen gleichmäßigen Auszahlungsmechanismus und für vieles mehr.

G wie Gastronomie

In welcher Schublade war noch mal der Restaurant-Gutschein, den man geschenkt bekam? Die Sucherei kann man sich sparen, denn den NFT-Gutschein hat man als NFT mit dem Smartphone immer dabei.

H wie Holzwirtschaft

Wie wäre es mit Brennholz auf der Blockchain? Ein Projekt, das ich mit meinem guten Freund Klaus Staudinger, seines Zeichens Landschaftsgärtner und Holzhändler, umgesetzt habe: Wir gaben 333 Genesis Forest Token (GFT) heraus. Wer seinen GFT »verbrennt«, bekommt vier Raummeter Holz frei Haus geliefert, auch wenn das erst in zwei Jahren ist. Wer das nicht tut, kann auf eine Wertsteigerung setzen und den NFT weiterverkaufen. Das alles erkläre ich dir genauer in einem Video auf meinem YouTube-Kanal.[270]

I wie Immobilienbranche

Mit NFTs ließe sich die aufwändige Abwicklung eines Immobilienkaufs (Grundbuchprüfung, Kaufvertrag, Auflassungsvormerkung, Zahlungsabwicklung, Grundbucheintrag) vereinfachen. Jeder Schritt wird durch einen NFT digital festgehalten. Und ähnlich wie bei Auto-Inspektionen ließen sich bei einer Immobilie Renovierungen mit NFTs fälschungssicher für einen eventuellen Weiterverkauf dokumentieren, inklusive aller verwendeter Materialien. Etwas anderes gibt es bereits: Firmen, die über eine Fraktionalisierung mittels NFTs den Erwerb von Immobilienanteilen anbieten. Ganz seriös mit BaFin-Lizenz und mit mehr Transparenz und Flexibilität für die Käufer als bei den traditionellen geschlossenen Immobilienfonds.

J wie Juweliere

Ob Rolex oder Ein-Karäter mit Smaragdschliff: Als Echtheitszertifikate sind NFTs unschlagbar. Zukünftig könnten Juweliere oder Hersteller beim Weiterverkauf von Stücken, die an Wert gewonnen haben, sogar mitverdienen. Beispiel: Wenn die Rolex für 8.000 Euro gekauft und für 16.000 Euro verkauft wird, kassiert das Unternehmen vollautomatisch einen Anteil von zum Beispiel 10 Prozent, sobald der NFT die Wallet wechselt. Und ohne NFT keine Garantie.

K wie Kosmetikbranche

Auf welche Inhaltsstoffe reagiere ich noch mal allergisch? Wenn solche Infos digital in der Wallet hinterlegt sind, gerät das nie wieder in Vergessenheit.

L wie Landwirtschaft

Von der Biozertifizierung für verschiedenste Lebensmittel über die Dokumentation von Lieferketten bis zur Incentivierung des Bezugs von Saatgut oder Dünger durch »Treue-NFTs« – auch hier sind zahlreiche Anwendungen denkbar.

M wie Museen

Wer zwei Jahre lang jede Sonderausstellung besucht oder alle Digitorials (Info-Videos) zu den Exponaten der Dauerausstellung gesehen hat und dies mit NFTs dokumentiert, hat nicht nur eine dekorative digitale Karten-Sammlung, sondern er wird auch belohnt: mit einer kostenlosen Führung, einem exklusiven Kuratoren-Gespräch oder Eintrittskarten für die jährliche Museumsparty. Ein Abzeichen gibt es natürlich oben drauf. Das kann man öffentlichkeitswirksam als Profilbild innerhalb der digitalen Kunstcommunity verwenden. Natürlich können Kunstvereine so auch viel einfacher Crowd-funding betreiben und gemeinsam ein hochpreisiges Kunstwerk kaufen.

N wie Nahrungsmittelbranche

278

Das ist erst der Anfang! NFT-Anwendungsbeispiele von A bis Z

Mit NFTs lassen sich nicht nur Lieferketten oder Kühlketten dokumentieren. Denkbar wäre auch, in Zusammenarbeit mit Krankenkassen gesundes Essen zu incentivieren. Wer gesunde Produkte kauft, dokumentiert dies über NFTs, die über Codes auf der Verpackung generiert werden. Und wer erkennbar gesund einkauft und damit wahrscheinlich auch isst, wird von seiner Krankenkasse dafür belohnt.

O wie Online-Handel

Jeder Einkauf beim Händler wird automatisch durch ein NFT dokumentiert. Ab einem bestimmten Einkaufsvolumen erhält der Kunde automatisch 10 Prozent Rabatt auf den nächsten Einkauf. Oder er wird bei größeren Anschaffungen kostenfrei von einem (menschlichen) Einkaufsassistenten beraten. Solche Bonus-Programme gibt es bereits? Stimmt! Doch wenn sie über NFTs laufen, können Kunden ihre Vergünstigungen einfach meistbietend weiterverkaufen, woran der Händler – du weißt es bereits – über die Royaltys wieder mitverdient.

P wie Papierhersteller

Auch hier eignen sich NFTs nicht nur fürs Qualitätsmanagement (Lieferketten, Inhaltsstoffe). Sie könnten darüber hinaus genutzt werden, um rechtzeitig genug Vorrat einer begehrten Ware zu ordern: Wer glaubt, dass der Papierpreis weiter steigen wird, sichert sich über den Kauf von NFT-Gutscheinen schon heute seinen Papierbedarf in zwei Jahren zum aktuellen Preis.

Q wie Quad-Vermietung

Quad-Fans werden durch ein Blockchain-Spiel an große Anbieter gebunden. Jedes Mal, wenn er oder sie ein Quad mietet, gibt es ein NFT-Ausrüstungstool fürs Quad-Rennspiel dazu. Und wie bei anderen Games können diese Tools gesammelt und auf einem In-Game-Marktplatz gehandelt werden.

R wie Reisebranche

Ob Eintrittskarte zur VIP-Lounge, ob Senator-Status bei der Airline, alle Incentives lassen sich als NFTs produzieren und werden damit digital ausstellbar. Und den Senator-Status muss ich dann gar nicht mehr selbst erfliegen, ich kann ihn auch jemandem abkaufen. Wenn die Airline schlau ist, kassiert sie beim Weiterverkauf über ein eigenes Portal gleich Gebühren. Und falls du das lächerlich findest, hast du noch nie erlebt, wie heiß manche Menschen auf solche Statusmerkmale sind. Mancher hängt nur deswegen noch einen Flug dran, um den Senator-Status nicht zu verlieren. Und wenn man mit dem dann auch noch als Profilbild online angeben kann, sagt der eine oder andere sicher »Fly me to the moon!«.

S wie Solarindustrie

Wie wäre es damit: Per NFT kann man einzelne Panels aus einem Solarfeld erwerben. Der Käufer wird je nach der Menge des Stroms, den das Feld ins Netz einspeist, automatisch über die Blockchain am Erlös beteiligt.

T wie Textilindustrie

Fälscher in aller Welt hätten es schwerer, wenn Stücke begehrter Marken per NFT zertifiziert wären. Eine andere zentrale Einsatzform für NFTs ist das Marketing. Produkte in Form von NFTs erobern schon heute das Metaverse, nicht nur in Games, sondern auch als Kleidung des eigenen Avatars in digitalen Welten. Nike mit seinen Cryptokicks, Adidas mit seiner »Into the Metaverse«-Kollektion und gmoney mit seinen 9dcc-Shirts sind bereits auf dem Weg dahin. Ich bin sicher, bald baumelt die Louis-Vuitton-Tasche auch bei der Vernissage im Metaverse am Arm.

U wie Umwelttechnik

CO_2-Zertifikate wären als NFTs leichter zu handeln und überdies fälschungssicher.

V wie Veranstaltungsbranche

Konzerttickets könnten als NFTs nicht nur zu attraktiven Sammelobjekten werden, auch der Handel besonders begehrter Eintrittskarten zu horrenden Preisen auf dem Schwarzmarkt würde unattraktiv, wenn beim Weiterverkauf 99 Prozent Lizenzgebühren an den Veranstalter flössen. NFTs mit Ticketfunktion gibt es übrigens längst, siehe Gary Vaynerchuk und seine Vee-Friends, die zum Besuch von drei VeeCon-NFT-Konferenzen berechtigen.

W wie Weinbau

Jahrgänge und Lagen könnten mit NFTs gekoppelt werden, sodass der Kunde Zugriff auf Infos zu Böden und Wetterbedingungen hat. Und da inzwischen alles gefälscht wird, auch teure Weine, könnten Flaschen mit einem QR-Code versiegelt werden, der auf einen NFT verweist. Fehlt der QR-Code, wurde die Flasche geöffnet. Das tun Fälscher nämlich und tauschen den Inhalt aus. Wenn nun also eine gefälschte Flasche weiterverkauft werden soll, fragt man einfach nach dem dazugehörigen NFT.

X wie X-mas

Wenn es NFTs mit zahlreichen Utilitys und in allen Preislagen gibt, werden sie zum idealen Weihnachtsgeschenk. Und sollte der Schenkende dennoch krass danebengegriffen haben, muss man nicht bis zum nächsten Schrottwichteln warten, um das Ganze problemlos wieder loszuwerden. Einfach über OpenSea verkaufen!

Y wie Yoga-Studios

Yoga-Lehrerinnen und -Lehrer gibt es wie Sand am Meer. Die seriösen belegen eine fundierte Ausbildung durch NFT-Zertifikate. Hierfür gibt es spezielle NFTs, die nach dem Erlangen des Zertifikats nicht mehr transferiert werden können, sogenannte Soulbound Tokens. Treue Kursbesucher erhalten über NFTs Zugang zu exklusiven Übungsvideos. Und wer regelmäßig teilnimmt, bekommt Sammel-NFTs mit interessanten Vergünstigungen. So lässt sich ein im Fitness-Bereich verbreitetes Problem bekämpfen: Erst kommt der Kunde selten ins Studio, dann gar nicht mehr und dann kündigt er. NFTs als Incentives könnten gegensteuern.

Z wie Zahntechnik

Röntgenaufnahmen und Abdruckmodelle des Gebisses liegen digitalisiert als NFTs vor. Beim Zahnarztwechsel nimmt der Patient diese verschlüsselten Unterlagen in der eigenen Wallet mit und erspart sich Doppeluntersuchungen.

ANHANG

Wissenswertes zum Nachschlagen

Meilensteine der NFT-Geschichte (Kein Anspruch auf Vollständigkeit!)

Die folgende Chronologie zeigt, wie der NFT-Zug 2021 richtig Fahrt aufnimmt. 2017/18 entstehen die wichtigsten Marktplätze (OpenSea bereits 2017). Wenige Jahre später, 2021, gehen die Preise durch die Decke. Initialzündung sind die CryptoPunks und die Versteigerung von Beeples »Everydays« für 69,3 Millionen Dollar. Viele Künstler steigen ein. Ende des Jahres 2021 gibt es die erste rein virtuelle NFT-Ausstellung, und zwar in der Petersburger Eremitage. 2022 wiederum scheint das Jahr der Metaverse zu werden, mit Unternehmen wie Decentraland und Projekten wie »Otherside« des Bored Ape Yacht Club (BAYC). Der Markt verändert sich rasant und ist nichts für schwache Nerven – bis zum Erscheinen des Buches wird sich wieder viel getan haben. Dabei gilt wie am Aktienmarkt: Wer die richtigen Investitionen tätigen will, muss sich gut informieren und stets auf dem Laufenden sein!

2012

- NFT-Vorläufer: Coloured Coins als Skripte auf der BTC-Blockchain, mit denen das Eigentum an einem realen Vermögenswert nachgewiesen werden kann.

2014

- Erstes geprägtes NFT: »Quantum«, ein 5-Sekunden-Video von Kevin McCoy (Digitalkünstler) auf der Namecoin-Blockchain (einer Gabel der BTC-Blockchain).
- Gründung von Counterparty, einer Bitcoin-basierten Peer-to-Peer-Plattform und Basis für die Entstehung von Blockchain-Games.

2015

- April: Spells of Genesis als erstes Blockchain-basiertes Spiel erscheint auf Counterparty.
- Juli: Gründung der Ethereum-Blockchain.

2016

- August: Force of Will, Platz 4 unter den meistverkauften Kartenspielen in den USA, kann über Counterparty auch online gespielt werden.
- Oktober: Pepe-the-Frog-Memes werden auf Counterparty gehandelt (»Rare Pepes«).
- Gründungsjahr der MetaMask (Ethereum-Wallet)
- Gründung von Makersplace (NFT-Marktplatz)[271]

2017

- März: Pepe-the-Frog-Memes werden auf Ethereum gehandelt (auf einer Plattform namens »Peperium«).
- Juni: Larva Labs veröffentlicht die CryptoPunks.
- August: Decentraland verkauft Land-Tokens.
- Oktober: CryptoKitties, das erste große Blockchain-Spiel, geht an den Start. Urheber ist Dapper Labs.
- Dezember: Gründung von OpenSea als Verkaufsplattform

2018

- Februar (Valentinstag): Kevin Abosch verkauft ERC-20 Token »The Forever Rose« für 1 Millionen Dollar an zehn ausgewählte Sammler.[272]
- März: Das Blockchain-Spiel Axie Infinity geht an den Start. Es wird als erstes NFT-Spiel mehr als 1 Milliarde Dollar Umsatz machen.[273]
- April: Gründung von SuperRare (NFT-Marktplatz)
- April: Gründung von KnownOrigin (NFT-Marktplatz)
- Gründung von Sorare (»Fantasy-Fußball«)
- Gründung von Nifty Gateway

2019

- April: Autoglyphs werden veröffentlicht (erste »Onchain«-Werke der Generative Art).

- Juli: Die National Basketball Association (NBA) und Dapper Labs bringen die NBA Top Shots auf den Markt: Kurzvideos spektakulärer Würfe. Legendäre Würfe bringen dabei sechsstellige Summen.[274]
- Oktober: Gründung von Rarible (NFT-Marktplatz)

2020

- März: Nifty Gateway ermöglicht als erster NFT-Marktplatz den Kauf von NFTs mit FIAT (klassischen Währungen).
- Oktober: Die MetaMask hat erstmals mehr als eine Million monatliche Nutzer.
- 2020 Cryptovoxels – Metaverse auf der Ethereum Blockchain entsteht.
- 2020 Decentraland veranstaltet erste NFT-Modenschau.
- 2020 Decentraland veranstaltet die 100xart show (als erste »multi gallery artshow« im Metaverse).[275]

2021

- Februar: Gründung von Art Blocks (Generative Art)
- Februar: 3Lau verkauft Musik-NFTs für über 11 Millionen Dollar.[276]
- Februar: Meme-NFT »Nyan Cat« für 600.000 Dollar verkauft.
- März: Beeples »Everydays: The First 5000 Days« wird für 69,3 Millionen Dollar bei Christie's versteigert.
- März: Kevin Rose startet seinen NFT-Podcast PROOF.xyz.
- März: Der erste Tweet von Twitter-Gründer Jack Dorsey wird für 2,9 Millionen Dollar verkauft.
- April: Das Meme »Disaster Girl« wird für 485.000 Dollar versteigert.[277]
- April: Die »Bored Apes« des BAYC gehen an den Start.[278]
- April: Eminem veröffentlicht die NFT-Serie Shadycon auf Nifty Gateway.

- April: Snoop Dogg veröffentlicht sein erstes NFT.
- April: Sotheby's versteigert die Pak-Collection »The Fungible« und erzielt 16,8 Millionen Dollar.[279]
- Mai: Gary Vaynerchuks »VeeFriends« erscheinen.[280]
- Mai: Ein Paket von neun CryptoPunks wird für knapp 17 Millionen Dollar bei Christie's versteigert.[281]
- Juni: Meme-NFT »Doge«, das die Hündin Kabosu (einen Shiba) zeigt, wird für 4 Millionen Dollar versteigert und ist damit das bisher teuerste Meme-NFT.[282]
- Juni: Sotheby's versteigert Quantum, »das erste NFT«, für 1,5 Millionen Dollar.[283]
- Juni: Sotheby's versteigert ein NFT mit dem Quellcode des World Wide Web für 5,4 Millionen Dollar.[284]
- Juli: Damien Hirst veröffentlicht seine 10.000 Werke umfassende Serie »The Currency« (2016) als NFT.[285]
- August: Die MetaMask hat erstmals mehr als zehn Million monatliche Nutzer.
- September: Die Photo Basel 2021 zeigt erstmals auch Digitalkunst in Form von NFTs.[286]
- September: Ein virtueller »Glass Suit« von Dolce & Gabbana wird als NFT versteigert und erzielt (zusammen mit einem echten Anzug) mehr als 1 Million Dollar.[287]
- September: Fünf »VeeFriends« von Gary Vaynerchuk werden von Christie's versteigert. Erlös: 1,26 Millionen Dollar.[288]
- Oktober: Decentral Games (Play-to-Earn-Poker) geht an den Start.
- November: Wolf Game (Play-to-Earn-Strategiespiel) geht an den Start.
- November: Gründung von Quantum Art (Fotografie). Mitgründer ist Justin Aversano.
- November: Die Petersburger Eremitage, eines der bedeutendsten Kunstmuseen der Welt, zeigt die erste rein virtuelle NFT-Ausstellung in Europa.[289]

- November: Die MetaMask hat mehr als 21 Million monatliche Nutzer.
- November: Das Collins Dictionary erklärt »NFT« zum Wort des Jahres 2021 – die Verwendung sei gegenüber dem Vorjahr um 11.000 Prozent gestiegen.[290]
- Dezember: Paks Werk »The Merge« erzielt den bis dahin höchsten Preis für ein NFT-Kunstwerk: 91,8 Millionen Dollar.
- Dezember: Adidas startet die erste Phase des Projekts »Into the metaverse«.

2022

- Januar: Der Community-gesteuerte Marktplatz LooksRare geht an den Start.[291]
- Januar und (nach kurzer Erholung) April: Die Kurse von Kryptowährungen wie Bitcoin (BTC) und Ether (ETH) brechen ein.
- Februar: CryptoPunk #5822 wird für 8000 ETH, umgerechnet 23,7 Millionen Dollar verkauft.[292]
- Februar: »The Clock« von Pak, das die Tage von Julian Assange in Gefangenschaft zählt, wird für 52,8 Millionen Dollar von den 10.000 Mitgliedern des Assange DAO ersteigert.[293]
- März: Der Unternehmenswert von Yuga Labs wird mit 4 Milliarden Dollar bewertet.[294]
- März: Yuga Labs kündigt den Bau eines Metaverse namens »Otherside« an.
- März/April: Bei einem Aufsehen erregenden Hack wird die Treasury von Axie Infinity um Kryptogeld im Wert von über 600 Millionen Dollar erleichtert.[295]
- April: Yuga Labs erwirbt die Rechte an den CryptoPunks und Meebits von Larva Labs.[296]
- April: Die Moonbirds (eine PFP-Serie von Kevin Rose) erscheinen.[297]

- April: Der erste Tweet des Twitter-Gründers Jack Dorsey steht erneut zum Verkauf – das Höchstgebot liegt bei nur noch 280 Dollar:[298]
- Mai: Unternehmerstar Gary Vaynerchuk (»Gary Vee«) veranstaltet die erste VeeCon-NFT-Konferenz in Minneapolis.
- Juni: Eminem und Snoop Dogg veröffentlichen zusammen ein Musikvideo, in dem sie als Bored Apes auftreten.[299]
- Juni: Das Free-Mint-NFT-Projekt Goblintown (goblintown.wtf) löst trotz Skepsis vieler NFT-Anhänger einen Run auf die Goblins aus. Einzelne Goblins erzielen sechsstellige Preise.[300]
- Das Magazin *RollingStone* und der BAYC bringen zusammen zwei NFTs heraus, die fünfstellige Preise erzielen.[301]
- Juli: Mint der Wagmi-NFTs, die eine neue Ära der Fanbeteiligung und -mitbestimmung bei ihrem Fußballclub einläuten. Mithilfe der Erlöse soll die Mannschaft des Crawley Town Football Club mittelfristig in die Premier League aufsteigen können. Partner ist unter anderen Adidas, auch Größen der NFT-Szene wie gmoney oder Gary Vee sind beteiligt.[302]
- August: Gala Games, bisher auf Spiele und Musik auf der Blockchain spezialisiert, gibt die Gründung von Gala Film bekannt. Namhafte Regisseure und Autoren sollen für Projekte gewonnen werden.[303]
- September: »Merge« der Ethereum-Blockchain, das heißt komplette Umstellung vom Proof-of-Work-Verfahren auf Proof of Stake, das bis dahin nur auf einer Fork (einem Zweig) der Ethereum-Chain eingesetzt wurde.
- September: Das MoMA (Museum of Modern Art) New York plant, Werke von Picasso, Bacon, Renoir und anderen Künstlern im Wert von geschätzt 70 Millionen Dollar zu verkaufen, um seine »digitale Präsenz« zu erhöhen. Auch der Kauf von NFTs wird ins Auge gefasst.[304]

- September: Der Künstler Tyler Hobbs erlöst beim Mint des QQL-Projektes 17 Millionen US-Dollar. Bei dem neuartigen Generative-Art-Projekt können Mint-Pass-Inhaber dank des QQL-Algorithmus als Ko-Kreatoren agieren.[305]

- Oktober: Beim ersten IRL-Event der Future-of-Finance-(FoF)-Mentoring-Gruppe treffen sich über 200 Teilnehmer zum Austausch. Das ist wahrscheinlich das bis dato größte IRL NFT-Event in Deutschland.

- November: In Marfa (Texas) findet zum zweiten Mal ein großes ArtBlocks-Event mit 600 Künstlern und Sammlern statt, darunter viele Prominente.

- November: Das weltweit erste Print-NFT-Magazin in Deutsch und Englisch nebst dazugehörigem NFT erscheint, Herausgeber: Mike Hager.

- November: Die ArtBlocks Friendship Bracelets von Alexis André erscheinen und sind für ArtBlocks-NFT-Besitzer kostenlos zu minten.

- Dezember: Im Miami Institute of Contemporary Art hängt neuerdings ein CryptoPunk neben einem Werk von Andy Warhol. Gestiftet wurde der CryptoPunk von Yuga Labs.

- Dezember: Der Yuga-Labs-Podcast „The Fucking Metaverse" geht an den Start. Hosts sind die Yuga-Labs-Gründer Wylie Aronow, Greg Solano und Kerem Atalay.

- Dezember: Bestsellerautor Tim Ferriss bringt seine erste eigene NFT-Kollektion („Cockpunch") heraus.

- Dezember: Eine NFT-Kollektion, die ausschließlich aus Bildern von Donald Trump besteht, kommt auf den Markt.

- Dezember: Start des ApeCoin-Stakings (mit hohen Renditen).

NFT-Glossar:
Wichtige Fachbegriffe kurz erklärt

Airdrop: Dabei verschenken Entwickler NFTs (oder Coins) an Anhänger und/oder Kunden, in der Regel zu Marketingzwecken, manchmal im Rahmen einer Social-Media-Kampagne vor dem offiziellen Starttermin des Projekts, oft aber auch zu Kundenbindungszwecken für Menschen, die die jeweiligen NFTs lange halten und nicht flippen (weiterverkaufen). Siehe auch → Drop.

Allowlist (→ Whitelist)

Alpha: Wissen, das man früher als andere hat und das einem einen Vorsprung in verschiedenen Bereichen wie zum Beispiel Minten von NFTs, interessante neue NFT-Projekte oder Investitionen bringt.

Art Blocks: Der führende Marktplatz für generative Kunst (→ Generative Art). Eine kuratierte Plattform, das heißt die dort präsentierten NFTs werden von einem Art-Blocks-Team begutachtet und ausgewählt. Wer eine Arbeit unter den »Curated Projects« platzieren konnte, darf anschließend im unkuratierten »Artists' Playground« ein Werk anbieten. https://www.artblocks.io/

Bitcoin (BTC): Die bislang bekannteste → Kryptowährung. Existiert seit Anfang 2009. Das Prinzip digitaler Währungen wurde von einem Programmierer(-team?) mit dem Decknamen Satoshi Nakamoto entwickelt und in einem »Whitepaper« dargelegt. Wird nicht nur als Zahlungsmittel, sondern (wie viele Kryptowährungen) auch als Wertaufbewahrung oder als spekulative Anlage genutzt.

Blockchain: Wörtlich übersetzt »Block-Kette«. Eine Technologie, bei der Datensätze in Form von Datenblöcken aneinandergehängt werden. Aufgrund der Verteilung der Rechenoperationen auf eine Vielzahl von Rechnern (»Nodes«, wörtlich »Knoten«) und aufgrund der Verkettung der Datensätze, bei der jeder folgende Block Informationen aus dem vorigen wiederholt, gilt die Blockchain als extrem sicherer und transparenter Datenspeicher.

Burnen: Wörtlich »verbrennen«. Ein NFT oder mehrere werden auf der Blockchain auf die sogenannte Null-Adresse geschickt und sind somit »zerstört« bzw. für immer unzugänglich.

Coin: Wörtlich übersetzt »Münze«, »Geldstück«. Eigenständige → Kryptowährung wie zum Beispiel Bitcoin oder Ether.

Dutch Auction (DA): Bei einer »holländischen Versteigerung« sinkt der Preis mit der Zeit. Es gilt daher, nicht zu früh zuzuschlagen, aber gleichzeitig schnell genug zu sein, wenn der »sweet spot« erreicht ist, bei dem plötzlich alle kaufen wollen. Siehe auch → English Auction und → Silent Auction.

DAI: Sogenannter → Stablecoin, Kryptowährung, deren Wert dem des US-Dollars entspricht. Beim DAI handelt es sich um einen dezentralisierten Stablecoin, das heißt, er wird nicht auf einem zentralen Konto durch Dollar abgesichert, sondern durch die Plattform https://makerdao.com.

DAO: »Dezentralisierte Autonome Organisation«. Eine Unternehmensorganisation, die auf der Basis eines einmal installierten Programms auf der → Blockchain selbstgesteuert und ohne Eingriffe von außen arbeitet. Beispiel für eine DAO ist die Spielplattform Decentral Games.

DApp: »Decentralized Application« – eine Blockchain-basierte Applikation, die dezentral – über ein Peer-to-Peer-Netzwerk – betrieben wird, anders als klassische Apps, die zentral auf einem Server liegen und von einem Unternehmen verwaltet und betrieben werden.

Drop: Die Erstveröffentlichung von etwas. Das kann ein NFT sein, aber auch zum Beispiel ein Merchandising-Artikel.

DeFi: »Dezentralisierte Finanzdienstleistungen«, die ohne Institutionen wie Banken oder Versicherungen rein über Rechenoperationen im Netz ablaufen. Grundlage sind automatisierte Protokolle auf der → Blockchain.

DEX: »Decentralized Exchange«, eine dezentrale Börse, die vollautomatisiert als Programm auf der Blockchain läuft. Im Gegensatz zu CEXes wie Kraken oder Coinbase, die zentralisiert sind (von einem Unternehmen betrieben werden).

Discord: Messenger-Dienst, ursprünglich vor allem in der Gamer-Szene verbreitet. Heute auch Treffpunkt vieler NFT-Communitys. Zahlreiche Einzelkünstler, Sammler, Influencer oder Marktplätze wie OpenSea betreiben neben einem Twitter-Account auch einen Discord-»Server«. https://discord.com/

Drop: Starttermin eines NFT-Projekts, zu dem NFTs in einem bestimmten Zeitraum und zu einem festgelegten Preis gemintet werden können (→ minten).

English Auction (EA): Klassische Form der Versteigerung, bei der ein Gut ausgehend von einem festgesetzten Mindestpreis an den Meistbietenden versteigert wird.

ENS: »Ethereum Name Service«. Eine Internetadresse mit der Endung .eth, die man mit einer Wallet verbinden kann. Ich nutze zum Beispiel mik.eth.

Ether (ETH): Neben dem → Bitcoin zweitwichtigste Kryptowährung, betrieben auf der Ethereum-Blockchain, die mehr Funktionen in Form von → Smart Contracts ermöglicht als die Bitcoin-Blockchain. NFTs werden überwiegend in Ether gehandelt.

Ethereum 2.0 (Eth2): Ethereum nach der Umstellung des Schürfens neuer Coins von → Proof of Work auf → Proof of Stake.

Etherscan: Recherche-Werkzeug und Analyse-Tool (»Blockchain-Explorer«) für die Ethereum-Blockchain (→ Ether). Zahlreiche Funktionen wie »Gas Tracker« (→ Gas Fee), Währungsumrechner, Anzeige sämtlicher Transaktionen bestimmter Wallets bei Eingabe der Wallet-Adresse (ENS), Statistiken (zum Beispiel tägliche Transaktionen). https://etherscan.io/

FIAT: Klassische Währungen wie Euro, US-Dollar usw., die aufgrund einer gesellschaftlichen Vereinbarung als Tauschmittel verwendet werden (vom Lateinischen »fiat« = »es werde«).

Flippen: Etwas kaufen und (möglichst mit Gewinn) schnell wieder verkaufen.

Floor Price (Floor): Der niedrigste Preis, zu dem ein NFT einer Kollektion oder Serie momentan erworben werden kann. Von »Floor«, wörtlich übersetzt »Boden«.

Fraktionalisierung: Von »fractionalize« = aufsplitten, zerteilen. Möglichkeit, Anteile an einem NFT zu erwerben (ähnlich wie Anteile an einem Unternehmen in Form einer Aktie). Möglich wird dies über Plattformen wie zum Beispiel https://fractional.art/ (inzwischen umbenannt in https://tessera.co).

Gas (Gas Fee): Wörtlich übersetzt »Treibstoff-Gebühr«/»Benzin-Gebühr«. Die Transaktionsgebühren im Ethereum-Netzwerk, die dafür fällig werden, dass die → Miner die Blöcke auf der → Blockchain bestätigen. Ob eine Gebühr anfällt und wer sie zahlt, hängt von der Art der Transaktion ab. Beispielsweise zahlt auf → OpenSea der Käufer Gas Fee, wenn er ein NFT zum Festpreis kauft. Der Verkäufer zahlt Gas Fee, wenn er das Gebot eines Kaufinteressenten annimmt. Die Höhe der Gas Fees hängt von der Auslastung des Netzwerks ab.

Gas Wars: Um in Zeiten starker Netzwerk-Auslastung Transaktionen zu beschleunigen, können Netzwerk-Nutzer Gas Fees manuell anpassen und Minern beispielsweise in der → MetaMask eine erhöhte »Max[imum] priority fee« einstellen. Schaukelt sich dieser Prozess hoch, spricht man von Gas Wars (»Treibstoff-Kriegen«).

Generative Art: Kunstform, bei der auf der Basis eines digitalen Codes eine potenziell unendliche, in der Praxis fast immer limitierte Zahl von Werken erstellt (»generiert«) wird. Auf diese Weise entstehen zahlreiche Variationen eines Motivs. Beim → Minten von Generative Art kennt der Käufer in der Regel nur ein erstes Beispielprojekt. Was er selbst gekauft hat, sieht er erst, nachdem er das NFT erworben (gemintet) hat. Wichtigste Verkaufsplattform für Generative Art ist → Art Blocks.

Genesis piece: Das erste Stück eines Künstlers.

Governance Token: Der Token, der einen an dem Protokoll – in der Regel ein DAO – beteiligt und über den man an Abstimmungen teilnehmen und so mitregieren (»govern«) kann. In-Game Token: Kryptowährungen, die innerhalb von Spielen benutzt werden.

Grail piece: Ein besonders gefragtes Stück aus einer Serie (Beispiel: die »tulip«, ein Fidenza von Tyler Hobbs, der aussieht wie eine Tulpe). Im engeren Sinne sind »Grails« die NFTs, deren Mint Kevin Rose den Inhabern eines PROOF-Passes vorbehält.

Kraken: Eine zentralisierte → Kryptobörse (CEX), die von einer Bank betrieben wird, und das Beispiel, an dem in diesem Buch der Tausch von Euro in Ether erklärt wird. https://www.kraken.com/

Gwei: »Giga-Wei«. 1 Gwei sind 1.000.000.000 → Wei.

Kryptobörse: Börse, an der → Kryptowährungen gehandelt werden und auf diese Weise auch klassische Währungen in Bitcoin, Ether oder andere digitale Währungen getauscht werden können. Eine CEX (»Centralized Exchange«) funktioniert wie ein traditionelles Finanzunternehmen, während eine DEX (»Decentralized Exchange«) ein automatisiertes Protokoll auf der → Blockchain ohne »analoge« Institution ist. CEX-Beispiele: Binance, Bitpanda, Coinbase, Kraken und weitere. DEX-Beispiele: Uniswap, SushiSwap.

Kryptowährung: Digitale Währungen, die auf dezentralisierten kryptografischen Rechenoperationen auf der → Blockchain basieren. Dadurch wird Zahlungsverkehr unabhängig von Banken und staatlichen Aufsichtsbehörden möglich. Erste Kryptowährung ist der → Bitcoin. Im NFT-Kosmos wird überwiegend in → Ether gehandelt. Kryptowährungen sind heute nicht nur Zahlungsmittel, sondern auch (riskantes) Anlageobjekt. Laut statista.com gab es im Oktober 2021 weltweit 6.690 verschiedene Kryptowährungen.

Ledger: Wörtlich »Hauptbuch« oder »Kassenbuch«, hier: USB-Stick-ähnlicher Hardware-Schlüssel für den Zugang zu einer digitalen → Wallet (»Brieftasche«) wie der → MetaMask. Benannt nach der ausgebenden Firma und aus Sicherheitsgründen am besten nur dort zu erwerben: www.ledger.com.

Liquidity: Liquidität als sofortige Verfügbarkeit finanzieller Ressourcen, beispielsweise, um eigenen Zahlungsverpflichtungen nachzukommen (von lat. »liquidus« = flüssig). Ein liquides Asset kann jederzeit ohne das Risiko hohen Wertverlusts in Cash umgewandelt werden. Während Geldbesitz hohe Liquidität aufweist, zeichnen sich Sachwerte (wie Immobilien oder Kunstwerke) durch geringere Liquidität aus.

Merge: Komplette Umstellung der Ethereum-Blockchain vom → Proof-of-Work-Validierungsverfahren auf → Proof of Stake am 15. September 2022. Die Registrierung neuer Blöcke auf der Ethereum-Blockchain wird damit nicht mehr durch die Lösung komplexer Rechenaufgaben (»Work«), sondern durch die Hinterlegung eigener Coins (»Staking«) ermöglicht. Proof of Stake spart gegenüber Proof of Work eine Menge an Rechenleistung/Energie, begünstigt aber Akteure, die große Vermögensmengen hinterlegen können. Als »Merge« (Verschmelzung, Zusammenführung) wird die Umstellung deshalb bezeichnet, weil seit 2016 beide Verfahrensweisen in unterschiedlichen Zweigen (»Forks«) der Ethereum-Blockchain parallel betrieben wurden und die Vorgehensweisen nun zugunsten von Proof of Stake vereinigt wurden.

MetaMask: Weit verbreitete digitale → Wallet im NFT-Bereich, mit der jeder Nutzer eine öffentliche Adresse (ähnlich einer Kontonummer) und einen geheimen → Private Key in Form einer Folge von 12 Worten (→ Seed-Phrase) bekommt. Da die private MetaMask über eine Verknüpfung bei den meisten Verkaufsplattformen Transaktionen erst ermöglicht, kommt man beim Kaufen und Sammeln von NFTs kaum ohne sie aus. Gleichzeitig dient die MetaMask als Zugang zum Aufbewahrungsort der erworbenen NFTs auf der Blockchain. https://metamask.io/

Metaverse (Metaversum): Derzeit noch weitgehend utopische nächste Form des Internets – eine grenzenlose virtuelle Welt, in der Nutzer mittels Avatar und/oder Virtual-Reality-Equipment miteinander interagieren, zum Beispiel zusammenarbeiten, spielen, sich treffen, einkaufen usw., und dabei von einem Bereich des Metaverse ohne Barrieren in einen anderen wechseln können. Im Metaversum erleben wir das Internet nicht mehr vor dem Bildschirm, sondern wir betreten es (»sind« also wortwörtlich im Netz). Reale und virtuelle Welt verschmelzen, und idealerweise gibt es keine Grenzen zwischen verschiedenen virtuellen Subwelten. Der Begriff Metaversum verschmilzt die Vorsilbe »meta« (jenseits) und »Universum«. Er stammt aus dem Science-Fiction-Roman *Snow Crash* von Neal Stephenson (1992). Das Videospiel »Second Life« (2003) ist eine frühe Form eines (begrenzten) Metaversums. Viele Verfechter des Metaverse wenden sich allerdings gegen eine Konzentration dieses Zukunftsraumes in den Händen einzelner Unternehmen, die eigene, gegeneinander abgegrenzte Metaversen kreieren. Die Umbenennung von Facebook in meta durch Mark Zuckerberg steht für eine entsprechende Konzernstrategie. Microsoft und andere Tech-Giganten arbeiten an ähnlichen Konzepten. Im Blockchain-/Krypto-Bereich haben Unternehmen wie The Sandbox und Decentraland eigene Metaversen kreiert, und auch der BAYC ist bereits dabei, den Club zu einem Metaversum auszubauen. Für die Entwicklung eines dezentralen, nicht von einzelnen Unternehmen gesteuerten Metaversums werden die Blockchain-Technologie und NFTs eine zentrale Rolle spielen.

Miner: Jemand, der durch das Lösen komplexer Rechenoperationen (kryptografischer Aufgaben) auf einer → Blockchain Transaktionen bestätigt und auf diese Weise neue Blöcke generiert. So entstehen neue → Coins in der jeweiligen Kryptowährung. (von »mining« = schürfen.) Miner spielen vor allem bei Blockchains eine Rolle, die mit → Proof of Work arbeiten.

Minten: Wörtlich übersetzt »prägen«. Gemeint ist der Erstkauf eines NFTs direkt auf der Projektseite der Macher, bei dem der NFT auf der Blockchain entsteht. Gemintet wird in der Regel in vorher bekanntgegebenen Zeiträumen zu Festpreisen bei sogenannten → Drops. Ein Weiterverkauf der NFTs erfolgt dann zu Marktpreisen auf → Sekundär- oder Zweitmärkten wie → OpenSea. Das Bild vom »Prägen« spielt darauf an, dass das jeweilige Kunstwerk erst im Prozess des Mintens entsteht.

Nativer Token: Native Token sind die »Haupttoken« der jeweiligen Blockchain. Bitcoin ist der native Token der Bitcoin Blockchain, Ether ist der native Token der Ethereum Blockchain. Man nennt sie auch Coins. Nicht-native Tokens auf der Ethereum Blockchain sind alle anderen, außer eben Ether.

Non-fungible: Nicht fungibel, also nicht austauschbar. Fungibel sind beispielsweise Geldscheine: Ein 50-Euro-Schein kann problemlos in zehn 5-Euro-Scheine oder fünf 10-Euro-Scheine umgetauscht werden. Nicht-fungibel sind Unikate wie Häuser, Kunstwerke, Antiquitäten usw. Ein Picasso würde von kaum jemandem einfach gegen fünf Bilder von Manet getauscht werden, oder umgekehrt fünf Manets gegen einen Picasso. Streng genommen ist ein Geldschein allerdings auch ein Unikat, er hat schließlich eine individuelle Seriennummer, aber darauf achtet in der Regel keiner.

NFT: Non-fungible Token – digitales Werk, das durch ein auf der Blockchain abgelegtes Zertifikat eindeutig zu identifizieren und einem Eigentümer zuzuordnen ist. Dadurch werden vorher im Internet beliebig kopierbare Werke zu Unikaten. Außer im Kunstbereich finden NFTs beispielsweise auch in der Logistik, im Marketing, im Vertragswesen, im Gaming- und im Sportbereich Verwendung. Die Einsatzmöglichkeiten reichen vom Nachweis der Lieferkette oder der Echtheit eines Produkts bis zu digitalen Fußball-Sammelkarten.

On chain: Direkt auf der Blockchain hinterlegt. NFTs, die »on chain« sind, werden direkt auf der Ethereum-Blockchain gehostet. Dazu zählen zum Beispiel Art-Blocks-NFTs (→ Art Blocks, → Generative Art). Aus Kostengründen wird die Mehrzahl digitaler Kunstwerke an anderen Speicherorten (idealerweise dezentral auf IPFS, dem »Interplanetary File System«) verwahrt. Auf der Blockchain befindet sich dann lediglich ein NFT in Form eines Links, der auf diesen Speicherort verweist.

OpenSea: 2017 gegründeter, erster und größter Marktplatz für NFTs. Ein nicht kuratierter Zweitmarkt, das heißt, jeder kann hier ein NFT anbieten. Breit gefächertes Angebot: Kunst, Musik, Sammelkarten, Domainnamen, Sammlerstücke (»Collectibles«), → Utilitys sowie Items, die in virtuellen Welten (zum Beispiel Games) Verwendung finden. Zahlreiche Sortier- und Suchfunktionen, an denen sich andere Marktplätze von Nifty Gateway bis Rarible grob orientieren. https://opensea.io/

Play to Earn (P2E): Die Möglichkeit innerhalb von (Blockchain-)Spielen Geld zu verdienen, entweder in Form von Kryptowährung (meist In-Game-Token) oder auch in Form von NFTs, wie zum Beispiel Ausrüstungsgegenstände im Spiel, die gegebenenfalls auch veräußert werden können.

POAP (Proof of Attendance Protocol): Wörtlich »Teilnahme-Beweis«. Ein POAP ist ein Anwesenheitsnachweis für eine digitale oder analoge (IRL) Veranstaltung in Form eines NFTs. Solche POAPs können zu Statussymbolen werden. Manche von ihnen verschaffen den Inhabern zukünftig Vorteile, wie zum Beispiel die Aufnahme in → Whitelists oder Geschenke des Veranstalters.

Private Key: Persönlicher Zugangsschlüssel zu digitalen Inhalten, beispielsweise zur MetaMask. Dort besteht der Private Key (bzw. Backup-Schlüssel) aus einer individuellen Folge von zwölf Worten, die bei der Einrichtung der MetaMask vergeben wird (siehe auch → Seed-Phrase/Secret Recovery Phrase). Wer auch immer im Besitz dieses Private Key ist, kann die MetaMask öffnen und leeren. Deshalb sollte ein Private Key vom Eigentümer sicher verwahrt und auf keinen Fall anderen Personen zugänglich gemacht werden.

Proof of Stake (PoS): Generierung neuer → Coins einer Kryptowährung auf der Basis eines »Anteilsnachweises«. Die Ethereum-Blockchain ist am 15. September 2022 komplett auf dieses Verfahren umgestellt worden, das weniger Energie verbraucht als der → Proof of Work. Wer seit dem → Merge Ether in der Ethereum-Blockchain hinterlegt, bekommt nach dem Zufallsprinzip das Recht, neue Blöcke zu validieren, wofür er anschließend als Belohnung weitere Ether erhält.

Proof of Work (PoW): Das Schürfen von → Kryptowährungen durch aufwändige (und viel Energie verbrauchende) Rechenoperationen, die der → Blockchain neue Blöcke hinzufügen. Frei übersetzt »Beglaubigung durch geleistete Arbeit« oder »Arbeitsnachweis«.

Proof of Storage: Absicherung von Daten auf der Blockchain allein durch den Nachweis einer Speicherreservierung. Beispiel: Filecoin.

Public Key: Aus dem → Private Key generierte Ziffernfolge, die nicht auf diesen zurückzuführen ist und daher öffentlich (im Krypto-Zahlungsverkehr) genutzt werden kann – ähnlich einer Kontonummer im traditionellen Zahlungsverkehr.

Raffle: Eine Verlosung, für die man sich entweder eintragen muss oder für die man zufällig ausgesucht wird, über die Daten, die auf der Blockchain einsehbar sind. So könnte zum Beispiel ein Künstler einen Raffle unter all seinen NFT-Holdern machen und einen Gewinner küren, ohne dass man sich dafür überhaupt angemeldet hat.

Rug Pull: Wörtlich »den Teppich wegziehen«. Ein Projekt wird gemintet, die Gründer versprechen vollmundig, was es alles geben wird (z. B. interessante

Utilitys, ein P2E-Game usw.). Nach dem Ausverkauf nehmen die Gründer das Geld und überlassen das Projekt sich selbst. Dafür wurden inzwischen sogar schon Founder vor Gericht gestellt, und das wird noch öfter passieren.

Reveal (Pre-Reveal, Reveal, Post-Reveal): Enthüllung der konkreten Merkmale eines NFTs. Dies passiert in der Regel nach dem Minten, meistens unmittelbar, manchmal aber auch zeitversetzt, sodass auch »unrevealed NFTs« schon gehandelt werden. Pre-reveal und Post-reveal bezeichnen die Zeit vor bzw. nach dem Reveal.

Seed-Phrase/Secret Recovery Phrase: Schlüssel, mit dem jederzeit ein automatisches Backup einer Krypto-Wallet erstellt werden kann. Die Seed-Phrase (von »seed« = Samen) sorgt dafür, dass man neue Transaktionen für diese → Wallet bestätigen kann (ähnlich einer Pin-Eingabe bei Überweisungen). Geht das Gerät, mit dem die Wallet eingerichtet wurde, verloren, kann die Wallet mit Hilfe dieser Seed-Phrase problemlos wieder hergestellt werden. Bei der → MetaMask besteht die Seed-Phrase aus einer willkürlichen Folge von 12 Worten, die der Nutzer bei Einrichtung der MetaMask zugeteilt bekommt. Arbeitet der Nutzer mit einem → Ledger (externen Hardware-Schlüssel), umfasst die Seed-Phrase dort 24 Worte. Aus Sicherheitsgründen sollte eine Seed-Phrase niemals digital gespeichert werden (auch nicht als Foto!), sondern handschriftlich notiert, wasserdicht verpackt (beispielsweise laminiert) und an einem geheimen Ort verwahrt werden. Da es keinen zentralen Support für Krypto-Wallets gibt, ist der Wallet-Inhalt nicht mehr zugänglich, wenn die Seed-Phrase verloren geht. Umgekehrt gilt: Jeder, der in den Besitz einer Seed-Phrase gerät, kann die betreffende Wallet leerräumen.

Sekundärmarkt: Ursprünglich Begriff aus dem Finanzwesen. Auf einem Primärmarkt werden Finanzinstrumente (z. B. Wertpapiere) erstmalig ausgegeben, auf einem Sekundärmarkt werden sie anschließend gehandelt (z. B. an einer Börse). Im NFT-Bereich werden Marktplätze, auf denen bereits gemintete NFTs weiterverkauft werden, als Sekundärmärkte bezeichnet. Wichtigster Sekundärmarkt für NFTs ist → OpenSea. Alternativ spricht man auch von einem Zweitmarkt.

Silent Auction: »Stille (verdeckte) Auktion«. Dabei kennen die Bieter die Höhe der anderen Gebote nicht. Nach Abschluss der Auktion erhält der Bieter mit dem höchsten Gebot den Zuschlag. Stille Auktionen gibt es unter anderem bei der Verkaufsplattform Nifty Gateway (https://niftygateway.com/).

Smart Contract: Wörtlich übersetzt »intelligenter Vertrag« und die Rechenoperation, auf der NFTs basieren. Smart Contracts sind Protokolle auf der Blockchain, die nach dem Muster if → then (wenn → dann) automatisch bestimmte Operationen ausführen, sobald zuvor definierte Bedingungen erfüllt sind. In Smart Contracts lassen sich zahlreiche Funktionen programmieren. Als digitale Algorithmen auf der Blockchain sind Smart Contracts transparent, selbstausführend und unumkehrbar. Sie vereinfachen Vertragsbeziehungen und lösen sie von persönlichem Vertrauen in den Vertragspartner, sie sind »trustless«. Beispiel: Bei einer traditionellen Galerie muss der Künstler darauf vertrauen, dass der Galerist ihm den vertraglich vereinbarten Anteil am Verkaufserlös überweist. Bei einem NFT erledigt das ein Algorithmus.

Stablecoin: Wörtlich übersetzt »stabile Münze«. Eine Kryptowährung, deren Wert im Kurs 1 zu 1 an eine klassische Währung gekoppelt ist (häufig US-Dollar, es gibt aber auch an Euro oder Yuan gebundene Stablecoins). Alternativ kann ein Stablecoin auch durch einen anderen »stabilen« Wert wie Gold abgesichert sein. Stablecoins minimieren Volatilität (Wertschwankungen) und sind zugleich digital einsetzbar. Beispiele: der dollarbasierte → USDC oder der Digix-DAO für Goldbindung.

Snapshot: Dabei wird sozusagen ein »Schnappschuss« der aktuellen Blockchain gemacht, um zu sehen, welche Wallet zu diesem Zeitpunkt einen bestimmten NFT hält. Diese Daten werden dann verwendet, um die betreffenden Wallet-Adressen zum Beispiel auf eine → Whitelist für einen neuen Mint zu setzen oder an einem → Raffle zu beteiligen.

Staken/Staking: Coins, fungible Tokens oder NFTs werden in ein Protokoll als Pfand eingelegt. Ihre Inhaber bekommen, solange sie gestakt haben,

»Rewards« (so etwas wie Zinsen), in der Regel in Form einer bestimmten Kryptowährung.

Swappen: Im Kryptobereich der Tausch von einer Kryptowährung gegen eine andere, gegen einen anderen Token-Standard (ETH in WETH) oder gegen → FIAT, in der Regel auf Börsen wie Uniswap oder SushiSwap (https://app.uniswap.org/#/swap und https://sushi.com).

Token: Wörtlich übersetzt »Münze«, »Wertmarke« oder »Spielmarke«. Im Kryptobereich digitaler Vermögenswert oder digitales Wirtschaftsgut. Anders als → Coins sind Tokens nicht an eine eigene → Blockchain gebunden, sondern können auf verschiedenen Blockchains hergestellt werden.

TradFi: «Traditional Finance«, das heißt die klassische Finanzindustrie im Unterschied zur → DeFi. Zur TradFi zählen beispielsweise Banken oder die Börse.

Transaktion: Alle Vorgänge auf der Blockchain, für die Gas bezahlt wird. Das kann minten sein, staken, unstaken, kaufen, verkaufen. Dabei werden alle Daten der Transaktion öffentlich einsehbar auf der Blockchain hinterlegt.

Unlockable Content: Versteckte Zusatzinhalte eines NFTs, zu denen nur der Besitzer Zugang hat und die für alle anderen unsichtbar und verschlossen (»unlockable«) bleiben. Beispiel: Dem Käufer eines NFTs werden bestimmte Websites, Bilder, Musikstücke zugänglich.

Utility: Zusatzfunktion eines NFTs. Beispiele: die VeeFriends von Gary Vaynerchuk als Tierbilder, die zugleich als Eintrittskarte für die Konferenz Vee-Con fungieren, oder die Bored Apes, die zugleich der Mitgliedsausweis für den Bored Ape Yacht Club sind.

Wallet: Wörtlich übersetzt »Brieftasche«. Eine digitale Geldbörse, die den Zugriff auf eigene Kryptowährungen oder andere Blockchain-Inhalte wie NFTs regelt – entweder in Form einer App oder als »hardware wallet«, bei der der Zugang aus Sicherheitsgründen über einen Schlüssel (→ Private Key) auf einem eigenen Gerät (z. B. USB-Stick-ähnlichen → Ledger) gespeichert ist. Die am meisten verbreitete Wallet im NFT-Bereich ist die → MetaMask.

Web3: Die dritte Generation des World Wide Web. Während Nutzer im Web1 nur Inhalte auffinden und im Web2 zusätzlich selbst Inhalte generieren konnten (z. B. in Wikis, Blogs oder Sozialen Medien), kommen im Web3 dezentrale, häufig Blockchain-basierte und selbstlernende Anwendungen hinzu. Beispiele sind → DAOs, → DeFi oder auch die unterschiedlichsten Arten von → DApps.

Wei: Die kleinste Ether-Einheit. 1 ETH sind 10^{18} Wei (= 1.000.000.000.000. 000.000 Wei). → Gwei

Whale: Im weiteren Sinne potenter Akteur im Krypto-Markt (Sammler, Investor) (daher »Whale Watching«). Im engeren Sinne jemand, der 10 Prozent oder mehr einer bestimmten Kryptowährung besitzt und daher entscheidenden Einfluss auf den Markt nehmen kann.

Whitelist (Waitlist): Im NFT-Bereich sind auf einer (»weißen«) Liste alle verzeichnet, die vor anderen relevante Projektinformationen erhalten oder bevorzugt → minten können. Meistens handelt es sich dabei um treue Käufer.

Wrapped Ether (WETH): Wörtlich übersetzt »eingewickelter Ether«. Ein Wrapped Ether entspricht bei der Umrechnung exakt einem → Ether. Der Unterschied liegt im Token-Standard ERC-20, der bei Einführung des ETH noch nicht existierte und beim WETH gewährleistet ist. Dies erhöht dessen Funktionalität, beispielsweise ermöglicht es auf → OpenSea, mit einem einzigen WETH zahlreiche Gebote in dieser Höhe abzugeben. Der Umtausch von ETH in WETH erfolgt auf dezentralisierten → Kryptobörsen (DEX).

Zweitmarkt (→ Sekundärmarkt)

NFT-Slang:
128 Insider-Begriffe, die kennen sollte, wer mitreden will

NFTlerisch	Deutsch
1/1 art »1 of 1«	Kunst-Unikat, Einzelwerk
1/10, 1/1024 usw.	Ein Werk aus einer Serie von 10, 1024 usw.
AB	Art Blocks (wichtiger und erster großer Marktplatz für Generative Art)
afaik	As far as I know (Soweit ich weiß)
alpha	Alphawissen, also ein Wissensvorsprung, der beispielsweise ein lohnendes Investment ermöglicht.
alt	Alternativ
AMA	Ask me anything (Frag mich, egal was). Auch Bezeichnung für (Live-)Fragerunden auf Discord, Twitter usw.
anon	Für »anonymous«. Bezieht sich auf Personen, die unter einem Nickname, also nicht ihrem echten Namen, im Netz agieren.
apeing («I will ape in«, «I aped in«)	Wörtlich etwa »sich wie ein Affe verhalten«. Ohne Hintergrundwissen große Summen investieren; etwas kaufen, was vielversprechend aussieht, ohne Recherche.
atm	At the moment (momentan, jetzt)
BA, BAYC	Bored Ape, Bored Ape Yacht Club
bags	Wörtlich: Taschen. Gemeint sind die NFTs, die man besitzt. »My AB bags« sind also meine Art Blocks NFTs.
Boomer	Angehöriger der Boomer Generation (geb. 1946-1964), aber auch junge Menschen, die gedanklich unflexibel und altmodisch sind.
brb	Be right back (bin gleich zurück)
bro	Brother (Bruder, Kumpel)
BTD	»Buy the dip«, d. h. dann kaufen, wenn Währungs- oder Aktienkurse oder auch die Preise für NFTs einen Tiefstand erreicht haben.

NFTlerisch	Deutsch
buidl	Krypto-Slang für »build« (ähnlich wie »hodl« für »hold«). Bezieht sich auf den Mitbau an Blockchain-Projekten und DeFi (statt nur zu investieren).
bullish	Enthusiastisch, was den Wert eines Assets angeht, fest davon überzeugt sein, dass das Ding explodiert/steil nach oben gehen wird.
buying on secondary	Auf dem Zweitmarkt kaufen (z. B. bei OpenSea).
cash grab	Wörtlich »Geld abgreifen«. Projekt, bei dem es nur um schnellen Gewinn geht, bevor die Macher mit dem Geld abtauchen. Oft in Zusammenhang mit NFT-Projekten von Prominenten, die vorher nie in dem Space unterwegs waren.
clout (»to have clout«)	Wörtlich »Schlagkraft«. »To have clout« bedeutet Einfluss haben. Viele bei Twitter versuchen, sich eine Community aufzubauen, um mehr Einfluss zu bekommen.
cmb/cyb	Count my/your blessings (Ich kann/du kannst von Glück sagen)
cope	Wörtlich »zurechtkommen, bewältigen«. Wider besseres Wissen etwas nicht kaufen, weil man es immer noch bereut, nicht schon eher und günstiger eingestiegen zu sein. Das Gegenteil von → FOMO.
CP	CryptoPunk
ded	Dead (tot), gemeint ist: wertlos
degen	Degenerate (degeniert) für verrückte Aktionen/Investitionen, im positiven wie negativen Sinne (bewundernswert waghalsige oder unvernünftig riskante Manöver).
delist	Wörtlich »auslisten« für nicht länger zum Verkauf anbieten (z. B. auf OpenSea, wenn der Floor Price/Basispreis so schnell steigt, dass man Gefahr läuft, unter Wert zu verkaufen).
derivatives	Wörtlich »abgeleitetes« Projekt, also Nachahmerprojekt. Beispiel: diverse alternative, sogenannte »Alt-Punk«-Serien im Gefolge der CryptoPunks.
dgaf	Don't give a fuck (Das ist mir scheißegal.)
diamond hands	Mit »Diamanthänden« hält man etwas sehr fest, im Unterschied zu → paper hands.

NFTlerisch	Deutsch
doggo	Hund, den es als Geschenk für alle Bored-Ape-Besitzer gab → Kennel.
$ (Dollarzeichen)	Das Dollarzeichen am Anfang von Buchstabenkombinationen zeigt meist an, dass es sich um eine Kryptowährung handelt. Beispiele: $ETH, $BTC.
dope	Cool, mega (»This is dope!«)
doxxing	Die Identität eines Akteurs enthüllen, der bis dato nur anonym oder pseudonym unterwegs war.
dyor	Do your own research (Stell selbst Recherchen an, mach dich selbst schlau.)
engagement farming	Kontroverse Tweets absetzen, um viel Engagement in den Kommentaren darunter und damit mehr Reichweite vom Algorithmus zu bekommen.
EoY	End of Year (Jahresende)
facemelt	Wenn die Preise durch die Decke gehen, sagt man »prizes will facemelt upwards«.
few	Wenige, für »Few understand«. Gemeint ist: Nur wenige verstehen, was hier passiert, und wir gehören zum Kreis der Eingeweihten.
FOMO	Fear of missing out (Angst, etwas zu verpassen). In etwas investieren, aus Angst, das könnte das nächste große Ding sein und man wäre nicht dabei. (»I FOMOed Pudgy Penguins.«)
fren (pl. frens)	Freund
FUD	Fear, uncertainty and doubt (Angst, Unsicherheit und Zweifel). Steht für den Zeitpunkt, zu dem man noch nicht abschätzen kann, wie ein Projekt sich entwickeln wird. (Ironisch: 50 ETH for a Bored Ape is FUD.« Hier ist gemeint, dass der Preis so steigen wird, dass das viel zu billig ist.)
fwiw	For what it's worth (Wenn du mich fragst, nur mal nebenbei bemerkt.)
Gang Gang	Schwer zu übersetzen. Meint ungefähr »wir gehören zur selben Gang« aufgrund der NFTs, die wir haben.
GG	Good Game (eine coole Sache) (»This is a GG.«)
gm	Good morning (Guten Morgen). Wenn du das liest, schreib's zurück (»say it back«)
gmi	Gonna make it (Du wirst es schaffen)

NFTlerisch	Deutsch
gn	Good night (Gute Nacht)
GOAT	Greatest of all time (Größte/r aller Zeiten), drückt Respekt und Bewunderung aus. Manchmal auch in Form eines Ziegen-Emojis, da »goat« Ziege bedeutet.
hfsp	Have fun staying poor (Hab Spaß beim Armbleiben). Herablassende Bemerkung an alle, die Krypto/NFTs für überschätzt, eine Blase oder Betrug halten.
hmu	Hit me up (Melde dich bei mir. Gemeint ist in der Regel über dm, also direct message/Direktkontakt)
hodl	Verballhornung von »to hold« (halten), also etwas nicht rasch verkaufen. Das Substantiv dazu ist »Hodler«. Geht auf ein Internet-Meme zurück, in dem ein Krypto-Investor sich leicht angetrunken vertippte. Es ist also nicht, wie oft behauptet, die Abkürzung für »hold on for dear life«.
HW	Hardware-Wallet wie zum Beispiel Ledger. In manchen Kontexten auch einfach für »Hardware«.
I see what you did there	Wörtlich »Ich sehe, was du gemacht hast«. Ausdruck des Respekts (ungefähr »Cool, was du gemacht hast«).
idgaf	I don't give a fuck (das ist mir egal)
imo	In my opinion (meiner Meinung nach)
IRL	In real life (im echten Leben)
IYKYK	If you know you know (gemeint ist: Du weißt, was das bedeutet, du gehörst zu den Eingeweihten)
jfc	Jesus fucking Christ (ein Ausruf des Erstaunens bzw. Fluch, den jeder US-Sender mit einem »Beep« übertönen würde).
JPGs (JPEGs)	Gemeint sind NFTs verschiedener Formate (JPGs, aber auch GIFS, PNGs, Audiodateien oder Spiele). Oft selbstironisch gebraucht: »*Jpeg-rich, but FIAT-poor*« (also Besitzer eines wertvollen NFT-Portfolios, aber arm an traditionellem Geld wie Euro oder Dollar).
Kennel	Hund, den es als Geschenk zu jedem Bored Ape gab → doggo.
LFG	Let's fucking go! (oft in Kombination mit dem Raketen-Emoji). Drückt in der Regel Begeisterung über einen gerade stattfindenden rasanten Kursanstieg aus.

NFTlerisch	Deutsch
LL	Larva Labs, die Erfinder der CryptoPunks, Autoglyphs und Meebits
Lmao (auch Lmfao)	Laughing my (fucking) ass off (Ich lach mich schief)
Lmk	Let me know (Sag mir Bescheid)
Love to see it / Hate to see it	Freue mich, das zu sehen / Hasse es, das zu sehen. (Kann wörtlich, aber auch ironisch gemeint sein, sodass sich die Bedeutung ins Gegenteil verkehrt.)
lowball offer	Ein Kaufangebot zu einem NFT, das so niedrig ist, dass es schon fast einer Frechheit gleichkommt.
Mam	Für »Madam«. Wie auch »Ser« eine respektvolle Anrede, um jemandem seine Meinung mitzuteilen.
Maxi	Für Bitcoin-Maximalisten, die glauben, dass ihre Kryptowährung bzw. Blockchain die allerbeste ist.
McDonald's	Spaßhaft für den Plan B, wenn es mit den NFTs nicht klappt: eine Stelle bei McDonald's annehmen.
Meatspace (Meatverse)	Wörtlich etwa »Fleischwelt«, auch als Anspielung auf Metaverse. Eine andere Bezeichnung für »IRL« (In Real Life = im echten Leben).
melting faces	→ facemelt
MM	MetaMask
moon	Mond, hier als Verb gebraucht für »extrem durchstarten«. (»Bored Apes gonna moon!«)
NFA	No financial advice (Kein finanzieller Rat/keine Anlageberatung), Standardfloskel zur Absicherung gegen Schadensersatzansprüche, oft in Verbindung mit dyor (do your own research) verwendet. Wird manchmal auch veralbert zu »No France Advice« und mit der französischen Flagge kombiniert.
ngl	Not gonna lie (um ehrlich zu sein)
ngmi	Not gonna make it (du wirst/ich werde es nicht schaffen), sagt man, wenn jemand etwas besonders Dummes von sich gibt – oder auch selbstironisch über die eigene Person.
No France Advice	Veralberung von »No Financial Advice« → NFA.
Noob/Pleb	Newbie/Pleb(e)ian, also (ahnungsloser) Anfänger. Wird auch verwendet, um sich auf humorvolle Weise selbst auf die Schippe zu nehmen. Gegenteil von → OG.

NFTlerisch	Deutsch
Normie	Im NFT-Space sind Normies Menschen, die sich nicht mit NFTs beschäftigen oder sich mit Negativ-Kommentaren über sie auslassen.
nvm	Never mind (egal, mach dir keinen Kopf)
ofc	Of course (selbstverständlich)
OG	Original Gangster (respektvoll für Menschen, die bei etwas von Anfang an dabei waren, bzw. die Ersten waren). Gegenteil von → Noob.
paper hands	Mit »Papierhänden« lässt man eine Sache schnell los, verkauft also (zu) früh, im Unterschied zu → diamond hands.
paper thin floor	Nur wenige Stücke zum Floor Price. Wenn von 100 NFTs einer Serie, die zum Verkauf stehen, zum Beispiel drei für 29 Ether gelistet sind und ab dann alles nur noch 30 Ether aufwärts kosten soll, ist das ein paper thin floor.
P2E	»Play to Earn«. Spiele, in denen man durch den Spielvorgang eine Kryptowährung verdienen kann.
pfp	Profile Pictures wie z. B. die CryptoPunks oder Bored Apes.
PoS / PoW	»Proof of Stake« / »Proof of Work« (siehe Glossar)
ppl	People (Leute)
Probably nothing	Wörtlich »wahrscheinlich nichts«, wird aber oft verwendet, um exakt das Gegenteil auszudrücken: Das ist ein ziemlich großes Ding!
Props!	Proper respect! (als Ausdruck der Bewunderung)
pump (pamp)	Stark im Wert steigen (»BAYC is pumping hard.«)
rare	Selten. Wird meistens für »looks rare« wörtlich oder ironisch gebraucht, also als Anerkennung für wirklich Seltenes, aber auch für Massenware.
rekt	Für »wrecked« (zerstört, vernichtet). Man ist »rekt«, wenn man etwas gekauft hat, was danach preislich abstürzt. Oft gefolgt von »R.I.P«.
right click save as	(= Befehl, mit dem man am PC Bilder runterladen kann) Leicht abschätzig für Nicht-NFTler, die glauben, man könne NFT-Inhalte auch durch einfaches Herunterladen aus dem Netz »besitzen«.
rip	R.I.P. (Rest in Peace), Ruhe in Frieden. Oft in Verbindung mit → rekt.

NFT-Slang: 128 Insider-Begriffe, die kennen sollte, wer mitreden will

NFTlerisch	Deutsch
rn	Right now (jetzt, im Moment)
Rug (»it's a rug« oder »getting rugged«)	Verkürzung von »rug pulled« (wörtlich »den Teppich unter den Füßen wegziehen«, im übertragenen Sinne auch »den Stecker ziehen«). Wird verwendet, wenn Entwickler einige Zeit nach dem Launch ein Projekt sich selbst überlassen und sich mit dem bisher verdienten Geld aus dem Staub machen.
salty	Wörtlich salzig, steht hier für weinerlich (wegen salziger Tränen). Wird oft zu Kritikern der NFT-Szene gesagt, die genervt sind, dass dort Millionenvermögen gemacht werden. (»Don't be salty!«)
seems legit	Kurz für »seems legitimate«. Meint, dass ein Projekt seriös und vielversprechend aussieht. Kann ernst gemeint sein oder auch ironisch.
Ser	Anrede, die in der Szene (oft ironisch) höflich angewendet wird, wenn man nicht weiß, ob man es mit einer Frau oder mit einem Mann zu tun hat.
shilling	Ein Projekt aus eigennützigen Überlegungen pushen, weil man etwas davon gekauft hat oder weil es das eigene ist. (»Stop shilling your project!« oder auch als Beteuerung: »No shill.«)
smh	Shaking my head (den Kopf schütteln)
SR	SuperRare, eine Plattform, auf der Künstler 1/1 Kunst als Erstveröffentlichung zum Verkauf anbieten oder Sorare, ein Unternehmen, das digitale Fußball-Sammelkarten auf der Blockchain verkauft.
stfu	Shut the fuck up (Halt die Klappe)
sweep the floor	Wörtlich: den Boden fegen oder wischen. Gemeint ist: Alle Floor-NFTs eines Projektes/einer Kollektion aufkaufen, um sie nicht nur zu besitzen, sondern auch, um den Preis dadurch in die Höhe zu treiben.
szn	Wörtlich übersetzt Saison, hier im Sinne vom Markt-Zyklus.
tbf	To be frank (offen gesagt)
tbh	To be honest (ehrlich gesagt)
TF	Twin Flames. Serie von berühmten Zwillingsporträtfotos des Künstlers Justin Aversano, nach Meinung vieler das wichtigste Foto-NFT-Projekt.

NFTlerisch	Deutsch
tf	the fuck, z. B. in Wendungen wie who tf, when tf (Wer zum Teufel, wann zum Teufel). Siehe auch wtf.
the future of france	Wortspiel für »the future of finance« (die Zukunft des Finanzmarktes).
this is the way	Wörtlich etwa: So macht man das! Ein Lob für positives Verhalten.
tldr	Too long; didn't read (zu lang, hab's nicht gelesen)
tx	Transaction (Transaktion)
ty	Thank you (danke)
Tysm/tyvm	Thank you so much/very much (vielen Dank)
up only	Wörtlich »nur nach oben« (euphorische Einschätzung der Kursentwicklung)
VVD	VincentVanDough, bedeutender Influencer und schwerreicher NFT-Sammler (Pseudonym in Anspielung auf Vincent van Gogh)
wagmi	We are (all) gonna make it (wir (alle) werden es schaffen).
wami	We already made it (wir haben es geschafft)
Wen moon?	Für »When moon?«, gemeint ist: Wann wird der Kurs endlich steigen? (»Wen moon Bitcoin, ser?«)
wdyt	What do you think? (Was meinst du?)
wgmi	We gonna make it (wir werden es schaffen)
whale	Wal (jemand, der Unmengen an Kryptowährungen besitzt, also Hunderttausende Bitcoins/ETH oder mehr)
wife changing money	Scherzhaft für »Life changing money«, also eine Menge Geld, die das Leben radikal verändert (inklusive ungeahnter neuer Chancen auf dem Beziehungsmarkt 😉).
wl	Whitelist (Liste jener, die bevorzugt minten oder kaufen können oder Vorabinfos erhalten)
wtf	What the fuck (Was zum Teufel)

Danke!

Einer meiner wichtigsten Lebens-Leitsätze lautet »Your network is your net worth« – mit einem guten Netzwerk wirst du immer gut aufgestellt sein. Dieses Buch ist der beste Beweis für mich. Gestern Abend habe ich mich in einer Bar in Atlanta mit anderen Eigentümern eines GiftGoat-NFTs der VeeFriends-Serie von Gary Vaynerchuk unterhalten, ausschließlich interessante, erfolgreiche und spannende Menschen. Wir sind heute, am 26.10.2022, wo ich diese Zeilen in einem Hotelzimmer schreibe, eingeladen zu einem Event, auf dem wir Gary und Shaquille O'Neal, einen der ehemals besten Basketballspieler der Welt treffen werden. Allein die Kontakte, die man im NFT-Space knüpfen kann, sind mit Geld nicht zu bezahlen. Dass du in diesem Buch O-Töne lesen kannst von den Größten der Großen in der Szene, ist diesem Netzwerk geschuldet. Du wirst das so in keinem anderen Buch zum Thema NFTs finden, und deshalb bin ich sehr stolz darauf. Viele der NFT-Stars geben sich übrigens auch in unserem NFT-Mentoring die Klinke für Interviews in die Hand.

Deswegen gilt mein allererster Dank den viel beschäftigten Menschen – Künstlern, Millionen- und Milliardenunternehmern, die sich die Zeit genommen haben, mir spannende Antworten auf die Fragen zu geben, die ich ihnen stellvertretend für Euch stellen konnte. Großen Dank deswegen also an:

Nate Alex, Miles Anthony, Wylie Aronow (alias Gordon Goner), Justin Aversano, Stefano Contiero, CryptoNovo311, DCinvestor, Debussy100, Farokh, gmoney, Nathan Head, Micah Johnson, Kris Kay, Loopifyyy, Marco Mori, Martin Lukas Ostachowksi, Punk6529, Kevin Rose, Claire Silver, Erick Snowfro, Greg Solano (alias Gargamel), Justin Trimble, Gary Vaynerchuk.

Darüber hinaus konnte dieses Buch wie alle meine anderen Bücher nur entstehen, weil ich sehr viele Menschen um mich herum habe, sei es privat oder in einem meiner Unternehmen, die mich entweder beim Buch direkt oder im Hintergrund, mit voller Tatkraft unterstützen. Und zwar teilweise 24/7, egal ob Sonntag, Feiertag oder 3 Uhr morgens. Dafür kann ich gar nicht dankbar genug sein und ich möchte diesen mir so wichtigen Menschen ebenfalls den Platz in meinem Buch geben, der ihnen gebührt. Mein Dank geht an:

Dr. Petra Begemann, ohne deren tiefgehende Recherche, analytischen Blick und unermüdlichen Einsatz viele weiße Seiten in diesem Buch wären und ohne die meine Bücher lange nicht so erfolgreich wären, wie sie sind. Was würde ich nur ohne sie machen?

Danke!

Georg Hodolitsch vom FinanzBuch Verlag für das Vertrauen in meine Bücher und die angenehme Zusammenarbeit, zusammen mit Friederike Thompson.

René Schönberger, ein echter OG, der mich auf großartige Weise mit Rat und Tat und Recherche bei der Arbeit zu diesem Buch unterstützt hat.

Lilly Schutz, die mit ihrer Sorgfalt und Akribie nicht nur das finale Korrektur-Adlerauge meiner Bücher ist, sondern die mit ihrer Recherchearbeit dazu beigetragen hat, dass wir die Wallets der großen Stars so durchleuchten konnten, wie nie zuvor geschehen. Auch dank unserer eigenen Software NFTfolio.io, die ich zusammen mit dem nächsten zu nennenden Freund entwickeln konnte:

Alexander Sachs, mein Geschäftspartner und Blockchain-Profi, der auf alle Smart-Contract-Fragen die Antworten hat, die ich brauche, und mit dem wir gerade NFTfolio.io um eine Funktion erweitern, die weltweit noch für sehr viel Aufsehen sorgen wird.

Marco Mori, ein großartiger Künstler, dessen Kunst ich sehr schätze, der den beeindruckenden NFT zu diesem Buch kreiert hat und damit zugleich mitgeholfen hat, ein absolutes Novum im deutschen Buchmarkt einzuführen.

Markus Wissing, für die umfassende Hilfe bei der Recherche und die gute Seele unseres FoF-Discords, und Christopher Kröll für die Programmierung des Discord Servers.

Stella Schutz, eine weitere meiner guten Seelen, im Mentoring und im Office, überdies unsere immer freundliche Ansprechpartnerin für Kunden.

Ann-Kathrin Lang, die mein Leben ordnet und mir Papierkram vom Leib hält.

Katja Hager, meine Schwester, die dafür sorgt, dass die Buchhaltung stimmt.

Diese drei Damen sind meine »Drei Engel für Mikey« im Office.

Lauri Kult, der mir für jede verrückte Business-Idee als Ping-Pong-Partner und kreativer Inputgeber und vor allem Umsetzer zur Seite steht.

Sven Hansen und Tommy Seewald, die mich im Marketing mit Fähigkeiten unterstützen, die mich jedes Mal wieder staunen lassen.

Alexander Volkmer, der wie immer ein tolles Buchcover gestaltet hat und der als grafische Größe immer wieder für tolle Überraschungen sorgt.

Tom Erl, der meinen YouTube-Kanal betreut und zum Wachsen bringt wie kein anderer.

Laura Dietberg, die mich auf Social Media sichtbar macht und dafür sorgt, dass meine Kanäle immer mit wertvollen Inhalten gefüllt werden.

Meine steuerlichen Beistände Markus Rotter, Christian Kahlenberg und Kryptoprofi Oliver Schroen, die zusammen mit unserem Partner Cointracking dafür sorgen, dass wir den Überblick behalten.

Dirk Stiller, für Entscheidungsfindungen, die ohne den Austausch mit ihm sehr viel schwieriger wären.

David Melzer von Abel & Stone, der eine großartige CI, nicht nur für meine Marke, sondern auch für 10APES gebaut hat.

Josef Westermeier, meinen alten Freund und Wegbegleiter, der für eine verrückte Idee und eine gemütliche »Halbe« immer zu haben ist.

Dominik Fürtbauer für den Aufbau eines CRM, mit dem wir einen so guten Überblick über unsere Mitglieder haben.

Brien Dorenz, meinen rechtlichen Beistand, der auch den Verlagsvertrag zu diesem Buch mit Bravour gemeistert hat.

Meinen lieben Freund Stefan Meixner, ohne dessen Freundschaft mein Leben ein anderes wäre.

Alle Teilnehmer, viele davon lieb gewonnene Freunde, der jährlich stattfindenden Weissenhaus-Mastermind von Oliver Pott, die mich immer wieder tatkräftig unterstützen: Thomas Bluhm, Mario Burgard, Matthias Eilers und Lilly, Bastian Gläser, Sven Hansen, Joschi Haunsperger, Meike Hohenwarter, Patricia Junk, Cüneyt Karatas, Raphael Knoche, Dirk-Michael Lambert, Alexander Mark, Paul Misar, Ralf Müller, Oliver Pott, Fabian Prell, Birgit Schlegel, Ralf Schmitz, Claudio Trento und Karo Bernacka, René Tzschoppe, Jasmin Wollborn, Jürgen Wollborn, Mario Wolosz.

Mein gesamtes Team, neben den oben schon genannten bestehend aus: Kirsten Beckord, Marco Bestagno, Chantal Douglas, Siegfried Ernhöfer, Claudia Görres, Patrick Hintersberger, Nicolas Kolbeck, Andy Kramer, Christopher Kröll, Conny Lorenz, Sebastian Perner, Tina Zacher.

Und natürlich geht mein zutiefst aufrichtiger und bescheidener Dank an:

Alle Menschen, die meine Bücher lesen, Teilnehmer in einem meiner Programme sind oder mir bei YouTube, Twitter oder einem anderen Social-Media-Kanal folgen. Ohne Euch könnte ich all das, was ich hier mache, nicht tun.

Mike Hager auf einen Blick

- Besitzer spektakulärer NFTs, darunter zehn **Bored Apes** (selbst gemintet) und drei **CryptoPunks**

- **2facher-SPIEGEL-Bestseller-Autor** *Geld allein ist auch eine Lösung* (2021) und *Reich mit NFTs* (2022)

- NFT-Portfolio mit nahezu allen wirklich wichtigen **Blue-Chip-NFTs** von Art Blocks Curated, Kunstwerke bekannter Künstler wie Pak, XCOPY, Justin Aversano

- Herausgeber des weltweit ersten Print-NFT-Magazins in Deutsch und Englisch mit dazugehörigem NFT

NFT zum Magazin (DE)   NFT zum Magazin (EN)   Magazin deutsch   Magazin englisch

NFT Handel erklärt - Opensea Tutorial deutsch
- so funktioniert der Handelsplatz

38.269 Aufrufe • vor 1 Jahr

Rasch wachsender **NFT YouTube-Kanal** mit Tausenden von Abonnenten

Future of Finance (FoF) **Mentor für Finanz-Interessierte** mit Mitgliedern vom Angestellten über bekannte Künstler bis hin zu CEOs namhafter Unternehmen

Präsent auf **Facebook, Twitter, Instagram**. Vernetze dich mit ihm!

NFTFOLIO

Unternehmer, u. a. Gründer von *nftfolio.io*, einer der wichtigsten **NFT Portfolio-Softwares** im NFT-Space

NFT Experte mit Facebook-Gruppe »**Mike Hager NFT – The Future of Finance**«

◾ Gründer der Lifestyle-Marke **10APES** mit Getränkemarke »Bored Beer«, verfügbar in ersten Ländern ab Frühjahr 2023. Mehr Infos unter **https://10apes.io**

Anmerkungen

1 https://opensea.io/assets/ethereum/0xe785e82358879f061bc3dcac6f0444462d4b5330/5897

2 Den Kursverlauf findest du beispielsweise hier: https://coinmarketcap.com/de/currencies/ethereum/

3 Den Download findest du unter https://buch.mikehager.de/nft-magazin.

4 https://opensea.io/assets/ethereum/0x41a322b28d0ff354040e2cbc676f0320d8c8850d/1154

5 https://t3n.de/news/rekord-verdoppelt-cryptopunk-nft-1451121/

6 https://www.ft.com/content/e95f5ac2-0476-41f4-abd4-8a99faa7737d (»How NFTs became a $40bn market in 2021«)

7 Vgl. https://art-verge.com/virtual-sothebys-auction-house-in-decentraland-mana/

8 https://www.fanzone.io/de/

9 Die »Meebits« sind neben den CryptoPunks ein weiteres Erfolgsprojekt der Larva Labs.

10 https://veecon.co/

11 https://de.statista.com/statistik/daten/studie/824576/umfrage/umsatz-im-gaming-markt-in-deutschland/

12 https://www.gameswirtschaft.de/wirtschaft/deutscher-games-markt-umsatz-2021/

13 Für mehr Infos: https://cvj.ch/fokus/blockchain/das-potenzial-von-nfts-auf-den-immobilienmaerkten/

14 https://ipwe.com/

15 https://royal.io/

16 https://www.tradelens.com/technology, https://newdaycrypto.com/de/nike-patented-cryptokicks-shoe-tokenization-system/

17 https://niftygateway.com/ und https://mintable.app/

18 https://de.statista.com/statistik/daten/studie/1018542/umfrage/anzahl-unterschiedlicher-kryptowaehrungen/

19 Für den Umtausch von Bargeld in Bitcoin allerdings gibt es vor allem in den USA und Kanada bereits zahlreiche Automaten. In Deutschland sind es nur ein paar Dutzend, auch weil man davon ausgeht, dass sie zur Geldwäsche genutzt würden. Vgl. https://financefwd.com/de/bitcoin-automaten/

20 https://www.kraken.com/learn/buy-ethereum-eth/

21 Quelle: https://thatkimparker.medium.com/most-artists-are-not-making-money-off-nfts-and-here-are-some-graphs-to-prove-it-c65718d4a1b8

22 https://cryptoticker.io/de/prominente-die-ihre-nfts-eingefuehrt-oder-bereits-verkauft-haben/ Der Erstverkauf der NFTs lief über die WAX Blockchain https://shatner.wax.io/

23 https://www.reddit.com/r/WAX_io/comments/i826qs/william_shatner_nfts_launched_on_the_wax/

24 https://de.beincrypto.com/kultregisseur-quentin-tarantino-erobert-die-welt-der-nfts/

25 https://www.newsbtc.com/crypto/what-happened-to-tarantino-s-pulp-fiction-nft-collection-the-strange-finale/

26 https://faroutmagazine.co.uk/quentin-tarantino-miramax-nft/

27 https://www.faz.net/aktuell/feuilleton/kunstmarkt/madonna-und-beeple-ver-kaufen-nft-18035414.html

28 https://www.musicbusinessworldwide.com/dolly-parton-to-launch-the-dolly-verse-a-web3-experience-offering-limited-edition-nfts1/ Siehe auch https://wel-cometodollyverse.com/dolly

29 https://twitter.com/AnthonyHopkins?ref_src=twsrc%5Egoog-le%7Ctwcamp%5Eserp%7Ctwgr%5Eauthor

30 https://tv.orf.at/program/orf2/derletzte1102.html

31 Für das 450.000-Dollar-Grundstück neben Snoop Dogg im »Snoopverse« vgl. https://fortune.com/2022/02/02/how-to-buy-metaverse-real-estate-snoop-dogg-celebrity-neighbor/

32 Noch mehr Besitzer unter https://nftnow.com/collectibles/from-celebrities-to-ceos-meet-15-of-the-most-famous-cryptopunk-holders/

33 https://www.famousape.club/, https://boardroom.tv/bored-ape-nft-celebrity-owners/

34 Quellen: https://www.dw.com/de/welche-promis-beim-nft-hype-mitmi-schen/g-60432184, https://www.artnews.com/art-news/news/jim-carrey-is-min-ting-his-first-nft-superrare-sunflower-1234631510/, https://www.loudersound.com/news/keith-richards-and-former-rolling-stones-cover-artist-ruby-mazur-get-in-on-the-nft-craze-for-charity, https://cryptoticker.io/de/prominente-die-ihre-nfts-eingefuehrt-oder-bereits-verkauft-haben/https://www.zeit.de/news/2022-06/12/boateng-heiratet-in-italien-und-digital-auf-dem-mond

35 Hier das Werk: https://nftartwork.co.uk/nft-artwork/crossroads/.

36 Anschauen kannst du es dir auf den Verkaufsplattformen Nifty Gateway und OpenSea.

37 https://www.presseportal.de/pm/148564/5100664

38 https://de.wikipedia.org/wiki/Liste_der_teuersten_Gem%C3%A4lde

39 https://cryptoart.io/artist/aaronpenne

40 https://everkit.org/en/articles/the-most-expensive-nfts-of-october-2021-top-10

41 https://www.esquire.com/entertainment/a36878931/fewocious-crypto-nft-art-christies-profile/

42 https://www.btc-echo.de/news/hackatao-ein-millionenschweres-nft-kuenstler-paar-143424/

43 https://queenskings.hackatao.com/how-it-works, https://opensea.io/collection/queenskings/activity

44 https://www.justinaversano.com (»About«)

45 https://tylerxhobbs.com/c-v

46 https://opensea.io/assets/ethereum/0xa7d8d9ef8d8ce8992df33d8b8cf4ae-babd5bd270/78000313 zeigt die Verkaufsgeschichte auf OpenSea.

47 https://tylerxhobbs.com/work

48 https://cryptoart.io/artist/xcopy

49 https://cryptopunks.app/cryptopunks/details/5822

50 https://www.blockwich.com/articles/blue-chip-nft-investing-guide

51 Am 28.07.2022 um 17:15 Uhr waren es 43.812.583 und jede Minute wurden es mehr. Die aktuelle Zahl findest du unter »Explore« > »All NFTs«.

52 https://www.larvalabs.com/cryptopunks

53 https://www.aku.world/

54 https://www.youtube.com/watch?v=io88HB4mYfw (»Millionengewinne mit diesem NFT Projekt - Aku Chapters«)

55 https://www.trendingtopics.eu/bored-ape-yacht-club-founder-yuga-labs-raises-450m-in-a-seed-investment/

56 https://metaverse.sothebys.com/chromie-squiggle-mint-it/

57 https://rtfkt.com/, https://coincierge.de/2022/clone-x-nft-preise-explodie-ren-wale-blicken-allerdings-auf-eine-andere-kollektion/, http://www.artnet.de/k%C3%BCnstler/takashi-murakami/2

58 https://www.coolcatsnft.com/
    https://blockzeit.com/de/cool-cats-nft-projekt-eine-kurze-ubersicht/
    https://cooltopia.coolcatsnft.com/cool-pets/what-is-a-cool-pet

59 https://www.cryptoadz.io/

60 https://nftnow.com/features/how-gremplins-cryptoadz-took-nft-market-by-storm/

61 https://www.christies.com/lot/lot--6316969/

62 https://doodles.app/ und https://nftnow.com/guides/doodles-guide/

63 https://opensea.io/collection/fidenza-by-tyler-hobbs (Abruf 03.08.2022)

[64] https://meebits.app/

[65] https://opensea.io/collection/meebits/activity

[66] https://opensea.io/collection/mutant-ape-yacht-club?search[sortAscending]=true&search[sortBy]=UNIT_PRICE&search[toggles][0]=BUY_NOW

[67] https://nouns.wtf/

[68] https://lilnouns.wtf/

[69] https://opensea.io/collection/ringers-by-dmitri-cherniak (Abruf am 03.08.2022)

[70] https://veefriends.com/faqs

[71] So das Motto der Website zu Johnsons Aku-Projekt: https://www.aku.world/

[72] https://www.artangels.net/art/micah-johnson#, https://boardroom.tv/watch/micah-johnson-aku-world-art-basel/, https://time.com/6196282/time-meta-verse-cover/

[73] https://www.fastcompany.com/90724442/most-innovative-companies-media-2022, https://www.coindesk.com/business/2022/06/08/micah-johnson-from-mlb-to-nft-superstar/

[74] https://www.artangels.net/art/micah-johnson#

[75] https://boardroom.tv/akutars-micah-johnson-nft-collection/

[76] https://egamers.io/how-a-smart-contract-exploit-led-to-34-million-locked-forever-akutars-nft-collection/

[77] https://www.coindesk.com/business/2022/06/08/micah-johnson-from-mlb-to-nft-superstar/

[78] https://www.kunstforum.de/artikel/die-drei-beliebtesten-vorurteile-ueber-krypto-kunst/

[79] Die Wallet von Pranksy wurde am 23.10.2022 nachgetragen, ebenso die DEATHROWNFT Wallet von Snoop Dogg und meine Nifty Gateway Wallet. Sämtliche Preise wurden der Vergleichbarkeit halber zum Ether-Kurs von 1.600 Euro berechnet, auch wenn der tatsächliche Ether-Kurs zu diesem Zeitpunkt niedriger war.

[80] https://oncyber.io/krybharat?coords

[81] https://oncyber.io/vvd?coords=0.30x1.85x14.74x2.76

[82] https://www.kunstforum.de/artikel/die-drei-beliebtesten-vorurteile-ueber-krypto-kunst/

[83] https://www.arttechreport.com/ (mit Möglichkeit zum Download des vollständigen Reports).

[84] Zit. nach https://www.businessinsider.in/cryptocurrency/news/kevin-rose-founder-of-moonbirds-a-set-of-owl-images-worth-165-million-lays-out-his-investing-strategy-for-digital-art/articleshow/92234519.cms

[85] https://www.kevinrose.com

86   Hier für besonders Neugierige die Statistik: Google-Treffer Cristiano Ronaldo 121 Millionen, Johnny Depp 155 Millionen, Bill Gates 240 Millionen, Kevin Rose 255 Millionen, Elon Musk 297 Millionen (Stand: 19.10.2022). Und, um Frauen nicht ganz außen vor zu lassen: Queen Elisabeth II: 399 Millionen

87   https://en.wikipedia.org/wiki/Kevin_Rose

88   Quelle: OpenSea »All Time-Activity« am 19.10.2022 (Deutsch: »Aktivität« und »historisch«).

89   Nachzulesen ist diese Geschichte hier: https://cointelegraph.com/magazine/2021/12/13/daft-punk-meets-cryptopunks-as-novo-faces-up-to-nfts

90   Rare Pepe sind NFTs auf der Basis der Comicfigur »Pepe the Frog«.

91   Übersetzt: »Die Zeit auf dem Markt schlägt den Versuch, den richtigen Zeitpunkt auf dem Markt zu treffen.«

92   Quelle: https://www.thenifty.com/farokh-sarmad-nft-clubhouse-1004

93   https://nftstudio24.com/blame-farokh-becomes-latest-twitter-trend-in-nft-space/

94   https://nftnow.com/podcasts/farokh-sarmad-nft-clubhouse-interview/

95   https://www.youtube.com/c/RugRadio/videos

96   https://www.thenifty.com/farokh-sarmad-nft-clubhouse-1004

97   Neugierig? Unter dem Stichwort Baby Farokh kannst du dir die NFTs bei Open-Sea ansehen.

98   https://www.thenifty.com/farokh-sarmad-nft-clubhouse-1004

99   https://tchan.substack.com/p/toxic-positivity-in-nfts, https://nftevening.com/nft-influencer-farokh-accused-of-using-pump-and-dump-tactics/

100   https://nftnewspro.com/bored-ape-yacht-club-has-huge-plans-for-the-meta-verse/

101   https://boredapeyachtclub.com/#/home#roadmap

102   https://bettermarketing.pub/how-the-bored-ape-yacht-club-became-the-most-successful-nft-brand-5158a80f1bd9

103   Stand 08.08.2022

104   https://cryptomonday.de/news/2022/02/02/bored-ape-yacht-club-bayc-nft-fuer-285-millionen-usd-in-eth-verkauft/

105   https://boredapeyachtclub.com/#/home#roadmap

106   https://boredapeyachtclub.com/#/kennel-club

107   https://www.gq-magazin.de/netzfundstuecke/artikel/nft-neustes-bored-ape-mega-mutanten-serum-zum-rekordpreis-verkauft

108   https://abc7.com/nft-bored-ape-yacht-club-long-beach-web-3/11745812/, https://www.boredapewear.com/?page=2, https://apein.com/ (= von Timbaland mitgegründete Musikproduktionsfirma).

109 https://www.inputmag.com/culture/bored-ape-yacht-club-nft-nyc-ape-fest

110 https://bestpitchdeck.com/yuga-labs

111 https://www.youtube.com/watch?v=qt1equGhkQE&t=4s

112 Quelle: Interview mit den BAYC Club-Gründern (19.08.2022), https://www.youtube.com/watch?v=UeeEFDLaMYY

113 https://www.reuters.com/technology/bored-ape-nft-startup-yuga-labs-valued-4-bln-after-funding-2022-03-22/

114 »Bored Ape Yacht Club Creators Explain How Steph Curry & Bieber Got Their NFT & How BAYC is Worth $4B« https://www.youtube.com/watch?v=UeeEF-DLaMYY

115 Greg Solano/Matt Burns/Andreas Kasprzak: T*he Cinematic Art of World of Warcraft*. Panini Verlags GmbH 2019.

116 Zur Unternehmensgeschichte von adidas vgl. https://www.adidas-group.com/de/uber-uns/geschichte/. 1924 wurde die »Gebrüder Dassler Schuhfabrik« gegründet, 1949 erfolgte der Neustart von Adi Dassler mit der »Adi Dassler adidas Sportschuhfabrik«.

117 Das Video gibt es bei YouTube oder hier: https://www.adidas.com/into_the_metaverse.

118 Das Video »Adidas goes NFT« findest du auf meinem YouTube-Kanal: https://www.youtube.com/watch?v=cHeKia2H6Z8

119 https://twitter.com/adidasoriginals/status/1519755449117122560?lang=de und https://www.cryptotimes.io/adidas-into-the-metaverse-to-advance-to-phase-2/

120 https://www.adidas.com/into_the_metaverse

121 Abruf 09.08.2022.

122 https://www.youtube.com/watch?v=RBeETzSy2cg

123 Das Promo-Video »NIKELAND on Roblox - Where Sport Has No Rules | Nike« gibt es unter https://www.youtube.com/watch?v=U1yX7awE5P0

124 https://syndicate.io/syndicate/delphi_infinft

125 https://opensea.io/assets/ethereum/0xd2a077ec359d94e0a0b7e84435eac-b40a67a817c/135 (Zugriff am 23.08.2022)

126 https://nounft.com/2021/12/23/who-is-gmoney-the-mystery-behind-the-bored-ape-owner-and-collaborator-in-adidass-into-the-metaverse/

127 https://pixelvault.com/about, https://gettotext.com/deutsch/pixel-vault-sammelt-100-millionen-dollar-fur-nft-entwicklungsplattform-by-cointelegraph/

128 »Founded in 2021, Pixel Vault is an Intellectual Property development group focused on elevating crypto-native assets across a variety of mediums«

129 Zugriff 09.08.2022.

130 Hintergrund sind Diskussionen um Insidergeschäfte (Pushen eigener Projekte, ohne das transparent zu machen) im Zusammenhang mit Beanie. Mehr dazu beispielsweise unter https://www.highsnobiety.com/p/beaniemaxi-nft-crypto-allegations-exposed/

131 https://www.proof.xyz/

132 https://collective.proof.xyz/grails

133 »Proof Grails Artist Reveal«: https://www.youtube.com/watch?v=QPFReT9EtYo

134 https://www.newsbtc.com/nft/blue-chip-nfts-101-what-is-the-proof-collective-and-whos-behind-it/

135 Ebd.

136 https://www.newsbtc.com/nft/blue-chip-nfts-101-what-is-the-proof-collective-and-whos-behind-i

137 Ebd. (Bis Mai 2022 geht der Autor von 52 Millionen Dollar aus.)

138 Vgl. zum Beispiel die Videos auf diesem Channel: https://www.youtube.com/c/TheZeroOfTime

139 https://veefriends.com/faqs

140 Zugriff am 11.08.2022.

141 https://btcpeers.com/gary-vaynerchuks-nft-project-veefriends-completes-a-50-million-seed-round-led-by-a16z/

142 https://www.garyvaynerchuk.com/ (Das Video auf der Eröffnungsseite lohnt sich!)

143 https://vaynermedia.com/

144 https://veefriends.com/faqs

145 https://www.christies.com/en/lot/lot-6337495

146 https://www.entrepreneur.com/article/412931

147 https://veefriends.com/book-games

148 https://blog.veefriends.com/meet-the-new-veefriends-series-2-collectible-trading-card-game-veefriends-compete-and-collect-6c31e39efdac

149 https://btcpeers.com/gary-vaynerchuks-nft-project-veefriends-completes-a-50-million-seed-round-led-by-a16z/

150 Zugriff 12.08.2022.

151 Zugriff am 12.08.2022

152 Zugriff am 12.08.2022

153 https://opensea.io Stand 12.08.2022

154 https://de.statista.com/statistik/daten/studie/160518/umfrage/prognostizierter-umsatz-in-der-weltweiten-videogames-branche/ und https://www.pcgames.de/Spielemarkt-Thema-117280/News/Gaming-Umsatz-2020-1371808/

155 https://dappradar.com/blog/dappradar-x-bga-games-report-q1-2022 und https://dappradar.com/blog/dappradar-x-bga-games-report-q2-2022

156 Martin Bangemann musste in einem Interview mal raten. Sein Tipp: Sieben? Oder acht? Quelle: https://www.spiegel.de/politik/zitat-a-a8461 cde-0002-0001-0000-000013519902

157 https://www.playtoearn.online/2021/01/04/axie-infinity-voted-block-chain-game-of-the-year/ und https://de.beincrypto.com/axie-infinity-nutzer-zahlen-um-fast-50-gesunken/

158 https://coinmarketcap.com/de/currencies/smooth-love-potion/

159 https://axieinfinity.com/

160 https://blockchainwelt.de/axie-infinity/ und https://decrypt.co/81831/axie-infi-nity-ethereum-nfts-whats-next

161 https://bltzr.gg/balthazar-community-insights-report-march-2022/

162 https://www.golem.de/news/axie-infinity-millionen-hack-bei-krypto-game-durch-jobangebot-2207-166682.html, https://t3n.de/news/axie-infinity-nft-game-1464645/

163 https://dappradar.com/blog/dappradar-x-bga-games-report-q2-2022

164 https://t3n.de/news/skandal-um-axie-infinity-hack-3-1488836/

165 https://www.rechtslupe.de/allgmeines/poker-warum-es-in-deutschland-und-anderen-laendern-so-beliebt-ist-3233348 und https://de.globometer.com/spiele-poker.php

166 https://www.nft-stats.com/collection/decentral-games-ice

167 https://opensea.io/collection/decentral-games-ice/activity

168 Persönliche Info im Gespräch vom 08.03.2022.

169 Zugriff 16.08.2022

170 https://www.coindesk.com/tech/2022/02/03/whos-using-the-metaverse-poker-players-in-decentraland/

171 https://wolf.game/ (Zugriff 19.08.2022)

172 Leonie Swanns *Glennkill. Ein Schafskrimi* erreichte mehr als ein Dutzend Auflagen, Shaun das Schaf mehr als 170 Episoden, kein Ende in Sicht. Quellen: Amazon und Wikipedia.

173 https://chaindebrief.com/wolf-game-first-nft-game-with-risk-protocol/

174 Quelle: https://wolf.game/whitepapers

175 https://chaindebrief.com/wolf-game-first-nft-game-with-risk-protocol/

176 Eine umfassende Vorstellung von Gala Games findest du unter https://bitcoin-2go.de/gala-games/

177 https://app.gala.games/games

178 Zugriff am 30.08.2022.

179 Vgl. *Reich mit NFTs*, München: FinanzBuch Verlag FBV, 2. Aufl. 2022, S. 45f.

180 Zugriff am 20.08.2022

181 https://twitter.com/garyvee/status/1374144106201513989

182 https://twitter.com/AnneMac28957208/status/1378750688591745025, https://www.thenifty.com/chubbies-nft-heist-fraud-450/

183 Zugriff am 20.08.2022

184 https://twitter.com/super_yeti

185 https://superyeti.co/

186 https://nfts.wtf/super-yetis-the-community-game-and-cause/

187 Zugriff: 20.08.2022

188 https://www.myfuckingpickle.io/

189 https://twitter.com/myfuckingpickle

190 Bei den Vorwürfen gegen Beanie (Charles Moscoe) ging es vor allem um Scams (u. a. Beteiligung an »Rug pull«-Projekten) sowie das Pushen (»Shillen«) eigener Projekte. Eine Übersicht gibt https://www.metagaming.com/2022/01/18/beanie-exposed-nft-influencer-faces-long-list-of-scamming-allegations/

191 Zugriff 20.08.2022.

192 https://matters.news/@casiejeanlou/188621-in-the-face-of-interests-mekaverse-nft-really-as-good-as-our-prediction-bafyreiduqbsqtcqm7fmy6ayie33v2bmk-47zdp7kkfcae57wnsjmt27dha4

193 https://decrypt.co/83600/mekaverse-ethereum-nft-rollout-dogged-fraud-allegations

194 Zugriff am 30.08.2022

195 https://medium.com/@HeathEvans/content-is-king-essay-by-bill-gates-1996-df74552f80d9

196 Mehr hierzu unter https://tenten.co/insight/blockchain/nft/future-of-subscription-nfts/

197 Quelle: https://twitter.com/9dccxyz

198 https://nft-akademie.com/neuer-veefriends-airdrop-veefriends-iconics-mit-gilang-bogy/

199 https://twitter.com/QuantumNFT/status/1533881100421963776

200 Vgl. https://veefriends.com/faqs (»Can I merchandise my VeeFriends?«)

201 https://hypebeast.com/2022/1/quentin-tarantino-pulp-fiction-nft-sold-1-1-million-usd-miramax-lawsuit-scrt-labs

202 https://www.coolcatsnft.com/

[203] Vgl. »Praxisbeispiel« im Abschnitt »Die 5 beeindruckendsten NFT-Unternehmensgeschichten«.

[204] https://luckytrader.com/nft/akutar-mint-pass

[205] Vgl. mein Video »NFTs - Darum JETZT einsteigen! (UAE NFT Raffle)« https://www.youtube.com/watch?v=PLGEPIh6UV0 und https://desert-mars.uaenft.io/

[206] https://www.redbubble.com/de/i/t-shirt/Stolzer-NFT-Hasser-von-super-comfy/93290923.I57B7

[207] https://www.gucci.com/de/de/st/stories/inspirations-and-codes/article/10ktf-gucci-grail, https://blockchainwelt.de/news/visa-startet-neues-programm-fuer-nft-unternehmer/

[208] https://cryptobriefing.com/a16z-finalizes-record-breaking-4-5b-crypto-fund/ https://www.coindesk.com/business/2022/03/22/bored-apes-owner-yuga-labs-raises-450m-led-by-a16z/

[209] https://www.bild.de/geld/wirtschaft/spielzeug/fg-sammel-highlights-26305210.bild.html

[210] https://t3n.de/news/handelsvolumen-opensea-um-99-1495304/ und https://de.beincrypto.com/baycs-otherdeed-nfts-erreichen-neuen-rekordumsatz-1-mrd-usd-in-nur-4-monaten/

[211] https://www.spreadshirt.de/shop/nft/

[212] Quelle: https://www.squiggly.wtf/#statement

[213] https://opensea.io/natealex

[214] Beispiele: https://www.thenifty.com/nate-alex-nft42-876, https://outlierventures.io/podcasts/nft-innovation-with-nate-alex-of-secret-project-team/ about

[215] https://www.washingtonpost.com/technology/2022/05/25/nft-value-drop/

[216] https://devfolio.co/@natealex

[217] Mehr dazu unter https://www.chainfaces.co/

[218] https://chainfacesarena.com/

[219] Vgl. https://outlierventures.io/podcasts/nft-innovation-with-nate-alex-of-secret-project-team/ about

[220] https://www.squiggly.wtf/#statement

[221] https://twitter.com/secretproject

[222] https://www.nft42.com/

[223] https://y.at/%F0%9F%91%81%F0%9F%91%81%F0%9F%91%82/go

[224] https://www.finanzen.at/nachrichten/devisen/krypto-analyst-klart-auf-erhebliche-menge-an-bitcoins-geht-jeden-tag-verloren-1029660163

[225] https://www.garyvaynerchuk.com/what-nfts-does-garyvee-own-heres-how-to-find-out/

226 https://cryptonews.net/de/news/security/11820719/

227 Vgl. dazu auch mein Video »Geheimtipp« vom 01.06.2022 (https://www.youtube.com/watch?v=mA3f-eGesNE)

228 https://www.faz.net/aktuell/feuilleton/kunstmarkt/phishing-in-der-blockchain-geld-verlieren-mit-nft-18060492.html und https://www.finanzen.net/nachricht/devisen/nft-diebstaehle-discord-server-werden-vermehrt-zum-ziel-von-nft-scams-auch-bored-ape-yacht-club-betroffen-11585584

229 https://de.cointelegraph.com/news/nft-whale-pranksy-pranked-by-fake-banksy-for-97-7-eth

230 https://nftnow.com/features/akutars-exploit-34-million-locked-in-smart-contract/

231 https://mein-mmo.de/hacker-bestehlen-axie-infinity/

232 Für ein Beispiel vgl. https://launchpad.xyz/collections/b481ec655b5d1232fb-5554fa271a7d0a

233 Wenn du hier tiefer einsteigen möchtest: Überblicksdarstellungen zu Marktplätzen findest du unter https://www.business2community.com/de/nft/nft-marketplace-vergleich und https://www.etf-nachrichten.de/nft/nft-marketplace/

234 https://www.fool.com/the-ascent/cryptocurrency/nfts/looksrare-nft-marketplace-review/ und https://upadvice.net/de/looksrare-alles-was-sie-wissen-mussen

235 https://docs.knownorigin.io/guide/fee-structure/

236 https://docs.looksrare.org/about/rewards/platform-fee

237 https://www.coingecko.com/de/nft/makersplace

238 https://makersplace.com/faq/

239 https://www.cryptowisser.com/nft-marketplace/nifty-gateway

240 https://help.superrare.com/en/articles/5482222-what-are-royalties-how-do-they-work

241 Vgl. den Artikel »SuperRare Spaces: the Future of Community Curation« unter https://superrare.mirror.xyz/

242 https://www.btc-echo.de/news/ethereum-merge-abgeschlossen-proof-of-stake-150703/

243 Quelle: Interview mit Erick Snowfro im Future-of-Finance-Mentoring, 23.08.2022.

244 https://fortune.com/nfty-50/2021/erick-calderon/

245 Zugriff am 05.09.2022

246 https://decrypt.co/106659/from-ceramic-tiles-to-generative-nfts-art-blocks-founders-origin-story

247 https://www.cryptotimes.io/art-blocks-launches-engine-for-generative-asset-crea-tion/ und https://twitter.com/ArtOnBlockchain/status/1564266205329891328 (Tweet vom 29.08.2022).

248 https://quantum.art/space/la

249 Quelle: https://www.larvalabs.com/cryptopunks (Zugriff am 23.09.2022).

250 2022 betrug Buffetts geschätztes Vermögen 96,59 Milliarden Dollar. Quelle: https://www.vermoegenmagazin.de/warren-buffett-vermoegen/

251 https://www.youtube.com/watch?v=KACxD9ap-eM

252 https://www.thenifty.com/claire-silver-nfts-100

253 Vgl. hierzu https://towardsdatascience.com/making-art-with-ai-cc1acb332d0

254 https://www.clairesilver.com/about

255 Zugriff am 23.08.2022

256 https://www.niftygateway.com, https://rarible.com, https://foundation.app/ https://braindrops.cloud/

257 https://www.sothebys.com/en/buy/auction/2022/modern-contemporary-art-day-auction/blood-in-the-streets-late-to-the-ball

258 Eine Zusammenfassung der Marktanalyse gibt es hier: https://blog.chainalysis.com/reports/nft-market-report-preview-2021/. Dort kann man auch den voll-ständigen Report anfordern.

259 https://www.kunstforum.de/artikel/die-drei-beliebtesten-vorurteile-ueber-krypto-kunst/

260 https://www.arttechreport.com/ (mit Möglichkeit zum Download des vollstän-digen Reports).

261 Zit. nach https://www.businessinsider.in/cryptocurrency/news/kevin-rose-foun-der-of-moonbirds-a-set-of-owl-images-worth-165-million-lays-out-his-inves-ting-strategy-for-digital-art/articleshow/92234519.cms

262 https://www.coindesk.com/learn/how-can-you-share-an-nft-fractional-nfts-explained/

263 https://fractional.art/vaults/the-doge-nft

264 Yield = Ertrag. Zit. aus dem Interview, das Kris mir am 15.03.2022 für die Future-of-Finance-Mentoringgruppe gab.

265 https://www.wsj.com/articles/crypto-fans-borrow-to-buy-homes-carsand-more-crypto-11631266200?mod=e2tw

266 https://www.ilearndefi.com/course

267 https://de.statista.com/infografik/24807/kennzahlen-der-nft-industrie/

268 Bored Apes mit nur vier Traits sind sehr selten und daher gefragt, bei OpenSea aber gar nicht zu finden.

269 https://raritytools.medium.com/introducing-rarity-tools-9b0138e992b3

270 Das Video hat den Titel »Brennholz garantiert mit diesem NFT – GFT Genesis Forest Token.« https://www.youtube.com/watch?v=LMCcE9GnFR4

271 https://www.crunchbase.com/organization/makersplace

272 https://nfttimline.com, https://www.wissenschaft-x.com/crypto-artwork-the-forever-rose-sells-for-1-million-on-valentines-day

273 https://hypebeast.com/2021/8/axie-infinity-ethereum-first-nft-game-1-bilion-sales-info

274 https://www.spox.com/de/sport/ussport/nba/2103/Artikel/was-ist-nba-top-shot-erklaerung-packs-preise.html

275 https://nfttimline.com

276 https://nfttimline.com

277 https://t3n.de/news/meme-star-disaster-girl-nft-1375907/

278 https://www.forbes.at/artikel/bored-ape-yacht-club-der-superclub-der-affen.html

279 https://www.faz.net/aktuell/feuilleton/kunstmarkt/kryptokunst-sotheby-s-steigt-ins-nft-geschaeft-ein-17285880.html

280 https://portalcripto.com.br/de/was-ist-veefriends-nft-collection-by-garyvee-series-2-und-opensea/

281 https://t3n.de/news/cryptopunks-auktion-christies-nft-17-millionen-1378457/

282 https://www.nbcnews.com/pop-culture/pop-culture-news/iconic-doge-meme-nft-breaks-records-selling-roughly-4-million-n1270161

283 https://www.spiegel.de/panorama/gesellschaft/quantum-erstes-nft-kunst-werk-fuer-1-5-millionen-dollar-versteigert-a-1342dfa5-429d-4cef-bc7b-c36cae692673

284 https://www.heise.de/news/NFT-Auktion-bei-Sotheby-s-5-4-Millionen-US-Dollar-fuer-www-Quellcode-6125357.html

285 https://www.artlog.net/de/kunstbulletin-9-2021/nft-und-kunst-ein-digita-ler-hype-oder-konzeptuell-interessante-gegenwartskunst

286 https://invidis.de/2021/09/nft-auch-der-verkauf-von-fotokunst-wird-digital/

287 https://www.vogue.de/mode/artikel/dolce-gabbana-nft-kollektion-virtueller-glasanzug-millionenschwere-erfolgsgeschichte

288 https://www.christies.com/en/lot/lot-6337495

289 https://www.euronews.com/culture/2021/11/26/europe-s-first-virtual-nft-exhi-bition-launched-at-russia-s-hermitage-museum

290 https://cryptomonday.de/news/2021/11/25/nft-wurde-von-collins-dictionary-zum-wort-des-jahres-gekuert/

291 https://upadvice.net/de/looksrare-alles-was-sie-wissen-mussen

292 https://t3n.de/news/rekord-verdoppelt-cryptopunk-nft-1451121/

293 https://cryptomonday.de/news/2022/02/11/nft-auktion-bringt-ueber-52-millionen-dollar-fuer-wikileaks-gruender-ein/

294 https://news-krypto.de/krypto-news/yuga-labs-nach-450-millionen-dollar-aufstockung-auf-4-milliarden-dollar-geschaetzt/

295 https://www.golem.de/news/axie-infinity-millionen-hack-bei-krypto-game-durch-jobangebot-2207-166682.html

296 https://nftnewspro.com/bored-ape-yacht-club-has-huge-plans-for-the-metaverse/

297 https://nftevening.com/event/proof-collective-x-kevin-rose-moonbirds-nft-collection/

298 www.basicthinking.de/blog/2022/04/14/jack-dorseys-erster-tweet-erneuter-verkauf/

299 Vgl. https://www.youtube.com/watch?v=RjrA-slMoZ4&t=125s

300 https://collective.xyz/blog/what-is-goblintown-the-free-mint-nft-that-built-a-brand?action=welcome

301 https://www.lifestyleasia.com/hk/culture/rolling-stone-x-bored-ape-yacht-club-second-nft-collection/

302 https://wagmiunited.com/wagmi-united-overview

303 https://zycrypto.com/gala-announces-the-launch-of-gala-film-partnership-with-stick-figure-productions-to-release-documentary/

304 https://decrypt.co/109672/moma-to-sell-70-million-art-collection-may-use-proceeds-to-buy-digital-art-and-nfts

305 https://www.coindesk.com/business/2022/09/29/tyler-hobbs-qql-nft-project-raises-nearly-17m-in-successful-mint/

»Inside NFT« mit NFT inside 😉: Exklusiver Marco-Mori-NFT für Buchkäufer!

Natürlich braucht ein Buch zum Thema NFTs heutzutage in allererster Linie eine ganz wichtige Sache: den NFT zum Buch. Deswegen möchte ich dir als treuem Leser diesen NFT feierlich kostenfrei überreichen. Und zwar nicht irgendeinen NFT, sondern einen, der von einem Künstler gestaltet wird, der im NFT-Space gerade rasant an Bekanntheit gewinnt: Marco Mori. (Sein Porträt findest du im Kapitel »STARS«.) Marco hat einen exklusiven Future-of-Finance- oder FoF-NFT entworfen, den es in Bronze, Silber, Gold und Diamant gibt. Bronze bekommen alle Leserinnen und Leser dieses Buches geschenkt. Damit machst du einen ersten Schritt in meine exklusive Community.

Wenn du dabei sein willst, gehe einfach auf diese Seite: https://link.mike-hager.de/buch-nft. Gib dort deine E-Mail-Adresse ein und claime ganz leicht deinen persönlichen Buch-NFT. Per E-Mail halte ich dich dann künftig auf dem Laufendem zu News zum Thema NFT und natürlich zu allem, was sich dir in Zukunft für Möglichkeiten und Vorteile bieten, wenn du diesen NFT in deiner Wallet hast. Sei gespannt und lass dich überraschen.

Sichere dir hier deinen Gratis-NFT!

https://link.mikehager.de/buch-nft